民 法 研 究 系 列

民法学说与判例研究

第六册

王泽鉴 著

北京大学出版社
PEKING UNIVERSITY PRESS

北京市版权局著作权合同登记号　图字：01-2009-3927

图书在版编目（CIP）数据

民法学说与判例研究·第六册/王泽鉴著.—北京：北京大学出版社，2009.12

（民法研究系列）

ISBN 978-7-301-15799-2

Ⅰ.民… Ⅱ.王… Ⅲ.①民法-法的理论-研究 ②民法-审判-案例-研究 Ⅳ.D913.04

中国版本图书馆 CIP 数据核字（2009）第 167439 号

简体中文版由元照出版有限公司授权出版发行

民法学说与判例研究·第六册,王泽鉴著

2006 年 9 月版

书　　　名	民法学说与判例研究·第六册 MINFA XUESHUO YU PANLI YANJIU·DI-LIU CE	
著作责任者	王泽鉴　著	
责 任 编 辑	陈晓洁	
标 准 书 号	ISBN 978-7-301-15799-2	
出 版 发 行	北京大学出版社	
地　　　址	北京市海淀区成府路 205 号　100871	
网　　　址	http://www.pup.cn　http://www.yandayuanzhao.com	
电 子 邮 箱	编辑部 yandayuanzhao@pup.cn　总编室 zpup@pup.cn	
新 浪 微 博	@北京大学出版社　@北大出版社燕大元照法律图书	
电　　　话	邮购部 010-62752015　发行部 010-62750672 编辑部 010-62117788	
印 刷 者	三河市北燕印装有限公司	
经 销 者	新华书店 965 毫米×1300 毫米　16 开本　15.5 印张　242 千字 2009 年 12 月第 1 版　2025 年 7 月第 12 次印刷	
定　　　价	34.00 元	

未经许可，不得以任何方式复制或抄袭本书之部分或全部内容。

版权所有，侵权必究

举报电话：010-62752024　电子邮箱：fd@pup.cn

图书如有印装质量问题，请与出版部联系，电话：010-62756370

总　　序

　　拙著民法研究系列丛书包括《民法学说与判例研究》(八册)、《民法思维:请求权基础理论体系》、《民法概要》、《民法总则》、《债法原理》、《不当得利》、《侵权行为》及《民法物权》,自2004年起曾在大陆发行简体字版,兹再配合法律发展增补资料,刊行新版,谨对读者的鼓励和支持,表示诚挚的谢意。

　　《民法学说与判例研究》的写作期间长达二十年,旨在论述1945年以来台湾民法实务及理论的演变,并在一定程度上参与、促进台湾民法的发展。《民法思维:请求权基础理论体系》乃在建构请求权基础体系,作为学习、研究民法,处理案例的思考及论证方法。其他各书系运用法释义学、案例研究及比较法阐述民法各编(尤其是总则、债权及物权)的基本原理、体系构造及解释适用的问题。现行台湾"民法"系于1929年制定于大陆,自1945年起适用于台湾,长达六十四年,乃传统民法的延续与发展,超过半个世纪的运作及多次的立法修正,累积了相当丰富的实务案例、学说见解及规范模式,对大陆民法的制定、解释适用,应有一定的参考价值,希望拙著的出版能有助于增进两岸法学交流,共为民法学的繁荣与进步而努力。

　　作者多年来致力于民法的教学研究,得到两岸许多法学界同仁的指教和勉励,元照出版公司与北京大学出版社协助、出版发行新版,认真负责,谨再致衷心的敬意。最要感谢的是,蒙　神的恩典,得在喜乐平安中从事卑微的工作,愿民法所体现的自由、平等、人格尊严的价值理念得获更大的实践与发展。

王泽鉴

二〇〇九年八月一日

目　录

无权代理人之责任 …………………………………………（1）
物之损害赔偿制度的突破与发展 …………………………（16）
公路法关于损害赔偿特别规定与民法侵权
　　行为一般规定之适用关系 ……………………………（31）
土地登记错误遗漏、善意第三人之保护与国家
　　赔偿责任 ………………………………………………（40）
为债务履行辅助人而负责 …………………………………（50）
出售之土地被征收时之危险负担、不当得利及
　　代偿请求权 ……………………………………………（76）
物之瑕疵担保责任、不完全给付与同时履行抗辩 ………（87）
同时履行抗辩：第264条规定之适用、准用与
　　类推适用 ………………………………………………（108）
买卖不破租赁：第425条规定之适用、准用及
　　类推适用 ………………………………………………（145）
委任人不得代位行使受任人以自己名义为委任人
　　取得之权利 ……………………………………………（171）
通谋虚伪之第三人利益契约 ………………………………（179）
五则法律问题及"司法院"研究意见之检讨 ……………（188）
无扶养义务而为扶养时之请求权基础 ……………………（203）
《中华人民共和国民法通则》之侵权责任：
　　比较法的分析 …………………………………………（216）

无权代理人之责任[*]

一、问题之提出

(一) 三则判例

台湾现行"民法"[**]第110条规定:"无代理权人,以他人之代理人名义所为之法律行为,对于善意相对人,负损害赔偿责任。"关于本条之解释适用,共著有三则判例,即:

(1) 被上诉人甲、乙两股份有限公司,均非以保证为业务,被上诉人丙、丁分别以法定代理人之资格,用各该公司名义保证主债务人向上诉人借款,显非执行职务,亦非业务之执行,不论该被上诉人丙、丁等应否负损害赔偿之责,殊难据第28条、"公司法"第30条,令各该公司负损害赔偿责任,上诉人对此部分之上诉显无理由。惟查被上诉人丙、丁等对其所经理之公司,如系明知其并非以保证为业务,而竟以各该公司名义为保证人,依第110条及第184条规定,对于相对人即应负损害赔偿之责,不得因"公司法"第22条、第23条、第24条,未有公司负责人应赔偿其担保债务之规定予以宽免(1955年台上字第156号)。

(2) 被上诉人公司非以保证为业务,其负责人违反"公司法"第23条之规定,以公司名义为保证,依"司法院"释字第59号解释,其保证行为应属无效,则上诉人除因该负责人无权代理所为之法律行为而受损害时,得依第110条之规定请求赔偿外,并无仍依原契约,主张应由被上诉人负其保证责任之余地(1959年台上字第1919号)。

---

[*] 本文原载《法学丛刊》第127期,第1页。
[**] 本书中法律条文如无特别注明,皆为台湾地区现行"民法"之规定。——编者注

（3）无权代理人责任之法律上根据如何，见解不一，而依通说，无权代理人之责任，系直接基于民法之规定而发生之特别责任，并不以无权代理人有故意或过失为其要件，系属于所谓原因责任、结果责任或无过失责任之一种，而非基于侵权行为之损害赔偿。故无权代理人纵使证明其无故意或过失，亦无从免责，是项请求权之消灭时效，如无特别规定，则以第125条第1项所定15年期间内应得行使，要无第197条第1项短期时效之适用，上诉人既未能证明被上诉人知悉其无代理权，则虽被上诉人因过失而不知上诉人无代理权，上诉人仍应负其责任（1967年台上字第305号）。

（二）四个基本问题

上开三则判例，虽甚简要，但涉及无权代理人责任四个基本问题：
(1) 无权代理人责任之构成要件与法律效果。
(2) 第110条规定之适用与类推适用。
(3) 损害赔偿请求权之消灭时效。
(4) 请求权之竞合。

二、构成要件及法律效果

（一）构成要件

1. 基本要件

依第110条规定，无权代理人损害赔偿责任之成立，其基本要件有二：① 代理权之欠缺，即无代理权，而以他人之代理人名义而为法律行为。② 相对人须属善意，即不知代理人欠缺代理权。关于上开要件，有四点应补充说明：①

（1）第110条规定除意定代理外，对于法定代理（第1086条、第1098条、第103条第1项）亦有适用余地。②

（2）代理权欠缺之原因如何，在所不问，无论为根本欠缺代理权或逾

---

① 关于无权代理之一般问题，参见刘春堂：《狭义无权代理之研究》，载《法学丛刊》第100期，第74页。

② 参见 Müller, Gesetzliche Vertretung ohne Vertretungsmacht, AcP 168, 113.

越代理权限,均属之。

(3) 无代理权人所为之法律行为包括债权行为及物权行为。

(4) 无权代理人责任之发生,以本人拒绝承认(或视为拒绝承认)无权代理人所为之法律行为为前提(第170条)。故相对人于本人未承认前撤回者,无权代理人不负赔偿责任。[①]

2. 责任之性质:无过失责任与法定担保责任

无权代理人损害赔偿责任之成立,不以故意或过失为要件,不问无权代理人是否知其无代理权限,亦不问其不知无代理权限有无过失,均有第110条规定之适用。1971年台上字第305号判例谓:"无权代理人责任之法律上根据如何,见解不一。而依通说,无权代理人之责任系直接基于民法之规定而发生之特别责任,并不以无权代理人有故意或过失为其要件,系属于所谓原因责任、结果责任或无过失责任之一种,而非基于侵权行为之损害赔偿。故无权代理人纵使证明其无故意或过失,亦无从免责。"学说上亦赞同此见解。[②]

"最高法院"为强调无权代理人损害赔偿责任之法律性质,特别称其为原因责任、结果责任或无过失责任。此为判例第一次(也是唯一一次)同时使用此损害赔偿法上之三个基本概念,并认为具同一之意义。第110条所规定者,系无过失责任,固属无误,真正的问题在于无权代理人为何要负无过失责任,此即涉及损害赔偿之归责原则(Zurechnungsprinzip)。

与无过失责任相对称者,系过失责任主义,例如第184条第1项前段规定:"因故意或过失不法侵害他人权利者,应负损害赔偿责任。"过失本身足以作为损害赔偿之归责原则,盖我为独立自主之个人,因未尽必要注意,致侵害他人权利时,则我应负其责任,填补被害人所受之损害,事理自明,无待详论。反之,无过失本身则不足以作为责任之依据。在现行法上,加害人对损害之发生,虽无过失,但仍应负损害赔偿,就其归责原则言,可归为三类:

(1) 因持有特定危险事物而享受利益者,对于由此危险所生损害而负之赔偿责任(所谓之危险责任"Gefährdungshaftung",参阅"民用航空

---

① 参见洪逊欣:《民法总则》,1976年修订初版,第505页。
② 参见洪逊欣,前揭书,第504页。

法"第67条、"核子损害赔偿法"第11条、"民事诉讼法"第531条)。

(2) 于法律例外允许利用他人物品时所生之损害赔偿责任(第786条等)。

(3) 基于法定担保义务,尤其是因自己行为创造某信赖要件而生之损害赔偿责任。

上开三种损害赔偿之归责原则,性质不同,难以提出一项共同积极原则加以说明,故特就其消极特征立论,统称之为无过失责任(Haftung ohne Verschulden)。①

就第110条规定言,无权代理人所以要负无过失责任,应求诸于担保责任之思想,即以他人名义而为法律行为时,在相对人引起正当之信赖,认为代理人有代理权限,可使该法律行为对本人发生效力,因此为保护善意相对人,特使无权代理人负赔偿责任,学说上称之为法定担保责任(gesetzliche Garantiehaftung)。②

(二) 法律效果

关于无权代理人之责任内容,依德国、日本民法,相对人得依其选择,请求无权代理人履行债务或为损害赔偿(《德国民法》第179条、《日本民法》第117条第1项)。台湾地区"民法"第110条仅规定无权代理人应负损害赔偿责任。此之所谓损害赔偿,究系指信赖利益(消极利益)或履行利益(积极利益),"最高法院"虽未明确表示见解,但似指履行利益而言。史尚宽先生认为:"无论消极利益或积极利益,相对人均得主张,但信任利益之请求,不得大于履行利益。"③关于此项见解,应说明者有二:① 信赖利益(信任利益)及履行利益(积极利益),系两种独立之损害赔偿,各有其不同之计算方法,被害人或得请求信赖利益(例如第91条、第247条),或得请求履行利益(例如第226条),尚无可依其选择任意主张之规定,何以独于第110条之情形,相对人均得主张,尚值研究。② 就西方立法例言,相对人究得请求信赖利益或履行利益,常视无权代理人之"主观责任要件"而定。《瑞士债务法》分别代理人有无过失而赋予不同之法律

---

① Larenz, Die Prinzipien der Schadenszurechnung(德国法上损害赔偿之归责原则),中译稿收于拙著:《民法学说与判例研究》(第五册),北京大学出版社2009年版,第184页。
② MünchKomm/Thiele, BGB, 2. Aufl. 1985, §179 Rdnr. 1.
③ 史尚宽:《民法总论》,第504页。

效果:无过失时,仅就因契约失效所生之损害负赔偿责任(消极利益),如有过失,法院认为公平时,得命为其他损害之赔偿(包括积极利益)(《瑞士债务法》第39条)。《德国民法》第179条规定则分别代理人明知或不知其代理权之欠缺,而异其赔偿责任(详后)。由是观之,似不能认为相对人就消极利益或积极利益,均得主张。真正的问题在于应否依无权代理人之主观要件,而定其责任之内容。

(三) 构成要件及法律效果之区别

1. 区别

就第110条之构成要件及法律效果初步观察之,似可得到如下结论:"任何"无代理权人,无论其是否"明知"或"不知"其无代理权限,"均"应负履行利益(或信赖利益)之损害赔偿责任。易言之,即不区别无权代理人是否有行为能力,是否明知无代理权限,均赋予同一之法律责任。此项初步结论是否合理,殊值研究,而此涉及法学上 Differenzierung 之问题。

Differenzierung 系德国判例学说上常见之用语,相当于英美法上之 distinguishing,在中文可迳译为"区别",即区辨事物之异同,而作不同或相同之处理,此不仅为立法政策上之问题,而且也是法律解释适用之问题。在某种意义上我们可以说,整个法律思维活动(Juristisches Denken)就是如何区辨异同,实现正义。①

《德国民法》第179条关于无权代理人之责任设有如下之规定:"Ⅰ.以代理人名义订立契约者,若不能证明其代理权,并经本人拒绝承认时,该代理人依相对人之选择,负履行或损害赔偿义务。Ⅱ.代理人不知无代理权者,对于相对人因信其有代理权所受之损害,负赔偿之义务,但其数额,不得超过相对人因契约有效所得利益之程度。相对人明知或可得而知无代理权者,代理人不负责任。代理人系限制行为能力人时亦同;但已得法定代理人之同意者,不在此限。"②可知,《德国民法》对无权代理人责任作有相当程序之 Differenzierung,为便于观察,图示如下:

---

① 参见 Engisch, Einführung in das juristische Denken, 7. Aufl. 1977; Auf der Suche nach der Gerechtigkeit, 1971.
② 关于《德国民法》第179条解释适用之基本问题,参见 Flume, Allgemeiner Teil des Bürgerlichen Rechts, Bandz, Das Rechtsgeschäft, 3. Aufl. 1979, S. 80lf.

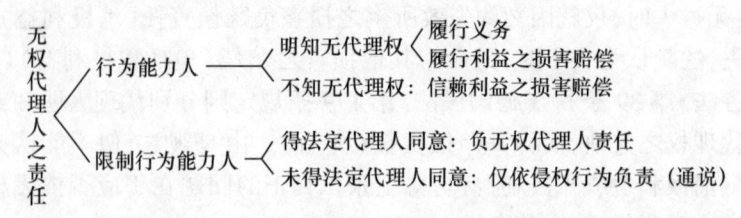

```
                          ┌─ 明知无代理权 ─ 履行义务
              ┌ 行为能力人 ─┤              履行利益之损害赔偿
无权          │            └─ 不知无代理权：信赖利益之损害赔偿
代理人        │
之责任        │              ┌─ 得法定代理人同意：负无权代理人责任
              └ 限制行为能力人┤
                             └─ 未得法定代理人同意：仅依侵权行为负责（通说）
```

比较法可作为解释适用之法理，"最高法院"著有判决，学说亦赞同之。① 因此所应检讨者，系如何参酌上开《德国民法》第179条规定处理台湾地区"民法"两项争论之问题：

（1）代理人不知无代理权限时，应负何种责任？

（2）无权代理人系限制行为能力人时，应负何种责任？

2. 应否区别无权代理人明知或不知无代理权限而异其赔偿责任？

就第110条规定之文义观之，似不区别代理人是否明知无代理权限而异其赔偿责任。关于此点，梅仲协先生认为："无权代理之原因，有时为无权代理人所明知者，有时为其所不自知者，该条仅规定损害赔偿责任之负担，而于无权代理之原因，不加区别，于无权代理人之责任，亦不分轻重，似嫌率略。"②

梅仲协先生上开见解究系就立法政策抑或就法律解释学而立论，未臻明确。值得注意的是，洪逊欣先生强调此为解释适用上之问题，而作如下之说明："损害赔偿之范围如何？关于此点，向有如次两种学说：

（1）无权代理人，须赔偿相对人因该行为有效而可取得之利益（履行利益）。

（2）无权代理人，只须赔偿相对人因信其有代理权而损失之利益（信赖利益）。对无权代理人此种责任之根据及关系人间之公平加以观察时，宜解为：无权代理人，如于行为时不知其无代理权者，仅应赔偿信赖利益（其额不得大于履行利益），否则应负赔偿履行利益之责任。"③

据上所述，代理人不自知其代理权之欠缺，例如授权者，系精神病人，本系无行为能力人，而妄以授权书给予代理人，而代理人不知其为无行为

---

① 台上字第1005号判决全文及其评释，参见拙著：《比较法与法律之解释适用》，载《民法学说与判例研究》（第二册），北京大学出版社2009年版，第1页以下。

② 梅仲协：《民法要义》，第106页。

③ 洪逊欣，前揭书，第506页。

能力者,使代理人负履行利益之赔偿责任,诚属苛严,应使其仅负信赖利益之损害赔偿,较为合理。惟采此见解,就法学方法论而言,似已超过解释之范畴,而进入法律创造(Rechtsfortbildung)之层次,须赖学说形成共识,经由判例协力而实现之。①

3. 应否区别无权代理人为行为能力人或限制行为能力人而异其责任?

应再检讨者,系应否区别无权代理人为行为能力人或限制行为人而异其责任。无权代理人系有行为能力人时,应依第110条规定负其责任,应属当然。无权代理人系无行为能力人时,应否负第110条规定之赔偿责任,虽法无明文,但解释上应采否定说,殆无疑义,盖无行为能力人不能为意思表示或受意思表示,自概念以言,自无成立无权代理之余地。② 关于限制行为能力人是否应依第110条负无权代理人之责任,台湾地区学者有强调应采德国立法例,认为限制行为能力人非经法定代理人同意而为代理行为者,不负无权代理人之责任。③ 此项见解,可资赞同,须说明者有二:

(1) 贯彻保护未成年人之基本原则:限制行为能力人未得法定代理人之允许所为之单独行为无效(第78条)。限制行为能力人未得法定代理人之同意(允许或承认),其所订立之契约不生效力(第79条以下),例如18岁之甲未得法定代理人之同意向乙租赁房屋,其所订立之契约不生效力,甲不负法律上之责任,纵使相对人乙系属善意,亦不例外。在无权代理之情形,例如限制行为能力人甲未得法定代理人之同意,以丙之名义向乙租赁时,倘须依第110条规定自负损害赔偿责任,法律上之价值判断显失平衡。因此本文认为应依保护未成年人之基本原则,目的性地限缩第110条规定之适用范围,认为:"对于限制行为能力人未得法定代理人同意者,不在此限。"④

(2) 限制行为能力人未得法定代理人同意而为代理行为,虽无第

---

① 关于法律创造之一般理论,参见 Larenaz, Methodenlehre der Rechtswissenschaft, 5. Aufl. 1983, S. 351f.
② 参见 MünchKomm/Thiele, §179 Rdnr. 28,44.
③ 史尚宽:《民法总论》,第503页。
④ 参见拙著:《未成年人与代理、无因管理及不当得利》,载《民法学说与判例研究》(第五册),北京大学出版社2009年版,第97页。

110条之适用,但仍应依关于侵权行为之规定负其责任。相对人因代理人无权代理而受侵害者,多属财产上利益,而非权利,故原则上不适用第184条第1项前段之规定,惟限制行为人有识别能力明知无代理权限,故意以悖于善良风俗之方法加损害于相对人时,应依第184条第1项后段规定,负损害赔偿责任(第187条),自不待言。①

三、适用及类推适用

(一)适用或类推适用

无代理权人,以他人之代理人名义而为法律行为,致善意相对人受损害者,应适用第110条规定,使其负赔偿责任。不具备第110条之构成要件,但基于同一法律理由(ratio legis),应予类推适用者,其主要情形有三种:

1. 无权使者

无使权限之人(Bote ohne Botenmacht),而传达他人意思表示,致善意相对人受损害者,应类推适用第110条规定,负赔偿责任。设有甲告诉乙曰:"丙嘱我告汝,租屋之要约业已收到,愿依所提出之条件,出租该屋。"实际上丙并未授权甲传达此项意思表示时,即属其例。②

2. 无权代表

第27条第2项规定:"董事就法人一切事务对外代表法人。董事有数人者,除章程另有规定外,各董事均得代表法人,对于董事代表权所加之限制,不得对抗善意第三人。"因此设有甲财团法人,依其章程规定,乙董事无代表权,并为登记(第61条第7款),但乙仍以甲法人之名义与丙为法律行为(例如租赁房屋)时,丙虽为善意,该甲财团法人仍得以其登记事项对抗之(第31条)。于此情形,乙之行为构成"无权代表",应类推适用第110条规定无权代理之规定,使其对丙负损害赔偿责任。③

---

① 参见拙著,前揭文,第97页。
② Jauernig/Gaueznig, Bürgerliches Gesetzbuch, 3. Aufl. 1984, §177 Anm. 4. c; Medicus, Allgemeiner Teil des BGB, 1982, S. 344(Rdnr. 997).
③ Erman/Brox, Handkommentar BGB, 7. Aufl. 1981, §179 Rdnr. 5.

3. "本人不存在"之无权代理

无权代理系代理人无代理权而以"他人"(本人)名义而为法律行为,故自概念以言,应以本人确系存在为前提。因此倘根本无其人或被代理之法人迄未成立时,则仅能类推适用第110条规定,使代理人负赔偿责任。①

(二) 公司负责人为保证时之"无权代理"责任

1. 违反公司法规定为保证之效力

上开三则判例关于无权代理人之责任,均涉及公司负责人以公司名义为保证之问题。"公司法"第16条第1项规定:"公司除依其他法律或公司章程规定得为保证外,不得为任何保证人。"(修正前为第23条)。大法官会议释字第59号解释谓:"依'公司法'第23条之规定,公司除依其他法律或公司章程规定以保证为业务者外,不得为任何保证人。公司负责人如违反该条规定以公司名义为人保证,既不能认为公司之行为,对于公司自不发生效力。"1959年台上字第1919号判例谓:"被上诉人公司非以保证为业务,其负责人违反第23条之规定,以公司名义为保证,依'司法院'释字第59号解释,其保证行为对于公司不生效力,则上诉人除因该负责人无权代理所为之法律行为而受损害时,得依'民法'第110条之规定请求赔偿外,并无仍依原契约主张,应由被上诉人负其保证责任之余地。"

上开大法官会议之解释及判例均认为,公司负责人违反公司法规定以公司名义为保证,对公司不生效力,此项见解,实值赞同。按依第26条规定:"法人于法令限制内,有享受权利,负担义务之能力……""公司法"第16条系对公司(法人)权利能力所设之限制。② 法人逾越法令限界者,并无权利能力。于此情形,公司负责人以公司名义所为之保证,应属无效,公司不因此而负担义务,亦不发生因公司承认使该保证行为发生效力之问题。

2. 适用抑或类推适用

公司负责人违反公司法规定而为保证,其保证对公司无效,已如上

---

① Erman/Brox, §179 Rdnr. 5.
② 参见施启扬:《民法总则》,第129页;拙著:《民法总则》,北京大学出版社2009年版,第136页。

述，兹应进一步检讨者，系公司负责人应否依第110条规定负赔偿责任。

上开三则判例一致认为，公司负责人系属无权代理人，故应适用第110条。此项见解，是否正确，尚待斟酌。

按无权代理者，系指代理人无代理权限，以本人名义而为法律行为。无权代理之法律行为系属效力未定，须经本人之承认始生效力。公司负责人违反"公司法"规定而为保证者，其保证行为根本无效，自概念以言，似不构成无权代理，应无适用第110条规定之余地。惟公司负责人此种行为，论其利益状态，与无权代理殆无不同，基于同一法律理由，则应类推适用第110条规定，使公司负责人负赔偿责任。但此系就类推适用第110条规定之情形而言，相对人得依"公司法"第16条第2项规定主张公司负责人应自负保证责任，自不待言。

四、消灭时效

（一）判例

关于第110条损害赔偿请求权之消灭时效，该法未设特别规定。1967年台上字第305号判例认为无权代理人之责任系直接基于"民法"之规定而发生之特别责任，而非基于侵权行为之损害赔偿，"是项请求权之消灭时效，在'民法'既无特别规定，则以第125条第1项所定15年间内应得行使，要无第197条第1项短期时效之适用。"[1]"最高法院"否认第197条第1项短期时效之适用，见解正确，固值赞同，但其肯定就适用第125条所定之长期时效，似有重新检讨之必要。

（二）本文之见解

第125条规定："请求权，因15年间不行使而消灭。但法律所定期间较短者，依其规定。"准此以言，"最高法院"认为，无权代理之损害赔偿请

---

[1] 1972年台上字第1695号判例谓："依不当得利之法则请求返还不当得利，以无法律上之原因而受利益，致他人受有损害为其要件，故其得请求返还之范围，应以对方所受之利益为度，非以请求人所受损害若干为准，无权占有他人土地，可能获得相当于租金之利益为社会通常之观念，是被上诉人抗辩其占有争系土地所得之利益，仅相当于法定最高限额租金数额，尚属可采。"参见拙著：《使用他人物品之不当得利》，载《民法学说与判例研究》（第三册），北京大学出版社2009年版，第71页。

求权,在"民法"既无特别规定,应适用第125条规定,实不能谓无相当之理由,但为贯彻短期消灭时效制度之规范功能,仍有研究余地,兹以第126条关于租金之请求权为例说明之。

依第126条规定,租金之给付请求权因5年间不行使而消灭。须注意的是,1960年台上字第1730号判例谓:"租金之请求权因5年间不行使而消灭,既为第126条所明定,至于终止租赁契约后之赔偿与其他无租赁契约之赔偿,名称虽与租金有异,然实质上仍为使用土地之代价,债权人应同样按时收取,不因其契约终止或未成立而谓其时效之计算应有不同。"此项判例之基本思想在于实现短期时效期间之规范目的,原则上应值赞同。设有某甲出租其屋给乙居住,1个月后发现租赁契约不成立。于此情形,甲得依不当得利之规定向乙请求返还相当于租金之利益,关于此项不当得利请求权之消灭时效,虽无特别规定,但依上开判例之意旨,仍应依第126条规定计算之,[1]不宜适用第125条规定。

应再说明的是,在上举之例,甲出租其屋于乙之后,乙即以意思表示错误为理由撤销租赁契约。于此情形,甲得依第91条规定向乙请求信其意思表示为有效而受之损害(信赖利益)。关于此项信赖利益损害赔偿请求权之消灭时效,在"民法"亦无规定,但应依租赁契约有效成立时履行请求权之时效期间,即依第126条规定计算之,不宜适用第125条规定。[2]

就无权代理人损害赔偿请求权之消灭时效期间而言,亦不宜一概适用第125条规定,而应依无代理权人所为法律行为(尤其是契约)有效成立时履行请求权之时效期间定之。例如甲无代理权限而以乙之名义向丙租屋,该代理行为有效成立时,丙向甲之租金请求权(履行请求权)之时效期间既为5年,则关于无权代理人损害赔偿请求权之消灭时效,似不能以无特别规定为理由,而径适用第125条所定15年之长期时效期间,须

---

[1] 此为德国之通说,参见 BGHZ 32, 13 15; 48, 125 127; Erman/Hefermehl, §196 Anm. 26.

[2] 参见拙著:《信赖利益之损害赔偿》,载《民法学说与判例研究》(第五册),北京大学出版社2009年版,第166页。

依第126条规定计算其时效期间,始能贯彻特设短期时效之规范目的。[1]

五、请求权之竞合

(一) 无权代理人责任与表见代理

无权代理有广狭两种意义。广义之无权代理兼括表见代理在内,即无权代理人与本人间有一定之特殊关系时,对其无权代理行为,赋以与有权代理类似之效果,第169条设有明文:"由自己之行为表示以代理权授予他人,或知他人表示为其代理人而不为反对之表示者,对于第三人应负授权人之责任。但第三人明知其无代理权或可得而知者,不在此限。"例如公司许他人以其名义为同一营业者,他人所经营之公司,固不因此而成为本公司之一部,惟其许他人使用自己公司名义与第三人为法律行为,即系第169条所谓表示以代理权授予他人之行为,如无同条但书情形,对于第三人自应负授权人责任(1956年台上字第461号判决)。所谓应负授权人责任,系指履行责任而言(1955年台上字第1424号判例)。此项表见代理责任之成立,不以本人承认为必要,本人纵拒绝承认,亦须负责。[2]

在此种制度下,发生一项疑问:无权代理人之相对人如何行使其权利?得否依其选择对无权代理人依110条规定请求损害赔偿,或对本人主张应依第169条规定负履行责任?关于此项问题,"最高法院"未著判决,在德国法上肯定相对人之选择权者有之,[3]认为无权代理人不负责任者,亦有之,[4]尚无定论。

本文认为,表见代理之本人应负授权人之责任,其法律效果与有权代理殆无不同,相对人得请求本人履行法律行为上之义务,交易目的即已达

---

[1] 此为德国之通说,参见 BGHZ 73, 269f.;参见 Medicus, Allgemeiner Teil des BGB, S. 342 (Rdnr. 990)。又史尚宽先生谓:"无权代理人损害赔偿责任,所履行责任之代用,应与履行责任因同一之消灭时效而消灭。例如在有权代理,本人应负担的债务之消灭时效为2年者(第127条),无权代理人赔偿责任,亦应从2年之消灭时效。"(《民法总论》,第505页)亦同此见解,可供参考。

[2] 关于表见代理之基本问题,陈忠五:《表见代理之研究》,1989年台大硕士论文,论述甚详,可供参考。

[3] Canaris, Die Vertrauenshaftung im Deutschen Privatrecht, 1971, S. 518f.; MünchKomm/Thiele, §167 Rdnr. 72.

[4] BGHZ 61, 59, 86, 273; Erman/Brox, §179 Rdnr. 3.

成,衡诸代理制度之规范功能及当事人之利益,似无许其亦得向无代理权人请求损害赔偿之必要。惟在诉讼上无权代理人就本人之应负表见责任,须负举证之责。① 又须注意的是,依德国联邦法院(Bundesgerichtshof,简称 BGH)之最近判例,倘相对人对表见代理之本人事实上不能请求履行时(例如本人移民国外,或不知去处),则为保护交易安全,无权代理人仍应负责。② 此项见解,可供参考,自不待言。

(二) 无权代理人之侵权责任

1. 判例

1967 年台上字第 305 号判例肯定第 110 条无权代理人责任,系直接基于"民法"规定而发生之特别责任,而非基于侵权行为而发生之损害赔偿责任。值得注意的是,1955 年台上字第 1566 号判例认为:"被上诉人甲、乙两股份有限公司,均非以保证为业务,被上诉人丙、丁分别以法定代理人之资格,用各该公司名义保证主债务人向上诉人借款,显非执行职务,亦非业务之执行,不论该被上诉人丙、丁等应否负损害赔偿之责,殊难据第 28 条、'公司法'第 30 条,令各该公司负损害赔偿责任,上诉人对此部分之上诉显无理由。惟查被上诉人丙、丁等对其所经理之公司,如系明知其并非以保证为业务,而竟以各该公司名义为保证人,依第 110 条及第 184 条规定,对于相对人即应负损害赔偿之责,不得因'公司法'第 22 条、第 23 条、第 24 条,未有公司负责人应赔偿担保债务之规定予以宽免。"

2. 分析检讨

据上开判例观之,可知第 110 条所定无权代理人责任与侵权责任不同,二者得成立竞合关系,此项见解,可资赞同。1955 年台上字第 1566 号判例曾提到第 28 条及第 184 条规定,有进一步分析之必要:

(1) 第 184 条第 1 项规定:"因故意或过失,不法侵害他人之权利者,负损害赔偿责任,故意以悖于善良风俗之方法,加损害于他人者亦同。"前段以权利为保护客体,而以故意或过失为要件;后段以权益为保护客体,

---

① 就举证责任之一般原则言,相对人依第 110 条规定请求损害赔偿时,应对代理人系以他人名义为法律行为及本人之拒绝承认,负举证责任。关于代理权之存在,应由代理人负举证责任,关于其消灭,则应由相对人负举证责任。关于相对人非属善意,由代理人负举证责任。参见 Palandt/Heinrichs, BGB, 40. Aufl. 1987, §179 Anm. 3.

② 参见 BGHZ 61, 59; 83, 273.

而以故意悖于善良风俗方法加损害为要件。比较言之,前段保护客体较狭,要件要宽,后段保护客体较广,要件较严。在无权代理之情形,其所侵害者多非属权利,故原则上须适用后段规定,即须代理人故意以悖于善良风俗方法加损害于相对人,始负赔偿责任,因此公司负责人如仅系"明知"其非以保证为业务,而以该公司名义为保证时,虽应依第110条规定负赔偿责任,但尚不具备第184条第1项后段之构成要件,不成立侵权责任。

(2) 第28条规定:"法人对于其董事或其他有代表权之人因执行职务所加于他人之损害,与该行为人连带负赔偿之责。"本条之适用,其要件有三:① 行为人须为董事或其他有代表权之人;② 须由于执行职务加害于他人;③ 须具备侵权行为之一般要件。① 在无权代理之情形,所谓须具备侵权行为之一般要件,系指应符合第184条第1项(尤其是后段)之规定,前已论及。争论之重点在于董事或其他有代表权之人所为之"无权代表"(类推适用无权代理之规定),是否为执行职务之行为。在公司负责人违反"公司法"规定为保证之情形,因公司对于保证并无权利能力,其非执行职务,甚为显然。"最高法院"见解,可资赞同。惟于其他情形,则应就个案认定之。例如甲公司之董事某乙执行购屋之事务,明知逾超章程规定之代表权限,仍以公司名义与丙订立买卖契约,意图使丙遭受损害时,甲公司似应依第28条规定与乙董事负连带赔偿责任。

六、结　　论

(1) 认为无权代理人之责任系属无过失责任,可资赞同,就归责原则言,此乃基于担保思想,故其法律上之性质,应属法定担保责任。

(2) "最高法院"迄未表示见解者,系关于无权代理人之责任,应否依代理人明知或不知代理权之欠缺,而区别其赔偿责任究为"履行利益"或"信赖利益"。此点尚待突破。在限制行为能力人未得法定代理人同意而为代理之情形,吾人深信"最高法院"必会肯定其无须依第110条规定负赔偿责任,以贯彻保护未成年人之基本原则。

(3) 三则判例均涉公司负责人违反"公司法"规定而为保证。再三

---

① 参见拙著:《民法总则》,北京大学出版社2009年版,第142页。

肯定公司负责人系属无权代理,应依第110条负赔偿责任。依本文见解,违反"公司法"之保证系属无效,自概念以言,应不构成无权代理,其使公司负责人负赔偿责任,不是适用第110条,而是类推适用之。"适用"与"类推适用"系属不同层次之法律思维活动,应严予区别。

(4)"最高法院"认为第110条损害赔偿请求权之消灭时效,在民法既无特别规定,应适用第125条15年时效期间之规定。此项见解,虽亦有据,惟本文认为无权代理损害赔偿请求权之消灭时效,应依代理行为(例如租赁契约)有效成立时履行请求权之时效期间定之,以贯彻关于短期时效之立法目的,不宜一概适用长期时效。

(5)认为第110条及第184条规定得竞合并存,实值赞同。就第184条规定言,因无权代理所侵害者多非属权利,故应适用该条第1项后段,即无代理权人以他人之代理人名义而为代理行为,须系故意以悖于善良风俗方法加损害于相对人时,始负侵权行为损害赔偿责任。

(6)"最高法院"迄未著判决者,系无权代理同时构成表见代理时,相对人是否得依其选择向无权代理人依第110条规定主张损害赔偿,或依第169条向本人主张应负授权人之责任。本文认为,相对人并无选择权,仅能向表见代理之本人请求履行契约,惟在诉讼上无代理权人应就表见代理之成立,负举证责任,自不待言。

物之损害赔偿制度的突破与发展[*]

一、问　题

损害赔偿是民事责任之核心问题，"民法"设有如下之基本规定：负损害赔偿责任者，除法律另有规定或契约另有订定外，应恢复他方损害发生前之原状。因恢复原状而应给付金钱者，自损害发生时起，加给利息（第213条）。应恢复原状者，如经债权人定相当期限催告后，逾期不为恢复时，债权人得请求以金钱赔偿其损害（第214条）。不能恢复原状或恢复原状显有重大困难者，应以金钱赔偿其损害（第215条）。以上系关于损害赔偿之一般规定（第216条至第218条）。值得注意的是，第196条规定："不法毁损他人之物者，应向被害人赔偿其物因毁损所减少之价额。"

在此种规定体系下，关于物之损害赔偿之方法及范围，产生甚多争议，为便于了解问题之争点，特设下例：甲驾车行驶于新生北路高架桥，遭乙违规超速碰撞，遭受相当程度之毁损，但仍可修复，试问：

（1）甲得否向乙请求恢复原状？乙置之不理时，甲得向乙主张何种权利？

（2）设乙逃逸，甲自行招人修理时，得否向乙请求赔偿其所支出之修理费？

（3）甲得否向乙请求赔偿与被毁损之车相同类型、年份及使用程度之汽车？

（4）甲可否将撞毁之汽车（尤其是新车）移转于乙，再依第196条规

---

[*]　本文原载《法令月刊》第39卷，第10期，第9页。

定请求赔偿该车价值,以重新购买新车?

(5)设该车被撞毁后,估计贬值10万元(指新台币,下同),修理费用为15万元时,甲得否向乙请求赔偿修理费15万元?设该车估计贬值10万元,而修理费用为8万元时,甲得否向乙请求减少之价值10万元?

上开问题涉及第196条与第213条以下规定之适用关系,实务上见解颇见分歧,1988年5月17日第九次民事庭会议作成决议,深具意义,殊值重视。

二、"最高法院"见解

1988年5月17日第九次民事庭会议有如下之提案:1983年台上字第3792号、1984年台上字第1574号及1987年台上字第2653号判决对于第196条规定之适用,所指见解不同,可分为甲、乙两说。

甲说:不法毁损他人之物者,被害人得依第213条第1项规定请求恢复原状。如依第196条规定请求加害人赔偿修复或恢复原状所生之费用,亦无不可;若依第196条规定而为请求,应认修复费用为物因毁损所减少之最低价额,毋须践行第214条所定之催告程序(1987年台上字第2653号判决参照)。

乙说:不法毁损他人之物者,被害人仅得依第196条规定,请求加害人赔偿其物因毁损所减少之价额,其额数应以该物受损后之价值与毁损前原来之价值比较决定之;至其物有无修理或实际支出修理费若干,均非所问;且无第213条第1项规定之适用(1983年台上字第3792号、1984年台上字第1574号判决参照)。

"最高法院"作成如下之决议:物被毁损时,被害人除得依第196条请求赔偿外,并不排除第213条至第215条之适用。依第196条请求赔偿物被毁损所减少之价额,得以修复费用为估定之标准,但以必要者为限(例如:修理材料以新品换旧品,应予折旧)。被害人如能证明其物因毁损所减少之价额,超过必要之修复费用时,就其差额,仍得请求赔偿。[1]

关于上开决议,有两点应予说明:① 此项决议获得出席会议之推事一致通过。② "最高法院"为处理上开提案,曾由数位推事组成小组,从

---

[1] 参见《法令月刊》第39卷,第8期(1988年9月),第22页。

事专案研究，上开决议系基于研究报告之建议而作成。此项研究报告迄未公布，因有助于了解上开决议内容之理由构成，特摘录要点如下，以供参考：

"按损害赔偿，以填补损害，使被害人获得完全赔偿为最高原则，而尊重当事人之自由意志，维持制度体系，注意社会生活实况，又为法律之基本要求。物被毁损之赔偿方法，如仅限于赔偿所减少之价额，而不能请求原状之恢复，或不能请求价额以外之损害，显然有违前述之最高原则与基本要求。又查物之价额未必皆能证明，甚至有无价之物，倘请求金钱赔偿，必须以所减少之价额为准，势必陷若干被害人于索偿无门。"

三、分析检讨

（一）不明确法律状态之突破

关于物之损害赔偿，最具争议的基本问题，系第196条是否为该法第213条之特别规定。在实务上有采肯定说者（参阅上开决议所引1983年台上字第3792号判决，1984年台上字第1574号判决），认为被害人仅得依第196条规定请求加害人赔偿其物因毁损所减少之价值。但亦有采否定说（参阅1987年台上字第2653号判决），认为被害人仍得依第213条规定请求恢复原状。"最高法院"长期犹豫徘徊于二说之间，未有定论。[①]近年来社会经济发展迅速，车辆剧增，事故频传，物之损害赔偿制度悬而未定，影响法律适用及当事人利益甚巨，其终于发挥统一法律见解之功能，毅然作成上开决议，可谓系对长期以来不明确法律状态之突破，殊值赞佩。

（二）被害人选择权之肯定

1. 支持被害人选择权之理由

关于第196条之适用，从理论发展史（Dogmengeschichte）观察之，其重点在于探寻物受毁损时，被害人何以只得请求金钱赔偿，而不得请求恢

[①] 参见拙著：《不法侵害他人之物之损害赔偿方法》，载《民法学说与判例研究》（第三册），北京大学出版社2009年版，第182页。

复原状之立法理由。梅仲协先生早在 40 年前即曾对本条之规范目的提出质疑,认为依该条规定,对物侵权行为之赔偿请求权,似应以金钱赔偿为限。然按第 213 条之规定,负损害赔偿责任者,原则上应恢复他方损害发生前之原状,惟于不能恢复原状,或恢复显有困难者,始准以其金钱赔偿其损害。而物之被毁损,与被毁灭不同,被毁灭固不能恢复,而被毁损则有恢复之可能。然则第 196 条之规定,似有未妥。其立法之用意若何,因无"民法"起草理由可以稽考,殊难悬揣。①

洪文澜先生认为,依第 213 条之规定,以恢复原状为原则,故毁损他人之物时,应依修补或其他方法恢复原状。本条则于此种情形,定为应赔偿其物因毁损所减少之价额,盖认此种情形之恢复原状为不适当也。②

史尚宽先生认为,不法侵害他人之物者,第 196 条规定,应向被害人赔偿其物因毁损所减少之价额,乃为赔偿方法之特例,盖在物之毁损,与其使贯彻恢复原状,不如使被害人径请求减少之价格,较为方便。③

最值得重视的是,王伯琦先生所提出之所有权保障说认为,物受毁损者,在被害人方面,只得请求金钱赔偿,不得请求恢复原状。其物已丧失全部经济价值者,固得请求全部价额之赔偿,其丧失一部经济价值者,亦只得请求毁损所减少之价格,不得令加害人取得毁损物之所有权(第 228 条)而请求全部之价格赔偿,或恢复其物之原状。盖以物之效用,惟在其

---

① 参见梅仲协:《民法要义》,第 149 页。查清宣统三年公布之大清民律草案,关于物之损害赔偿设有详细规定。第 963 条规定:"依侵权行为侵害他人之物者,须将其归还被害人。"第 963 条规定:"依侵权行为侵夺之物,其负归还义务之人,于因天灾及其他不可抗力,不能归还时,仍任其责。但义务人证明其物不被侵夺,亦不能归还之事实者,不在此限。前项规定,于应归还之物,因天灾或其他不可抗力而毁损者,准用之。"第 964 条规定:"加害人赔偿侵夺物之价格者,被害人得自算定价格标准之时起,请求支付赔偿额之利息。"第 965 条规定:"加害人于其侵夺之物已支出费用者,得向被害人请求偿还其费用。物之占人,对于所有人请求偿还费用之规定,于前项情形准用之。"第 966 条规定:"依侵权行为之侵夺之动产,其负赔偿损害义务人,若向侵夺时占有其物既已赔偿,虽第三人为侵夺物之所有人或为其他之物权人时,义务人亦免赔偿之义务。但明知第三人于侵夺物有所有权,或其他物权,或因重大过失而不知者,不在此限。"第 967 条规定:"因侵权毁损他人之物者,须向被害人赔偿其物之减价额。前条规定,于前项情形准用之。"上开规定中第 967 条为第 196 条之前身,其理由为:"因侵权行为而毁损他人之物者,对于被害人应以损害赔偿之方法,赔偿其物之减价额,且俾使被害人请求赔偿其利息,此第 1 项所由设也。至善意支付之加害人,亦须保护,故复设第 2 项规定。"理由构成甚为简略,难以窥知其意。参见《民法制定史料汇编》,1976 年,第 661 页。

② 洪文澜:《民法债编通则释义》,第 162 页。

③ 史尚宽:《债法总论》,第 213 页。

经济价值，以金钱赔偿其价格，于被害人可得满足，于加害人亦较为便利也。在加害人方面，亦应赔偿其减少之价格，不得为全部之价格赔偿或恢复原状，而请求让与其物之所有权。如其不然，反将使所有权失其保障矣，从而第196条之规定，应仅就物之毁损而言，至于灭失，则仍应以恢复原状为原则，否则将导致同一结果，如侵夺或毁灭他人之物者，如其不必恢复原状而得以金钱赔偿，则他人之物权反将失其保障。①

上开各家见解，均认为第196条系排除第213条恢复原状之特别规定，梅仲协先生表示不明立法用意。洪文澜先生所谓"盖认此种情形之恢复原状为不适当"，理由不详。史尚宽先生所提出之方便说，固有所据，但不能为图方便而牺牲恢复原状之基本原则。王伯琦先生所强调之保护所有权说，虽具创意，但亦不足作为排斥恢复原则之理由：

（1）毁损他人之物，应负恢复原状责任者，以修缮为原则，亦得以同种类之物赔偿之，所有权实有保障。被毁损之物非属代替物时，加害人应修缮其毁损，除非有不能恢复原状情事，才能以金钱赔偿。（第215条）

（2）承认被害人对恢复原状或价格赔偿有选择权，其主动在于被害人，所有权失其保障之顾虑，根本不存在。

综据上述，支持第196条为特别规定之理由似不充分，上开决议肯定被害人有选择权，实值赞同，兹从法律解释学之立场，提出四点理由补充说明之：

（1）就文义言，不法侵害他人之物者，应向被害人赔偿其物因毁损所减少之价额，并不当然排除请求恢复原状之权利。

（2）就法律体系言，恢复原状系民法损害赔偿之基本原则，实无排除之理由，前经述明，兹不赘。

（3）就比较法言，《德国民法》第249条规定："负损害赔偿之义务者，应恢复其发生赔偿义务之事由未发生前存在之状态。对身体之伤害或物之毁损，应为损害赔偿者，债权人得请求代替恢复原状之必要金额。"② 亦明白承认被害人之选择权，其内容虽未尽相同，但基本原则可资参照。

---

① 参见王伯琦：《民法债编总论》，第105页；孙森焱：《民法债编总论》，第248页，基本上亦采此见解。

② 关于《德国民法》第249条之解释适用，参见 Larenz, Schuldrecht Ⅰ, Allgemeiner Teil, 14. Aufl. 1987, S. 468f.；Staudinger/Medicus, BGB, 12. Aufl. 1985, §249.

(4) 就立法目的言,赋予被害人以选择权最足贯彻损害赔偿制度保护被害人之基本目的。被害人得依物之性质、受毁损之程度、加害人之资力信用、市场供应情况以及自己之需要,决定请求恢复原状或金钱赔偿。

2. 选择权之行使

决议肯定被害人除依第196条请求减少价额外,亦得依第213条以下规定请求恢复原状,享有选择权。此种选择权在法律性质上非属所谓之选择请求权(elektiver Anspruch),而是属于债权人之替代请求权(Ersetzungsbefugnis)。选择权之行使,应向赔偿义务人以意思表示为之。被害人为选择之意思表示后,原则上应受其拘束,但对赔偿义务人无影响者,得变更之,例如甲车遭乙撞坏,甲先向乙请求恢复原状,在乙为恢复原状之准备前,甲得变更请求赔偿减少之价额。

(三) 被害人选择恢复原状

依上开决议,关于物之毁损,被害人仍得请求恢复原状。所谓恢复原状,系指在经济上或功能上恢复其物于损害发生前之状态。就物之毁损言,修理为恢复原状之主要方法,至于如何修理系属加害人之事,因此亦应由其承担失败之危险性。修理交由第三人为之者,加害人应依第224条规定就该第三人之故意过失与自己之故意过失负同一责任。被毁损之物系属代替物时(例如某类型之电视机),加害人原则上得以价值相当同种类之物赔偿之。加害人经被害人定相当期限催告后,逾期不为恢复原状时,被害人得请求以金钱赔偿其损害(第214条)。此之所谓金钱赔偿,究系指物之价值利益(Wertinteresse),抑或指恢复原状之必要费用,尚有争论,似以后者为是。① 物之毁损不能恢复原状者(例如名画之题字被撕掉),应以金钱赔偿之(价值利益)。恢复原状显有困难者(例如修理费用过巨),亦应以金钱赔偿之,此之所谓金钱亦系指价值利益言,在解释上应认为系指为取得同等之物须支出之价金(Wiederbeschaffungspreis)。②

在物之毁损,被害人请求恢复原状时,有两个密切有关之问题,应予注意:① 所谓技术性贬值及交易上贬值;② 以新替旧。简要说明如下:

---

① Frotz, JZ 1963, 391; Soergel/Mertens, BGB, 11. Aufl. 1981, §250 Rdnr. 26;不同意见 Larenz, Schuldrecht Ⅰ, S.473.

② Larenz, Schuldrecht Ⅰ, S.448.

受他人不法毁损之物,虽经修理,但客观上仍有可以确定之瑕疵存在者,亦常有之,例如重新喷漆与原漆不能配合,学说上称之为技术上贬值(technische Minderwert),被害人就此不能恢复原状之部分,得依第215条规定请求加害人以金钱赔偿之。值得特别注意的是所谓交易上贬值(merkantile Minderwert),即物之毁损在技术上虽经修复,但在交易上,因对于是否仍存有瑕疵或减少之使用期限,存有疑虑,致价值降低,此在汽车遭遇重大事故,或建筑物毁损之情形,特为显著。德国通说认为,在此情形,被害人仍得依《德国民法》第251条(相当于台湾地区"民法"第215条)规定,请求金钱赔偿。① 在实务上值得提出重视的,1969年台上字第989号判决,略谓:"查损害赔偿之方法以恢复原状为原则,不能恢复原状,或恢复原状显有重大困难者,以金钱赔偿其损害。原审既斟酌前往现场履勘之情形,认仅房屋与围墙连接处尚未修护,命上诉人予以修复,是已达恢复原状之目的,竟又再命赔偿贬值之损害,被上诉人岂非受有双重利益?虽第196条定有不法毁损他人之物者,应向被害人赔偿其物因毁损所减少之价额之规定,但此系被害人不请求恢复原状,而径行请求以金钱赔偿其损害时,始有其适用,被害人既已请求恢复原状,能否径请求毁损其物所减少之价额,已非无审究余地,况其对于有何贬值之情形亦未说明其根据,遽命赔偿贬值损害,于法自有未洽。"此项判决似尚未承认交易上贬价或认识其问题之所在。②

在物之损害赔偿常发生以新替旧之问题,例如毁损他人旧书,赔以新书,污损他人衣服,赔以新衣,或撞坏他人之围墙,重新修建之。损害赔偿之基本原则,一方面在于填补被害人之损害,另一方面亦禁止被害人因而得利。在上开情形,加害人为损害赔偿时,原则上得向被害人请求交付被毁损之书,被污损之衣服,或新建围墙较长使用年限之利益,自结论以言,固无问题,有疑问者,系理论上应为如何之说明。学说上有将之纳入损益相抵之范围。按损益相抵者,亦称损益同销,指损害赔偿请求权人基于同一赔偿原因事实,受有利益时,应将所得利益,由所受损害中扣除,以定赔偿范围,例如伤害他人之名犬,被害人住院医疗期间所节省之饲养费用,

---

① 德国法上关于技术上贬值及交易上贬值,参见 Esser/Schmidt, Schuldrecht Ⅱ, Allgemeiner Teil, 6. Aufl. 1984, S.138; Hezmann Lange, Schadensersatz, 1979, S.174f.
② 关于本判决之评释,黄茂荣:《技术性贬值、交易上贬值》,载《民事法判解评释》(一),1978年,第266页以下作有深刻评论,足供参考。

于赔偿时应扣除之(通说)。① 前述"以新替旧"之情形,显有不同。被害人之取得利益,并非基于损害事由,而是由于赔偿方法,与损益相抵不同,纯属赔偿计算之扣除问题。须考虑的是,此项利益系强迫加诸于被害人,故应斟酌个案情形减轻之。在若干特殊情形,被害人难以即时补其差额者,虽然不能因此而免为返还,但可俟其出售或延长之使用利益实现时,始令其负补偿之责任。在决定补偿差额时,该项利益对被害人个人之利用价值亦应斟酌之,例如被撞毁之汽车仅行驶 200 公里时,赔以新车时,不应计其差额,毁损他人房屋小部分墙壁,而补以新瓷砖时,亦不应计其差额,盖就整个房屋而言,通常并未因补以新瓷砖而增进其交易价值或延长其使用年限也。②

(四) 被害人选择依第 196 条规定请求减少之价额

1. 适用范围

被害人选择依第 213 条规定请求恢复原状时,系适用一般原则,不生特殊疑难问题。被害人选择依第 196 条规定请求赔偿其物因毁损所减少之价额时,疑义甚多。首先应确定的是,第 196 条系以"物之毁损"为适用对象。关于物之灭失、被侵夺或因无权处分丧失其所有权,均无适用第 196 条规定之余地。又本条之适用只要物受他人不法毁损,既为已足,是否可以修复,在所不问。

2. 被害人可否交付被毁损之物于加害人,而请求赔偿购车之价格

花莲法院法律座谈会曾提出如下之问题:某甲于 1983 年 1 月 1 日买部新车,价格 30 万元,当日遭乙撞击,车头凹陷,但仍可完全修复,估计贬损价额 10 万元,此际甲可否将撞毁之新车移转于乙,再依第 196 条规定径行请求乙赔偿 30 万元,以重新购买新车?讨论意见:甲说认为应予准许。物遭毁损,如被害人请求加害人赔偿毁损所减少之价额,仍感觉不能弥补所受之损害,则被害人自可将被毁损之物交与加害人后径行请求恢复原状,所支出之费用,始合情理。本例甲可请求乙赔偿 30 万元,以购买新车。乙说认为不应准许。因第 196 条系有关物之毁损赔偿方法之特别

---

① 关于损益相抵之一般问题,参见郑玉波:《民法债编总论》,第 253 页;孙森焱:《民法债编总论》,第 331 页。

② 有关"损害赔偿法"上以新替旧之问题,在此不拟详论,参见 Staudinger/Medicus §249 Rz. 176f.; Hezmann Lange, Schadensersatz S. 171f.

规定,依该条条文观之,应不包括请求恢复原状之费用,本例甲只能请求乙赔偿10万元之贬损费。"司法院"第一厅研究意见认为:按第196条规定:不法毁损他人之物者,应向被害人赔偿其物因毁损所减少之价额,系为被害人利益而设之特例,使被害人于其物遭受他人不法毁损时,得径依该条规定,向加害人请求赔偿其物减少之价额,惟被害人依一般原则请求恢复原状之权利,并不受影响。依本题情形,被害人甲如依第213条恢复原状之规定行使权利者,仅得请求乙将毁损之车修复,又如甲选择依第196条规定行使权利者,仅得请求其车被乙撞击所减少之价额10万元。殊无要求将车移转于乙,请求乙赔偿30万元购买新车之余地。

上开第一厅研究意见可资赞同,应补充说明者有三:

(1)在修复恢复原状之情形,应注意技术上及交易上贬值之金钱赔偿问题。

(2)在新车遭受严重损害时,德国实务上认为系属所谓之不真正之全部损失(unechter total Schaden),被害人得拒绝修复而请求金钱赔偿,可供参考。①

(3)无论采取何种赔偿方法,被害人仍感觉不能弥补所受之损害时,就此种非财产损害,被害人不能请求金钱赔偿或要求加害人改采能满足其主观感情利益之赔偿方法。

3. 减少价额之意义及其计算

适用第196条之核心问题,在于所谓:"其物因毁损所减少之价额",究指何而言,如何计算?实务上一向多认为系指交换价格而言,并以市价计算之。1975年11月11日第六次民事庭会议决议,最具代表性,略谓:"物因侵权行为而受损害,请求金钱赔偿,其有市价者,应以请求时或起诉时之市价为准。盖损害赔偿之目的在于填补所生之损害,其应恢复者,并非'原来状态',而系'应有状态',应将损害事故发生后之变动状况考虑在内。故其价格应以加害人应为给付之时为准,被害人请求赔偿时,加害人即有给付之义务,算定被害物价格时,应以起诉时之市价为准,被害人于起诉前已曾为请求者,以请求时之市价为准。惟被害人如能证明在请求或起诉前有具体事实,可以获得较高之交换价格者,应以该较高之价格

---

① Medicus, Schuldrecht, Allgemeiner Teil. 2. Aufl. 1984, S. 260. 德国实务上认为,通常汽车驾车未超过1000公里者,均视为新车。

为准,因被害人如未被侵害,即可获得该项利益也。"判决采此见解者,除1983年台上字第3792号、1984年台上字第1574号判决外,尚有1985年台上字第174号判决,认为:"不法毁损他人之物者,第196条规定,应向被害人赔偿其物因毁损所减少之价额。"在实务上,固认并不排斥同法第213条之适用,即被害人仍得依选择而按该规定为修复费用之请求。然修复所需之费用与减少之价额,未必相同。原审即认为:"上诉人应依第196条规定,而命赔偿之金额又以修复费用为准,已嫌未洽。"

1988年第九次民事庭会议决议,亦试图突破此项传统见解,特别强调:"依第196条请求赔偿物被毁损所减少之价额,得以修复费用为估定之标准,但以必要者为限(例如修理材料以新品换旧品,应予折旧)。被害人如能证明其物因毁损所减少之价额,超过必要之修复费用时,就其差额,仍得请求赔偿。"此项决议实际上不但赋予被害人得主张两种损害赔偿之方法,恢复原状之修复费用和减少之价额,而且兼得其利,即减少价额较低时,得主张修复费用,减少价额超过必要费用者,得请求赔偿其差额。"最高法院"采此方法决定赔偿范围,理由何在,何所依据,决议本身未加说明,前录之研究报告亦未详述,实有进一步研究之必要。

按所谓其物因毁损所减少之价额,依其固有意义,应系指市场价格而言,低于修理费用者有之,超过修理费用者亦有之,决议以修复费用为最低标准,超过法律文义,因此具有法院造法之性质。问题在于,此项造法是否确有必要,能否纳入"现行法律体系"及贯彻损害赔偿法之基本原则。[①] 兹分四点讨论之:

(1)从保护被害人之观点论之,上开超越法律文义之决议,基本上并无必要。减少价额高于修理费用者,被害人可选择适用第196条;减少价额低于修理费用者,被害人得选择依第213条请求恢复原状或请求恢复原状之费用(第214条),依其情形,并得请求所谓技术上贬值或交易上贬值之金钱赔偿。在将第196条解释为系排除恢复原状之特别规定情形,上开决议或有必要。在被害人有选择权之情形,上开决议似不具实质意义。即使是为了解决"无价"之物的损害赔偿,亦不必认为第196条所谓之减少价额应以修缮费用为最低标准估计之。例如艾滋病者之内衣裤,

---

① 关于法院造法在法学方法论上之问题,参见 Larenz, Kennzeichnen Geglückter Richterlichen Rechtsfortbildung, 1965.

在市场上虽属无价,难依第196条规定请求因毁损而减少之价额,但得请求恢复原状(第213条)或恢复原状所需之费用(第214条),以达损害赔偿之目的。

(2) 决议所以认为修护费用为物因毁损所减少之最低价额,或在于使被害人得径向加害人请求恢复原状所需之费用,毋需践行第214条所定之催告程序(参阅1987年台上字第2653号判决)。① 惟须注意的是,恢复原状(或恢复原状之费用)与减少价格系两个独立之损害赔偿方法,前者在于维护物之完整利益(Integritätsinteresse),后者在于维护物之交换价值(Austauschwert),指导原则不同。② 第214条与第213条在功能上具有密切关联;决议虽然便利了被害人,但也牺牲了"法律体系",使第196条亦兼具恢复原状之功能,混淆了两个独立存在之救济制度。

(3) 依决议,以修缮费用计算价格之最低标准,在下列两种情形,势必产生不合理之结果:① 物之毁损不能恢复原状;② 恢复原状显有困难。例如甲之老爷车被乙撞坏,估计贬价5万元,但恢复原状之修理费用为15万元。于此情形令乙赔偿15万元,应无必要,与第215条之价值判断,显有冲突。因此,纵采决议,于此两种情形,仍应以固有意义之"减少价格"赔偿之。

(4) "最高法院"认为被害人如能证明其物因毁损之价额,超过必要之修复费用时,就其差额,仍得请求赔偿。例如甲车遭乙毁损,估计市价贬值20万元,修缮费用为15万元。依上开决议,甲除请求修缮费用15万元,以恢复原状外,尚得向乙请求5万元。此项计算损害方法是否符合损害赔偿之基本原则,容有质疑余地。依本文见解,倘加害人必须支付必要之修复费用,则就恢复原状目的言,加害人所应赔偿者,是被害人用该笔费用修护受毁损之车时,因不能完全恢复原状所受技术上或交易上之贬值,而不是该车于被毁损未修复前之减少之价值。

4. 积极损害及消极损害

依第196条规定,被害人得请求赔偿者,系其物因毁损而减少之价额。因此实务上发生如下之问题:甲出租房屋予乙经营餐厅,租金每月3

---

① 此项见解系采自孙森焱:《民法债编总论》,第249页。
② 关于此项问题,参见 Larenz, Schuldrecht, Ⅰ, S. 49f., 487; Medicus, Naturalrestitution und Geldersatz, JuS 1969, 449.

万元,租期3年,嗣乙经营不善退出,交由丙经营,其间不慎失火烧毁房屋设备等,房屋修护费等鉴定结果约损失200万元。甲依侵权行为请求乙、丙连带赔偿200万元(确定在案),复向丙请求烧毁时起至起诉日止期间相当租金之损失54万元,甲之请求有无理由?

花莲法院法律座谈会结论采肯定说,第一厅研究意见亦赞同此项见解,认为,按损害赔偿,除法律另有规定或契约另有订定外,不仅须填补债权人所受损害,并须填补债权人所失利益,第216条规定甚明。所谓所受损害,即现存财产因损害事实之发生而被减少,属于积极的损害。所谓所失利益,即新财产之取得因损害事实之发生而受妨害,属于消极的损害,本题甲先以侵权行为之法律关系,请求乙、丙连带赔偿积极损害(房屋被烧毁致不堪使用须支付房屋修缮工程费),嗣再以侵权行为之法律关系请求丙赔偿消极损害(因房屋被烧毁无法利用遭受相当于租金之损害),于法自无不可。[①]

上开第一厅之研究意见,诚值赞同,被害人选择第213条以下规定请求恢复原状时,其损害赔偿当然包括第216条所称之所受损害及所失利益,自不待言。第196条规定请求赔偿其物因毁损而减少之价额,在解释上系指积极利益言,其消极利益之损害赔偿请求权,不因第196条而受排除,被害人仍得主张之,衡诸损害赔偿制度旨在填补全部损害之原则,当无疑问。例如甲之小货车遭乙毁损,除该车减少之价值外,甲尚得向乙请求在该车修复前不能营业所受之损失。

(五)被害人之第三种选择:自行修理再请求费用

被害人依第196条规定请求赔偿其物因毁害所减损之费用时,不以出卖其物为要件,其费用是否用于恢复原状,亦所不问。被害人依第213条规定请求恢复原状时,依第214条规定,须经催告始能请求以金钱赔偿其损害。须注意的是,被害人先行修理,再向加害人请求费用者,时常有之,其主要情形为加害人于事故发生后逃逸,加害人迟未修缮,尤其是有立即修缮之必要,诸如房屋倾斜、动物受伤、营业中断等。

在此等情形,实务上多肯定被害人之请求权。1979年台上字第319号判决谓:"原审斟酌上诉人已自认其车因方向盘失灵撞毁被上诉人之车

---

① 参见《民事法律问题研究汇编》第6辑,1988年6月,第17页。

属实,及证人林乃翁、詹昭平证称,被害人之车损坏,用去修理费及材料费共 402 600 元,因将第一审所为判决予以维护,于法并无违背。"在人之身体或健康遭受侵害时,实务上一向肯定被害人得请求所支出之医药费,其理由为此项医药费系因人格权遭受不法侵害所生之损害。此项见解于物受毁损时,亦有适用余地,惟于确定赔偿范围,应注意被害人对损害之发生或扩大是否与有过失(第 217 条)。

(六) 民法修正问题

为解决第 196 条是否为排除恢复原状之特别规定之争议,1983 年 9 月公布之"债编通则部分条文修正草案初稿",特将该条修正如下:"不法毁损他人之物者,被害人得请求赔偿其物因毁损所减少之价额",理由说明略谓:"物因毁损所减少之价额,有时难于估价,且被毁损者有恢复原状之可能时,被害人有时较愿请求恢复原状。为使被害人获得周密之保护,不宜剥夺被害人请求恢复原状之权利。爰参照《德国民法》第 249 条之立法例,加以修正,赋予被害人选择之自由,使被害人得向不法毁损其物者请求赔偿其物因毁损所减少之价额,亦不排除其选择请求恢复原状。"

关于此项修正,有两点应予说明:

(1) 由立法方式明白规定被害人对于恢复原状或金钱赔偿有选择权,可以避免争议,应值赞同。

(2) 台湾地区"民法"第 213 条至第 217 条基本上系仿《德国民法》第 249 条以下规定,其未继受者,系《德国民法》第 249 条后段规定:"对身体之伤害或物之毁损,应为赔偿者,债权人得请求代替恢复原状之必要金额。"此项规定之特色在于被害人不必践行《德国民法》第 250 条规定(相当于台湾地区"民法"第 214 条)之催告,即得请求金钱赔偿,而此项请求之金钱,被害人可自由处分,不必一定用于恢复原状。① 台湾地区"民法"第 196 条与《德国民法》规定之不同,在于被害人所请求者,系其物因毁损而减少之价额,而非恢复原状之必要费用。就立法政策言,似以请求恢复原状之必要费用,较为妥适,不但可以贯彻恢复原状之基本原

---

① 此为德国之通说,Hezmann Lange, Schadensersatz S. 148; Staudinger/Medicus §249 Rz. 226; Palandt/Heinrichs, BGB, 46. Aufl. 1987, 2a zu §249. 不同意见 Larenz, Schuldrecht Ⅰ, S. 469.

则,纳入现行损害赔偿制度之体系,而且可以避免前开决议以修理费用为计算减少价额在理论及实务上所生之疑义。准此以言,第196条规定似可删除,而第213条增列类如《德国民法》第249条后段之规定(包括对人身侵害之情形)。

四、结　　论

1988年5月17日第九次民事庭总会决议肯定物被毁损时,被害人除得依第196条请求赔偿外,并不排除第213条至第215条之适用,克服长期实务及学说上之争论,可谓是台湾物之损害赔偿制度之一项重大突破,使被害人享有三种选择权:

(1)依第213条以下规定请求恢复原状(或恢复原状所需之费用)。

(2)依第196条规定请求其物因毁损而减少之价额。

(3)被害人自行修理,再向加害人请求返还其所支出之修理费用(实务见解),堪称灵活,应能确实保障被害人之利益。

上开决议认为,依第196条请求赔偿物被毁损所减少之价额,得以修复费用为估定标准,但以必要者为限。被害人如能证明其物因毁损所减少之价额,超过必要之修复费用时,就其差额,仍得请求赔偿。此项决议之主要目的似在使减损价额较低者,亦能请求修复费用,以贯彻恢复原状之原则,在认为第196条系排除恢复原状之特别规定之情形,"最高法院"之见解或有所据。但在承认被害人得依第213条请求恢复原状或依第214条请求恢复原状所需费用时,此项超越法律文义之解释,基本上已无存在必要,在理论及实务上产生不少疑义,似有重新检讨之余地。

物之损害赔偿尚涉及其他许多复杂有趣之问题,例如:中古品被毁损不能恢复原状时,如何估定其价值;[1]被害人自己在其工厂修缮被毁损之物(例如公路局自己修理被撞毁之汽车),其赔偿金额如何计算[2];汽车被毁损不能使用时,被害人得否请求赔偿税捐、保险费、车位租金或购车所

---

[1] 参见曾隆兴:《现代损害赔偿法论》,第295页。
[2] 参见 Medicus, Schuldrecht, Allgemeiner Teil, S.263.

支付价金之利息①；被害人因高级进口汽车被毁损，就其不能参加社交宴会郊游等而丧失之使用利益，得否请求金钱赔偿②。在确定第196条与第213条以下规定之适用关系后，相信判例学说将在较少争议之基本制度上，合理解决各种特殊问题，促进物之损害赔偿制度之发展，以最低之成本有效填补被害人之损害。

---

① 参见 Grunsky, Aktuelle Probleme zum Begriff des Vermögensschadens, 1968.
② 参见詹森林：《物之抽象使用利益之损害赔偿》，1984年度台大硕士论文；Larenz, Schuldrecht Ⅰ, S.503f.; Ströfer, Schadensersatz und Kommerzierung, 1982.

公路法关于损害赔偿特别规定与民法侵权行为一般规定之适用关系[*]

一、问题之提出

某甲搭乘乙客运公司的班车,因司机疏忽肇致车祸,甲身体健康遭受损害,支出医药费,收入减少,精神痛苦。关于甲之请求权基础,应检讨者有二:(1)侵权行为之一般规定(第184条以下);(2)"公路法"第64条规定:"Ⅰ.汽车或电车运输业遇有行车事故,致人、客伤害、死亡或财务毁损丧失时,应负损害赔偿责任。但经证明其事故之发生系因不可抗力或非由于汽车或电车运输业之过失所致者,不负损害赔偿责任。Ⅱ.前项损害赔偿金额及医药补助费发给办法,由'交通部'定之。"[①]

---

[*] 本文原载《法学丛刊》第130期,第6页。

[①] 1985年1月16日订定公布之"汽车运输业行车事故损害赔偿金额及医药补助费发给办法"[交路(85)字第0289号令]共设10条规定,为便于查阅,抄录于下:
第1条:本办法依"公路法"第64条第2项规定订定之。第2条:汽车运输业之车辆,因行车事故致人、客伤害、死亡或财物毁损、丧失之损害赔偿金额及医药补助费发给标准,依本办法之规定。第3条:汽车运输业之车辆,因行车事故致人、客伤害、死亡或财物毁损、丧失依法应负损害赔偿责任者,除医药费用由汽车所有人或驾驶人负责支付外,其赔偿金额之标准如下:(1)死亡者,最高金额新台币60万元。(2)重伤者,最高金额新台币45万元。(3)非重伤者,最高金额新台币30万元。(4)财物毁损、丧失赔偿金额由双方协议定之。汽车运输业已投保汽车第三人责任险者,前项第1款至第3款赔偿金额应减除保险给付额。第4条:汽车运输业之车辆,因行车事故致人、客伤害或死亡,除因不可抗力不负损害赔偿责任外,如能证明其事故之发生非由于其过失所致者,仍得依下列标准酌给丧葬或医药补助费:(1)死亡者,最高金额新台币7万元。(2)受伤者,按实补助医药费,最高金额新台币5万元。第5条:前两条医药费用,除因急救外,以就医之公立医院为限。第6条:本办法所称重伤,依"刑法"第10条第4项之规定。第7条:汽车运输业与死者家属或伤者双方就赔偿或补助金额获致协议时,应签订协议书,依协议书事项使权利履行义务,事后不得再有异议。第8条:汽车运输业因行车事故之肇事原因及其责任,依法应由当地之车辆行车事故鉴定委员会负责鉴定。第9条:本办法损害赔偿及补助金额,必要时得酌予调整。第10条:本办法自发布日施行。

在此种法律状态下，被害人如何主张其权利，不仅涉及侵权行为法的体系结构，而且影响当事人的利益，兼具实务和理论的重要性，最近引起争议，特撰本文分析之。

二、研究意见

台中法院1985年度法律座谈会曾提出以下的法律问题：按"汽车业行车事故损害赔偿金额及医药补助费发给办法"（以下简称"损害赔偿发给办法"）第3条规定：汽车运输业之车辆，因行车事故致人、客伤害、死亡或财物毁损、丧失依法应负损害赔偿责任者，除医药费用由汽车所有人或驾驶人负责支付外，其赔偿金额之标准如下：① 死亡者，最高金额新台币（以下同）60万元。② 重伤者，最高金额45万元。③ 非重伤者，最高金额30万元。④ 财物毁损、丧失之赔偿金额由双方协议定之。汽车运输业已投保汽车第三人责任险者，前项第1款至第3款赔偿金额应减除保险给付额。被害人依第188条第1项前段，请求雇用人之汽车运输业应与行为人之司机负连带赔偿损害时，其金额是否应受前开办法第3条之限制？

座谈会讨论意见，有甲、乙二说。甲说：无论雇主是否公营事业，均应受该办法第3条之限制，雇用人之汽车运输业仅在该最高金额范围内负连带赔偿责任。因本办法是依"公路法"第64条第2项委任立法而来，且"公路法"第2条第11款所谓汽车或电车运输业，指以汽车或电车经营客、货运输而受报酬之事业，无公、私营之分。乙说：不受限制。依"公路法"第64条第2项规定委任"交通部"立法者限于前项"损害赔偿发给办法"，无权限制被害人之请求金额。即行政机关基于行政权作用规定经营汽车运输业应负损害赔偿责任时，如何发给赔偿金额之办法，由"交通部"订定，"交通部"无权订定办法剥夺被害人私法上之请求权。结论：采乙说。按侵权行为之损害赔偿，其应负赔偿责任人及其赔偿项目，在第184条以下，已有详细规定，而损害赔偿范围以填补债权人所受损害及所失利益为准，亦为同法第216条所明定，此种规定不应由行政命令加以限制，本题所示损害赔偿发给办法，虽谓依"公路法"第64条第2项之规定而制定，但究不得谓非行政命令，因之该办法第3条所定赔偿标准，应无拘束被害人依据民法规定请求之效力，本件以采乙说为当。

"司法部"第一厅研究意见认为:按损害赔偿发给办法,虽系基于"公路法"第64条第2项之授权,惟既曰为发给办法自属一种行政处理措施之命令,于行车事故之被害人与汽车运输业就赔偿补助金额并无争执而能达成协议时,方有其适用,此观该办法第3条第1项就死亡、重伤及非重伤之赔偿金额系定其最高金额,财物毁损、丧失之赔偿金额由双方协议之规定,以及第7条"汽车运输业与死亡者家属或伤者双方就赔偿或补助金额获致协议时应签订协议书。依协议事项行使权利,履行义务,事后不得再有异议"而自明。苟双方就赔偿或补助金额未能获致协议而必须起诉解决时,法院仍应依民法有关规定而为裁判,其判命给付之金额自不受上开办法第3条之限制。研究结果采乙说,核无不合。

三、本文见解

(一) 侵权责任之特别立法

法律授权由主管机关就意外事故制定损害赔偿办法,在现行制度方面,除公路法外,尚有铁路法及民用航空法。

"铁路法"第62条规定:"Ⅰ.铁路因行车及其他事故致人死亡、伤害或财物毁损丧失时,负损害赔偿责任。但如能证明其事故之发生非由于铁路之过失者,对于人之死亡或伤害,仍应酌给恤金或医药补助费。Ⅱ.前项'损害赔偿发给办法',由'交通部'定之。"①

"民用航空法"第67条规定:"航空器失事致人死伤,或毁损动产不动产时,不论故意或过失,航空器所有人应负损害赔偿责任。其因不可抗力所生之损害,亦应负责。自航空器上落下或投下物品致生损害时,亦同。"(并请参阅第68条)。依同法第69条规定:"乘客于航空器中或于上下航空器时,因意外事故致死亡或伤害者,航空器使用人或运送人应负赔偿责任。但因可归责于乘客之事由,或因乘客有过失而发生者,得免除或减轻赔偿金额。"应注意的是,依同法第71条第1项规定,乘客及载运货物,或航空器工作人员之损害赔偿额,有特别契约者,依其契约;无特别

---

① 1983年10月17日交路(83)字第23219号令修正公布之"铁路行车及其他事故损害赔偿暨补助费发给办法",亦设10条规定,其内容大致相当于"损害赔偿发给办法",兹不赘。

契约者,由"交通部"依照本法有关规定并参照其他国家和地区赔偿额之标准订定办法,报请"行政院"核定公告之。①

关于上开规定,有四个问题应值研究:

(1) 此种由法律授权"交通部"制定之损害赔偿办法之规范效力。
(2) 立法目的。
(3) 与民法侵权行为规定之适用关系。
(4) 立法政策上之检讨。

(二)"损害赔偿发给办法"之法律性质及规范效力

"司法部"第一厅研究意见认为,"交通部"依"公路法"第64条第2项授权而制定之损害赔偿发给办法,系属一种行政处理措施之命令,须当事人就赔偿金额并无争执而能达成协议时,方有其适用。此项研究意见,似难赞同,应说明者有三:

(1) "交通部"基于法律授权而制定之"损害赔偿发给办法",其目的在于订定损害赔偿之最高限额,而不是在表示当事人应受其协议之拘束。

(2) 上开"损害赔偿发给办法"第7条明定:"汽车运输业与死亡者家属或伤者双方就赔偿或补助金额获致协议时,应签订协议书,依协议事项行使权利,履行义务,事后不得再有异议",系属注意规定。纵无此项规定,当事人仍应受其协议之拘束,乃法理之当然(第736条以下关于和解之规定)。因此,在解释上似不能据此而认定上开"损害赔偿发给办法"于当事人未获协议时,无适用之余地。

(3) 上开公路法、铁路法或民用航空法授权主管机关订定之办法,就法律性质言,乃是一种法规命令(Rechtsverordnung),旨在补充法律规定之不足,其内容可以规范人民之权利义务,对于人民应具有法律规范之效力。②

(三) 责任之严格化与赔偿金额之限制

要解决实务上所要处理的难题,必须探讨一个最基本问题,即:关于

---

① 参见1974年8月6日台(74)交字第5994号令订定公布之"航空客货损害赔偿办法"(1982年交字第9226号令修正发布第3条、第9条条文)。本办法共设11条规定,敬请参阅。
② 廖义男:《公用事业法》(一),载《台大法学论丛》第16卷、第1期,第32页以下。

侵权行为之损害赔偿,民法既然设有一般原则,可资适用,为何又于公路法、铁路法或民用航空法另设特别规定? 立法理由何在? 与民法规定有何不同?

(1) 应该提出的是责任的严格化:详言之,即:① "民用航空法"规定航空器所有人(第67条),或航空器使用人或运送人(第69条)应负无过失责任。② "铁路法"第62条规定铁路之过失推定责任及衡平责任。③ "公路法"第64条究竟采何种归责原则未臻明确,就"但经证明其事故之发生系因不可抗力者,不负损害赔偿责任"而言,系采无过失责任;就"非由于汽车或电车运输业之过失者,不负赔偿责任"而言,似系采过失推定主义;就法律逻辑而言,后者可以包括前者,因为事故之发生系因不可抗力所致时,亦可认为系非由于汽车或电车运输业者之过失(参阅"铁路法"第62条)。① 法律对公路、铁路或航空等事业损害赔偿责任之成立,所以不采过失责任主义(由被害人负举证责任),而设不同程序的严格责任,其目的当然在于保护被害人,使其多获赔偿之机会。

(2) 须注意的是,"公路法"第64条第1项及"铁路法"第62条第1项所谓"过失",系指运输业者本身之过失,尤其系指对受雇人选任、监督或企业管理之过失而言,至于其受雇人(例如司机)对事故之发生是否具有故意或过失,是否成立侵权行为,在所不问。依第188条第1项规定,雇用人责任之成立,须以受雇人执行职务之行为构成侵权行为要件,就此点而言,"公路法"所规定之责任实较"民法"为严格。

据上所述,可知"公路法"、"铁路法"及"民用航空法"对运输公用事业损害赔偿责任之成立,一方面采取较民法为严格之归责原则,以加重其责任;另一方面为平衡此项较为严格之责任,法律特授权主管机关订定"损害赔偿发给办法",对赔偿数额加以限制。采取此种立法原则的,尚有"核子损害赔偿法"。依"核子损害赔偿法"规定,核子设施经营人对于核子损害应负无过失赔偿责任(第11条至第22条)。"核子损害赔偿法"第23条更明定:"核子设施经营人对于每一核子事故,依本法所负赔偿责任,其最高限额为7 000万元。前项赔偿限额不包括利息及诉讼费用。"此项规定,亦在适当限制无过失责任之赔偿范围,使责任主体能够经由责任保险或其他方法分散损害。"公路法"或"铁路法"关于赔偿范围

---

① 二者之区别表现于"损害赔偿金额发给办法"第4条规定。

所以不在该法规定，而授权主管机关订定办法，纯粹基于立法技术的考虑，希望能依事实需要，易于调整赔偿金额。其规范效力不应因此而受影响。

（四）侵权行为一般规定与特别规定之适用关系

"公路法"或"铁路法"等关于行车事故损害赔偿之规定，系属特殊侵权行为，对于乘客及非乘客均有适用余地，其构成要件与赔偿范围与民法侵权行为之一般规定不同，并不发生特别规定排除一般规定之问题，故有如下之适用关系：

（1）被害人依"公路法"第64条第1项或"铁路法"第62条第1项规定请求损害赔偿时，其赔偿范围应受"交通部"所定损害赔偿发给办法的限制。易言之，即责任之成立较易，但赔偿范围较狭。

（2）被害人亦得依关于侵权行为之一般规定请求损害赔偿，其赔偿范围虽不受限制，但须具备侵权行为之构成要件。易言之，即责任成立较难，但赔偿范围较广。

兹就本文前举之例加以说明。甲搭乘乙客运公司之班车，因车祸遭受损害。在此情形，纵使司机对行车事故之发生无过失不成立侵权行为，若乙公司不能证明其对行车事故之发生并无过失时（例如对司机之选任监督或对车辆之保养及管理已尽必要之注意），仍应依"公路法"第64条第1项规定对甲负赔偿责任，但甲得请求损害赔偿之金额，应受"交通部"所定办法之限制。倘甲能证明司机执行职务，因故意或过失肇致车祸，应成立侵权行为时，则得依第188条第1项规定请求损害赔偿，其赔偿金额不受限制。

应特别强调的是，被害人所以得依一般规定请求损害赔偿，不是因为"交通部"所定损害赔偿发给办法，仅是行政命令，无规范拘束力，而是基于侵权行为法的体系结构及当事人利益之衡量。因此，纵使公路法或铁路法本身明定损害赔偿之最高限额，仍有上开原则之适用，应予注意。[①]

[①] 德国通说关于责任法（Haftpflichtgesetz），道路交通法（Straßenverkehrsgesetz）或航空法等设有最高赔偿限额法律之适用，基本上亦采同样见解。参见 Kötz, Deliktsrecht. 4. Aufl. 1987. S. 168.

(五) 最高赔偿限额制度在"立法政策"上之检讨

依民法一般原则，侵权行为所生之损害赔偿范围包括财产上所受损害及所失利益，在法律特别规定之情形，被害人并得请求非财产上之金钱赔偿(慰抚金，参阅第194条、第195条)，并无最高金额之限制。在现行法上设有最高赔偿限额之规定者有"公路法"(第62条)，"铁路法"(第62条)，"民用航空法"(第71条)及"核子损害赔偿法"(第23条)。后两者系基于国际公约而制定，有其特殊背景。在立法政策上拟提出讨论者，系"公路法"或"铁路法"之规定，兹分六点述之：①

(1) 无过失责任与最高赔偿限额并无本质上之结合关系(Wesenmässigkeit)，在现行法上采无过失责任者，尚有"国家赔偿法"(第3条)，1983年公布之"债编通则修正草案"对产品责任亦设无过失责任，②但均未采最高限额赔偿制度。又民法上采过失推定者(第187条、第188条、第189条、第190条)，均未设最高赔偿限额之规定。由此可知，并非使特定企业负无过失责任(或过失推定责任)，即应设有最高赔偿限额。

(2) 1838年之《普鲁士铁路法》及1871年之《德国帝国责任赔偿法》(Reichhaftpflichtgesetz)对赔偿金额均未设限制，直至1923年才设有最高限额(Haftungshöchstbeträge)，当时所提出之立法理由为："鉴于德国货币贬值及德国铁路之财务状态入不敷出，负担沉重，难以胜任无限制赔偿责

---

① 此种一方面加重公用事业责任，一方面又限制赔偿数额之立法例，并非台湾地区所独有，在比较法亦属有之。德国之责任法(Haftpflichtgesetz)亦明定公路或铁路等运输业者应负危险责任(Gefährdungshaftung)，但亦限制其赔偿数额(第9条、第10条)。此外如道路交通法(Straßenverkehrsgesetz)第12条，航空法(Luftverkehrsgesetz)第37条，原子能法(Atomgesetz)第31条。参见 Esser/Weyers, Schuldrecht Ⅱ, Besonderer Teil, 6. Aufl. 1984, S. 539, 546f.; Deutsch, Unerlaubte Handlungen und Schadensersatz, 1987, S. 180f.; Kötz, Deliktsrecht, 3. Aufl. 1983, S. 163f.

② "债编修正草案"第190条之2，为加强对消费者保护对产品责任增设如下规定："商品制造人因其商品之通常使用或消费所致他人之损害，负赔偿责任。但其对于商品之生产、制造、设计并无瑕疵或其瑕疵为被害人明知或因重大过失而不知者，不在此限。称商品制造人者，谓商品之生产、制造、加工业者。其在商品上附加标章或其他文字、符号，足以表彰系其自己所生产、制造、加工者，视为商品制造人。商品之生产、制造或设计，与其说明书或广告内容不符者，视为有瑕疵。商品输入业者，应与商品制造人负同一责任。"

任,设赔偿限额,至属迫切。"①"公路法"制定于1959年,"铁路法"制定于1958年,授权主管机关制定赔偿限额,可能亦系基于减轻公路或铁路运送业者之负担。维持大众运送企业之营运能力,诚属重要,但其方法仍在于适当提高运费,加强企业管理,甚至给予补助,而不是牺牲遭受不幸损害之被害人。

(3) 或有学者认为,无过失责任系属例外,故应限制赔偿金额。惟无过失责任已与过失责任成为损害赔偿之双轨归责原则,因其归责事由不同,而异其赔偿范围,法理上似无依据。

(4) 或有学者认为,赔偿金额未设限制,企业者难以投保,无从经由保险分散损害。此项顾虑确有若干依据,但此不独是公路或铁路业之问题,应经由保险制度解决之。

(5) 或有学者认为,公路或铁路运送具有危险性,其责任应由乘客分担,故有限制赔偿金额之必要。公路或铁路运送纵具有危险性,独由被害人承担,违反事理之平。

(6) 或有学者认为,公路或铁路运送系属公用事业,宜限制其责任。问题是公用事业的赔偿责任为何应设限制?赔偿责任("赔偿法"第3条)并无最高赔偿限额,公路或铁路运送业者,何以得独享优遇?

综据上述,本文认为,公路法及铁路法关于损害赔偿金额之限制,实有重新检讨之必要。②

四、结　　论

前面所讨论的,是侵权行为法体系上一个基本问题。本文所提出之理论基础及推理过程虽与第一厅的研究意见不同,但均强调被害人得依民法关于侵权行为之一般规定请求损害赔偿,其赔偿数额不受限制。在立法政策上拟提出两点意见,用供参考:

---

① 参见 Kötz, Gefährdungshaftung, Gutachten und Vorschläge zur Überarbeitung des Schuldrechts, Bd. Ⅱ, 1981, S. 1826.

② 德国学者关于德国责任法、道路交通法及航空法上之损害,赔偿最高限额规定之存废问题,争论甚烈,多数学者反对设最高限额。Kötz 教授在其关于德国债法修正关于"危险责任"之研究报告建议废除最高限额,Gefährdungshaftung, S. 1825f. 参见 Well, Quellen erhöhter Gefahr, 1980, S. 30.

（1）"公路法"第64条第1项及"铁路法"第62条第1项关于公路及铁路运输业损害赔偿责任之成立要件,设不同之规定,或有其背景,但是否确有必要,似有检讨之余地。

（2）主管机关制定损害赔偿发给办法,并设最高赔偿限额,就目前法律思潮及保险制度言,是否确有必要,颇值研究。在废除最高限赔偿额规定之前,"交通部"应随时注意社会经济变迁,合理调整损害赔偿及补助金额,以保障被害人之利益。

土地登记错误遗漏、善意第三人之保护与国家赔偿责任[*]

一、序　说

"土地法"第43条规定："依本法所为之登记,有绝对效力。"又依同法第68条规定："因登记错误遗漏或虚伪致受损害者,由该地政机关负损害赔偿责任,但该地政机关证明其原因应归责于受害人者,不在此限。前项损害赔偿,不得超过受损害时之价值。"此两条规定最近因某地政事务所漏将重划前已登记之抵押权转载于重测后新设之土地登记簿,致实务上发生解释适用上之疑义,而由民事庭会议作成决议,因涉及不动产交易之重大问题及若干法律基本概念,特撰本文分析检讨之。

二、1987年度第五次民事庭会议决议

(一) 决议

1987年第五次民事庭会议民三庭提案:某地政事务所漏将土地重测前已登记某甲之抵押权转载于重测后新设之土地登记簿。某乙不知其情,就同一土地设定抵押权,向该地政事务所办理登记。嗣经该地政事务所发现该土地上原已登记有某甲之抵押权,乃更正某乙之抵押权为第二顺位。其后土地拍卖结果,因有第一顺位抵押权之故,某乙仅分得一部分价金而受损害。兹某乙依"土地法"第68条规定请求某地政事务所赔偿

---

[*] 本文原载《法学丛刊》第128期,第24页。

损害,应否准许,有甲、乙二说:

甲说:该法第68条规定因登记错误遗漏或虚伪致受损害者,由该地政机关负损害赔偿责任。兹该地政事务所既未将重测前已登记之抵押权转载于重测量后新设之土地登记簿,自属登记有遗漏,某乙不知其情,致其嗣后设定之抵押权未获全部清偿,自得请求该地政事务所赔偿损害。土地登记规则第12条所指情形,乃属例示,不能以此而谓因土地重测而发生之登记错误遗漏之情形,不包括在"土地法"第68条之内。第68条之立法精神,旨在保护土地权利人,土地之登记准确与否,影响人民之权益至巨,地政机关所负责任亦重。不应就"土地登记规则"第12条作狭义解释,致与"土地法"之立法精神不符。

乙说:"土地登记规则"第12条规定,"土地法"第68条及第69条称登记错误或遗漏,系指登记之事项与登记原因证明文件所载之内容不符而言。某地政事务所就某乙设定抵押权所为之登记,与登记原因证明文件并无不符。虽某地政事务所漏将土地重测前已登记某甲之抵押权转载于新设之登记簿,亦仅违背土地登记规则第101条第1项第4款之规定,非第68条规定之情形。某乙不得依此法条请求某地政事务所赔偿其损害。

某乙信赖重测后土地登记簿之记载,而为设定抵押权之登记,应受"土地法"第43条之保护,享有无抵押权登记在前之抵押权(即非第二顺位抵押权),地政事务所不得更正其为第二顺位抵押权,地政事务所纵予更正,某乙已取得之权利亦不受其影响,其未受分配之一部卖得价金,可向某甲依不当得利请求返还,故某乙并未受有损害,不能向地政事务所请求赔偿,其结论与前说相同。

甲、乙二说应以何说为是,提请公决。

决议:采甲说。

(二) 问题之提出

上开决议涉及两个基本问题:

(1) 乙之抵押权究应为第一顺位,抑为第二顺位?此为首先应该确定之问题。"最高法院"之见解,虽未臻明确,但就民三庭之提案,甲说及决议之不采乙说观之,似肯定甲之抵押权应居于第一顺位,而乙之抵押权则属第二顺位。此项见解关系重大,是否正确,殊值研究。

(2) 乙得否向地政事务所请求损害赔偿？决议采甲说(肯定说)，并以登记有遗漏为理由。此项见解是否正确，与上述第一个问题具有密切关系。又乙究得向甲主张何种权利，决议未曾论及，亦有研究之必要。

三、"土地法"第43条之适用

(一)"土地法"第43条之规范目的

上开决议之基本问题，在于乙之抵押权的顺位。此涉及"土地法"第43条之解释适用，应先就此说明之。该法第43条所谓："依本法所为之登记，有绝对之效力"，究指何而言，在文义上颇不明确，其规范功能有待澄清。综据历年判例之一致见解，所谓登记有绝对之效力，系为保护第三人起见，将登记赋予绝对之真实之公信力(参阅1944年上字第678号判例)。[①] 至其适用范围，可分三点言之：

(1) 善意第三人本于现存之登记而取得土地权利之新登记，真正权利人不得对之主张其权利(1944年上字第5909号判例)，真正权利人对于第三人依此取得之不动产，诉请返还，自无法律上之根据(1952年台上字第323号判例)。

(2) 若土地权利人并非此种善意第三人，而其登记原因系无效或经撤销者，权利人得提起涂销登记之诉(1944年上字第4983号判例，1951年台上字第1982号判例)。于此情形，真正权利人不提起涂销登记之诉，而对之提出确认之诉，主张其所有权之存在，亦无不可(1944年上字第5909号判例)。

(3) 依土地法所为之登记，有绝对真实之公信力，纵使登记原因有无效之情形，在该登记未涂销之前，其登记仍不失其效力。设有某屋既已登记为甲所有，就令其有无效之原因，在原所有人乙未请求涂销该登记，且已涂销以前，甲仍得向无权占有该屋之丙请求返还(参阅1981年台上字第3402号判决)。反之，原所有人乙在涂销该登记前，既非登记名义人，不得向无权占有人请求返还该屋。

[①] 学说上亦同此见解，参见史尚宽：《土地法原论》，第65页以下；李鸿毅：《土地法》，1982年增修6版，第226页以下。

(二) "土地法"第43条与不动产物权之善意取得

关于动产物权之善意取得,设有规定(第801条及第948条以下),至于不动产物权之善意取得,未设明文,"土地法"第43条具有不动产善意取得之规范功能,①初学者常有误会,分三点述之:

1. 土地登记人(非真正权利人)之无权处分

以不动产所有权或其他物权之移转或设定为目的,而为不动产之登记者,纵其让与人无移转或设定之权利,其仍因善意信赖土地登记簿上之登记而取得土地之权利。例如禁治产人某甲出卖A地于某乙,并办理登记,其后乙转售该地(或设定不动产、典权等定限物权)于善意之丙。于此情形,甲系无行为能力人,其法律行为(包括买卖及物权行为)无效,乙不能取得A地所有权,乙将该地出卖于丙系属出卖他人之物,虽为有效②,但移转所有权于丙之物权行为,则属无权处分,但丙因信赖登记,仍能取得A地之所有权(或抵押、典权等定限物权)。又例如甲为诈害债权人而将土地所有权通谋虚伪移转于乙,乙擅以自己名义,让售予丙,丙亦因信赖登记而取得土地所有权。③ 此种类型尚包括地政机关之登记错误在内,例如误将甲所有之土地登记在乙之名义下,而乙设定抵押权于善意予丙时,丙因信赖登记而取得抵押权。④

2. 真正所有人为有权处分,但不动产原已设定之其他权利则被遗漏登记

此一类型,为不动产物权交易所特有,例如甲有A地设定抵押权予

---

① 《德国民法》第892条设有关于土地登记簿公信力之规定,可供参考:"Ⅰ.因法律行为而取得土地上之权利,或就此项权利取得其所负担之权利者,土地簿册之内容,为取得人之利益,视为正确,但对其正确性已为异议登记,或其不正确为取得人所明知者,不在此限。权利人就土地簿册上所登记之权利,受有处分权之限制时,此项限制,仅于土地簿册已有明确之记载,或为取得人所明知者,对取得人始生效力。Ⅱ.权利之取得以登记为必要者,取得人是否知情,以声请登记时为准;依第873条之规定,其所应具备之合意,于登记后始成立者,其是否知情,以合意时为准。"关于本条之解释适用,参见 Baur, Sachenrecht, 11. Aufl. 1981, S.199f.(本书有最新版);Tiedkte, Gutgläubiger Erwerb, 1985, S.89f.

② 参见拙著:《出卖他人之物与无权处分》,载《民法学说与判例研究》(第四册),北京大学出版社2009年版,第96页。

③ 参见拙著:《民法总则》,北京大学出版社2009年版,第289页。

④ 参见拙著:《善意取得权利之抛弃与损害赔偿》,载《民法学说与判例研究》(第一册),北京大学出版社2009年版,第277页。

乙，地政机关因错误涂销乙之抵押权。于此情形，设甲将该地再设定抵押权予善意之丙时，基于该法第43条将登记赋予绝对真实之公信力，丙之善意应受保护，丙之抵押权的顺位应优先于乙之抵押权。在上例，倘甲系将该地之所有权让与丙时，则丙取得无负担之所有权，乙之抵押权应归于消灭。

3. 不动产查封与"土地法"第43条之适用

应再说明者，系不动产查封与该法第43条之适用关系。"强制执行法"第51条第3项规定："实施查封后，债务人就查封物所为移转、设定负担或其他有碍执行效果之行为，对于债权人不生效力。"在实务上发生疑义者，系第三人在某不动产实施查封之前已订立买卖契约，但在查封之后，始办理所有权移转登记时，其效力如何？1955年台上字第828号判例谓："上诉人如明知讼争房屋已被查封竟予买受，显有恶意，其所为登记自难认为信赖登记而为新登记，应不受第43条之保护。"又1961年台上字第69号判例谓："依土地法所为之登记有绝对真实之公信力，纵使债务人处分有无效之原因，在债权人未提起涂销登记之诉，并得有胜诉之确定判决以前，其登记仍不失其效力。债权人殊难以该不动产之登记在实施查封以后为无效，认定第三人尚未取得所有权，并无足以排除强制执行之权利，而主张第三人执行异议之诉为无理由。"此两则判例均认为"土地法"第43条规定于查封不动产之情形，亦有适用余地。此项见解是否妥适，不无疑问。

按查封乃剥夺债务人对特定财产（尤其是不动产）之处分权，具有禁止债务人处分查封物之效力。① 依第758条规定："不动产物权，依法律行为而取得设定、丧失及变更者，非经登记，不生效力。"不动产物权之变动，以处分权为生效要件，而处分权于为登记时亦须具备之，故查封不动产在先，登记在后，不动产所有人（债务人）既因查封致其处分权被剥夺，其物权行为对债权人，不生效力。② 上开两则判例认为，"土地法"第43条可以排除查封之效力，与强制执行上之查封制度似有违背。就第43条之规范功能言，不动产所有人之处分权因查封而受限制，买受人非属于应

---

① 关于查封效力之基本问题，参见骆永家：《查封效力之相对性》，载《法学丛刊》第122期，第48页。

② 《民刑事裁判选辑》第3卷，第4期，第282页。

受保护之第三人。1982年台上字第4419号判决谓："查封为公法上之强制处分行为,不以登记为生效要件,查封完毕,既生效力,任何人均受其拘束,应无第43条规定之适用。"此项判决实际上已变更上开判例,其法律见解较为可采,足供参考。

(三)"土地法"第43条对土地重划遗漏抵押权登记案例之适用

在1987年度第五次民事庭会议决议一案,据民三庭提案及甲说内容观之,"最高法院"系认为乙之抵押权应居于第二顺位。易言之,即认为无"土地法"第43条之适用。然则,为何无该法第43条之适用,上开决议仅有结论,而无理由,其依据何在,虽不得而知,惟本文认为,似无不适用该法第43条之理由,分三点言之:

(1) 乙系信赖重测后土地登记簿上无其他抵押权之登记,而为设定抵押权之登记,应受该法第43条之保护,就其规范目的而言,应无疑义。

(2) 某甲之抵押权之遗漏,系因地政事务所未将该抵押权转载于重测后新设之土地登记簿,此项特殊事实,不影响该法第43条之适用。乙所信赖者,系土地登记簿记载,其发生错误或遗漏之原因如何,在所不问。

(3) 1984年台上字第3492号判决基本上采取与本文相同之见解,为便于查阅,录期判决理由如下,用供参考:

本件诉外人陈桂所坐落台北县板桥市幸福段711号土地,地政机关登记簿原登载1979年8月17日(被上诉人误为8月9日)40万元之抵押权,债权人为上诉人,1981年2月24日又登记1500万元之抵押权,债权人为被上诉人。1981年7月25日上诉人以其债权额登记错误,声请经地政机关更正为400万元,并于声请由第一审为准予拍卖抵押物之裁定后,声请强制执行。嗣经法院就拍卖所得金额,制作分配表,列上诉人抵押债权额为400万元,为第一次序,先于被上诉人之抵押权受分配,分配金额2 786 120元,被上诉人则未分配分文等情,为不争执之事实。被上诉人主张:上诉人后所更正登记增加之债权额360万元,其分配次序应在被上诉人抵押权后,爰向执行法院声明异议,因异议未依"强制执行法"第40条第1项规定终结,依同法第41条规定起诉,求为"变更分配表,就上诉人之第一次序分配债权原本及分配金额均减为40万元,其债权原本3 004 880元之分配次序,应改列在被上诉人之债权原本之后,其超过之分配金额2 386 120元,应分配与被上诉人"之判决。上诉人则以:陈桂设定之抵押权债权金额本为 400 万元,登记簿原登记为 40 万元,系属错误,嗣既变更,仍应优先于后顺序被上诉人之抵押权受分配等词,资为抗辩。

原审以:陈桂向上诉人设定抵押权,所订立之抵押权设定契约书及登记后,地政机关发给之他项权利证明书,虽均记载债权额为 400 万元,但地政机关登入登记簿者为 40 万元,应认仅此 40 万元部分发生登记之效力。至未登入登记簿之 360 万元部分,则不能谓已发生登记之效力。而被上诉人既主张伊系信赖该项登记之公信力,于估计该土地之剩余价值后,始贷与陈桂 1400 万元,其完成抵押权之设定登记,又系在上诉人前述更正债权额之更正登记前。被上诉人谓:上诉人之抵押权非属实在,复未举证证明之,是上开抵押物于拍定后,其所得价金,关于上诉人之债权额中上开 360 万元部分,自不得优先于被上诉人之抵押权分配受偿。执行法院制作之分配表为如前述之分配,被上诉人因而为如上开之请求,于法即非无据,因将第一审所为不利于被上诉人之判决废弃改判。

查该法第 43 条规定,依本法所为之登记,有绝对之效力。是已登记者应视为正当;未登记者,应视为不存在。纵其登记有错误或遗漏之情形,得申请更正,其更正之效力并应溯及原始登记之时。然在第三人信赖是项登记取得权利后始为更正,而其更正又未得第三人之同意,第三人原所取得之权利尚不因而受其影响(如取得之权利为抵押权其顺序不受影响)。上诉人于原审就此争辩,原判决虽未详加论述,要不影响其结果。上诉论旨,执此指摘,并对原审采证认事职权之正当行使,任意攻击,求为废弃原判决,非有理由。

据上所述,依该法第 43 条之规定,乙应享有第一顺位之抵押权,甲被遗漏之抵押权虽得再为回复登记("土地法"第 69 条),但应列为第二顺位。地政事务所将乙之抵押权更正为第二顺位抵押权,于法有违,乙得请求再更正之,自不待言。须注意的是,乙尚得依不当得利之规定请求甲同意恢复其抵押权为第一顺位,盖抵押权顺位具有财产上利益,亦得为不当得利请求权之客体也。①

---

① 参见史尚宽:《债法总论》,第 71 页;Erman/H. P. Westermann, BGB Handkommentar, 7. Aufl. 1981, §812 Rdnr. 4.

四、"国家赔偿法"责任

(一) 乙得向甲主张

据上所述,在上开决议一案,某乙应受该法第43条规定之保护,取得第一顺位之抵押权,地政事务所将之更正为第二顺位,于法有违,乙得请求更正。在更正之前,因拍卖结果,某甲优先受偿债权,乙仅分得一部分价金时,乙得依不当得利规定向甲请求返还其所受之利益(第179条)。易言之,即甲受有利益(债务全部受清偿),致乙受损害(仅部分债务受清偿),并无法律上之原因。盖依第874条规定,抵押物卖得之价金,应按各抵押权人之次序分配。上开民三庭提案乙说亦采此见解,可资赞同。

须注意的是,甲于依不当得利规定返还其所受利益于乙后,得依"土地法"第68条规定,以登记遗漏为理由向地政事务所请求损害赔偿。

(二) 乙得向地政事务所请求损害赔偿

上开决议之基本问题,系乙得否依该法第68条向地政事务所请求损害赔偿[1],其主要争点有二,登记是否有错误或遗漏?乙是否受有损害,兹分述之:

(1) 民三庭提案之乙说,对"土地登记规则"第12条(行政命令),作狭义解释,限制"土地法"第68条之适用范围。诚如甲说所云:"'土地登记规则'第12条所指情形,乃属例示,不能以此而谓因土地重测而发生之登记错误遗漏之情形,不包括在'土地法'第68条之内。第68条之立法精神,旨在保护土地权利人,土地之登记准确与否,影响人民之权益至巨,地政机关所负责任亦重,不应就'土地登记规则'第12条作狭义解释,致与之立法精神不符。"[2]决议采此见解,应资赞同,自不待言。

---

[1] 关于"土地法"第68条规定在现行损害赔偿责任体系上之地位,参见廖义男:《国家赔偿法》,1981年初版,第23页。

[2] 参见1987年台上字第470号判决要旨:"土地登记规则第12条固有'第68条所谓登记错误或遗漏系指登记之事项与登记原因证明文件所载内容不符而言'之规定,惟此仅系就第68条所定之登记错误或遗漏加以例示之解释,非谓可限制第68条之适用。此就土地登记规则第12条仅释示第68条所定之'登记错误或遗漏'而未就同法所称之'登记虚伪'有所解释,不难推知。"

(2) 民三庭提案中乙说认为,某乙应受"土地法"第 43 条之保护,取得第一顺位之抵押权,就其未受分配之一部卖金,可向某甲依不当得利请求返还。此项见解,应属正确,已详前述。但乙说由此而认为:"故某乙并未受有损害,不能向地政事务所请求损害赔偿。"此项见解法理上殊嫌无据,实难苟同。自民法基本理论言,对多数人亦可构成请求权之竞合,例如 A 有某书寄托于 B,因 B 疏忽被 C 所损灭,则 A 得依债务不履行规定向 B 请求损害赔偿,亦得依侵权行为规定向 C 请求损害赔偿。于此情形,B 不能主张因 A 就其损害,可向 C 请求赔偿,故 A 并未受损害,不能向其请求损害赔偿。依乙说之思考方法,则某甲亦得主张,某乙就其所受之损害,可依该法第 68 条规定向地政事务所请求损害赔偿,故某乙并未受损害,不能向其依不当得利请求返还其因未受分配所受之损害,其非妥适,甚为显然。

本文认为,真正之问题,不是某乙是否受有损害,而是地政事务所之赔偿责任是否具有补充性(Subsidiarität)。第 186 条规定:"公务员因故意违背对于第三人应执行之职务,致第三人之权利受损害者,负赔偿责任。其因过失者,以被害人不能依他项方法受赔偿时为限,负其责任。"学说上称之为公务员侵权责任之"补充性"。[1] "土地法"第 68 条仅规定地政机关之赔偿责任,故地政机关不因被害人对他人另有损害赔偿请求权或不当得利请求权,而免其责任。[2]

基上所述,决议采甲说,认为某乙就其仅分得一部分价金而受损害,得依该法第 68 条规定请求某地政事务所赔偿损害,可资赞同,惟其理由非如甲说(决议)所云,系因为"该地政事务所既未将重测前已登记之抵押权转载于重测后新设之土地登记簿,自属登记有遗漏",正确理由应为:该地政事务所发现该土地上原已登记有某甲之抵押权,乃更正某乙之抵押权为第二顺位。盖如前所述,乙应受该法第 43 条规定之保护,其抵押权在法律上原应居于第一顺位,因地政事务所之更正,致生登记之错误。本文之结论虽与决议相同,但理由不同,涉及该法第 43 条及第 68 条之适用,应有明辨之必要。

---

[1] 参见 Deutsch, Unerlaubte Handlungen und Schadensersatz, 1987, S. 338.
[2] 参见廖义男:《国家赔偿法》,第 12、92、94 页。

五、结　　论

综据上述,某地政事务所漏将土地重测前已登记某甲之抵押权转载于重测后新设之土地登记簿。某乙不知情,就同一土地设定抵押权时,其法律关系究应如何处理,民三庭之提案本身、甲、乙二说及决议(采甲说),均有难以赞同之处:

(1) 民三庭之提案本身、甲说(决议)均肯定地政事务所发现该土地上原已有某甲之抵押权,得更正某乙之抵押权为第二顺位。本文认为某乙应受"土地法"第43条规定之保护,取得第一顺位之抵押权,地政事务所将某乙之抵押权更正为第二顺位,于法不合。

(2) 甲说(决议)认为,土地拍卖结果,某乙仅取得一部分价金而受损害,得依同法第68条规定请求地政事务所请求赔偿损害,其理由为登记之遗漏(即未转载某甲之抵押权于新设之登记簿)。本文认为,某乙得请求损害赔偿之理由,不是登记遗漏而是登记错误,即地政事务所将某乙之抵押权更正为第二顺位抵押权之错误。

(3) 乙说认为,某乙应受同法第43条之保护,取得第一顺位之抵押权,虽属正确,但其认为某乙因得依不当得利向甲请求返还其所受之利益,故并未受有损害,不能向地政事务所请求赔偿,则难苟同。本文认为,此项论点对损害之概念,似有误会。真正的问题,不是乙是否受有损害,而是地政机关损害赔偿责任是否具有补充性,该法第68条既未设规定,地政机关不能以某乙另有不当得利或其他损害赔偿请求权,而主张不负责任,自不待言。

为债务履行辅助人而负责

一、概　　说

在分工之社会,利用他人从事各种法律交易甚为普遍,或以使者传达已作成之意思表示,或以代理人代为意思表示及代受意思表示。此外,借助他人履行债务,亦有必要。

债务原则上可使第三人履行之。"民法"仅就若干契约设有例外,例如第484条第2项后段规定受雇人非经雇用人同意,不得使第三人代服劳务,因为劳务之给付具有专属性。基于契约自由原则,当事人亦可约定债务不得由第三人履行。在诸此情形,债务人使第三人履行债务,具有可归责之事由,应依债务不履行之规定,负其责任。在债务可由第三人履行之一般情形,法律上发生一项问题:债务履行辅助人关于债之履行有故意或过失,例如送货员不慎致货物灭失,技工迟未装设卫星天线,司机发生车祸致乘客受伤。财团法人医院之医生遗留手术用品于病人体内时,债务人应如何负其责任,债权人得向何人请求损害赔偿? 此项问题学说上称为"为债务履行辅助人而负责"(Haftung für Erfüllungsgehilfen),简称为债务履行辅助人责任(Gehilfenhaftung)。

关于债务人如何为债务履行辅助人负责,第224条设有一般规定:"债务人之代理人或使用人,关于债之履行有故意或过失时,债务人应与自己之故意或过失负同一责任。但当事人另有订定者,不在此限。"在今日经济活动,债务之履行多假手他人为之。故本条规定在债务不履行体系上可谓居于关键之地位。然而,值得注意的是,关于本条之解释适用,"最高法院"迄未著有判例,相关判决亦不多,直至最近才有若干关于第224条规定对第三人与有过失应否类推适用问题之决议。实务资料之欠缺,究系由于交易上不生争论,抑或由于有关案例迄未公布,不得确知。惟就理论言,关于第 224 条之适用或类推适用颇多可供研究之处。本文拟提出若干基本问题,试加分析,用供参考。①

二、基 本 理 论

(一) 法制史及比较法

第 224 条关于债务履行辅助人责任之规定,系长期法律发展的产物,历史的回顾及立法例之比较,有助于了解现行规定之特色及其规范意义。

罗马法对于债务不履行系采过失责任,债务人仅就故意或过失负责,因此债务人亦仅就选任、指示或监督履行辅助人具有过失时(culpa in eligendo, instruendo vel custadiendo),始行负责。对此过失原则,仅于若干特殊之债,设有例外,如住宿主人除能证明损害之发生系由于不可抗力外,对受雇人保管财物之故意或过失,应予负责。②

近代民事立法基本上系受罗马法之影响,1804 年《法国民法》关于债务不履行仍采过失责任主义,对若干情形亦设例外,如旅馆主人责任(《法国民法》第 1953 条),运送人责任(《法国民法》第 1782 条),企业经营者责任(《法国民法》第 1797 条)。值得提出的是,法国之判例学说由此等列举规定导出一般原则,肯定债务人应对其履行辅助人因故意或过失所肇致之损害负责。③ 1883 年《瑞士债务法》第 115 条虽未设一般规定,1911 年修正之《债务法》则于第 101 条明定:"使合法家属、雇用人或视为家之使用人履行债务,或实行由于债务关系所生之权利者,对此等人于其事务之执行上加于相对人之损害,负赔偿义务。此项责任得预先约

---

① 关于第224条解释适用之基本问题,参见史尚宽:《债法总论》,第348页;郑玉波:《民法债编总论》,第272页;孙森焱:《民法债编总论》,第352页;林诚二:《债务不履行归责事由之检讨》,载《中兴法学》第6期,第1页;黄越钦:《论债务履行辅助人责任》,载《法令月刊》第7期,第24页。

② Kaser, Römisches Privatrecht, 7. Aufl. 1972, S. 145; Schulz, Die Haftung für das Verschulden der Angestellten im klassischen Recht, in: Zeitschrift für das Privat-und Öffentliche Recht der Gegenwart 38(1911), S. 10.

③ 参见 Mazeaud/Tunc, Traité théorique et pratique de la responsabilité civile, tome premier, 6. édition, Paris, 1965, no. 965, 979, 990.

定、限制或废弃之"。①

德国普通法(gemeines Recht)关于债务履行辅助人责任亦采罗马法之原则,但学者主张应加重债务人之责任,经过激烈争论后,终于采取1884年法学家会议之决议,制定《德国民法》第278条规定:"债务人对其法定代理人及为其履行债务之使用人过咎应与自己过咎负同一范围之责任。于此情形,对第276条第2项之规定,不适用之"。② 此系为划时代之立法,是欧陆法制史上之创举,影响及于1911年《瑞士债务法》及1916年《奥地利民法》之修正。③ 1942年《意大利民法》亦参考之,④台湾地区"民法"第224条亦仿自德国立法例,其主要不同为将《德国民法》第278条所称之"法定代理人",改为"代理人"。⑤

(二) 责任之性质及依据

民法关于债务不履行系采过失责任原则,第220条规定:"债务人就其故意或过失之行为,应负责任。过失之责任,依事件之特性而有轻重,如其事件非予债务人以利益者,应从轻酌定。"依第224条规定,债务人应将其代理人,或使用人关于债之履行之故意或过失,与自己之故意或过失

---

① 关于《瑞士债务法》,参见 Koller, Die Haftung Für den Erfüllungsgehilfen nach Art. 101 OR. 2. Aufl. 1981; Spiro, Die Haftung für Erfüllungsgehilfen, 1984(本书论述至为详尽,篇幅多达527页,足供参考)。

② 《德国民法》第276条第2项规定之"故意之责任,不得预先免除了(Die Haftung wegen Vorsatzes kann dem Schuldner nicht im voraus erlassen werden)"。依台湾地区"民法"第222条规定:"故意或重大过失之责任,不得预先免除。"就立法政策比较言,此规定较为合理。

③ 《奥地利民法》第1313a条规定:"对他人负有给付义务之人,就其法定代理人及使用于履行者之过失,应与自己之过失负同一责任。"(Wer einem andern zu einer Leistung verpflichtet ist, haftet ihm für das Verschulden seines gesetzlichen Vertreters sowie der Personen, deren er sich zur Erfüllung bedient, wie für sein eigenes). 关于本条规定简要说明参阅 Kapfer, AGBG, §1313a, 1987.

④ 参见1942年《意大利民法》第2049条规定。《日本民法》未设相当于第224条规定,判例学说原则上亦肯定之,参阅我妻荣:《履行辅助者の过失に因る债务者责任》,载《法学协会杂志》,第55卷,第7号(1937年);长尾治助:《债务不履行の归责事由》,昭和50年。

⑤ 大清《民律草案》第360条系《德国民法》第278条之翻译:"债务人之法定代理人,及因履行义务所使用之人,若有故意或过失,债务人应与自己故意或过失负同一责任,第359条规定,于前项情形不适用之。"草案第359条规定:"预以契约免除债务人故意之责任者,其契约无效。"草案第360条之立法理由书谓:"凡人就自己之故意或过失负责任,是为原则。然为确保交易之安全起见,则关于其法定代理人及因履行其义务所使用人之故意或过失,亦应使债务人任其责,故设本条以明示其旨。准许有反对之特约,以保护债务人之利益。"

负同一责任,因此发生一项疑问:债务人责任之性质,究为过失责任抑或为无过失责任?

有学者认为,第 224 条所规定者,基本上仍属过失责任,其主要理由为第 224 条规定须履行辅助人有过失时,债务人始负债务不履行责任。法条所规定者系:"债务人应与自己之故意或过失,负同一责任,而非债务人应负其责任",显然可见,已非纯粹之无过失责任,乃系将履行辅助人之故意或过失扩大于债务人,使之负责,性质上为过失责任之扩大化,而非无过失责任。① 此项见解,具有启示性,可作为讨论之基础。

债务人使用他人履行债务,应负过失责任者,系指债务人本身应就其选任、指示或监督之过失负其责任而言,履行辅助人是否有过失在所不问。此项原则在现行法仍有适用余地,不因为有第 224 条之规定,而受影响。

依第 224 条规定,债务不履行责任之成立,仅须履行辅助人具有故意过失,即可成立,不以债务人本身具有故意过失为要件,准此观点,认为债务人所负之责任为无过失,自有所据。所谓"债务应与自己故意或过失,负同一责任",与"债务人应负其责任",用语虽有差异,本质上殆无不同。将履行辅助人之故意或过失"扩大"及于债务人,使之负责,对债务人言,仍属无过失而须负责,称之为无过失责任,尚无不妥。

债务人对履行辅助人之行为应负无过失责任,性质上属于法定担保责任(gesetzliche Einstandspflicht)。② 此项严格责任是基于当事人间之利益衡量。债务人使用他人履行债务,通常提高给付障碍之危险性,在债之关系(尤其是契约关系),债权人所信赖者,系债务人本人,而非其履行辅助人。债务人因分工役使他人而受益,理应承担其危险性,何况债权人对于债务人之选任辅助人通常多无影响力。此为第 224 条规定债务人应承担履行辅助人过失之主要理由。③ 使债务人负担保义务亦可促其慎于选

---

① 林诚二,前揭文,第 392 页。

② Larenz, Schuldrecht I, 4. Aufl. 1987, S. 295f.: Kupisch, Die Haftung für Erfüllungsgehilfen, JuS 1983, 817; v. Caemmerer, Verschulden von Erfüllungsgehilfen, Festschrift für Fritz Hauss, 1978, 33. 此为德国之通说。

③ 《民律草案》第 360 条以"确保交易之安全",为立法理由,颇嫌简略,林诚二先生参考日本学者之见解,认为债务人之所以负责任,其理论根据有二:(1) 与有原因。(2) 诚信原则(前揭文,第 393 页)。

任、监督履行辅助人。反面言之,若债务人对履行辅助人之故意或过失不负责任,则债权人一方面对债务人不得主张债务不履行责任,他方面因与履行辅助人无契约关系,并无债务不履行上之请求权基础,纵使得依侵权行为规定请求损害赔偿,因履行辅助人多乏资力,亦有难予求偿之虞。综据上述,第 224 条规定债务人应负担保责任,衡诸当事人间之利益,诚属合理。①

(三) 第 224 条与第 188 条之比较

1. 性质及适用上之不同

第 224 条系关于债务人应对履行辅助人行为负责之规定,在侵权行为方面与之相对应者,系第 188 条关于雇用人之责任。二者同属为他人行为而负责(Haftung für fremdes Verhalten),②但仍有其基本上之不同,兹分三点说明之:

(1) 第 224 条,本身不是请求权基础(Anspruchsgrundlage),③债权人之请求权基础为第 226 条(给付不能)、第 231 条(给付迟延)及不完全给付(类推适用给付不能及给付迟延之规定)。④ 第 224 条所规定者,系故意或过失之归责问题。反之,第 188 条规定本身为请求权基础,其构成要件有三:① 须为受雇人;② 须为执行职务;③ 须构成侵权行为。⑤

(2) 第 224 条系规定债务人对履行辅助人行为之担保责任(无过失责任)。该法第 188 条所规定雇用人之责任之性质,为推定过失责任(第 1 项),或衡平责任(第 2 项)。

(3) 第 224 条所规定者,系关于债务不履行之责任(通常为契约责任),第 188 条所规定者为侵权责任。契约责任及侵权责任之竞合多涉及

---

① Spiro, aaO., S.51f.
② 关于对第三人行为而负责之基本问题,参见 Harry Westermann, Haftung für fremdes Handeln, JuS 1961, 353.
③ 关于请求权基础之基本理论,参见拙著:《基础理论》,载《民法实例研习丛书》(第一册)。
④ 1989 年 5 月第九次民事庭庭推会议决议认为关于不完全给付,民法未设规定,系为法律漏洞,应类推适用给付不能及给付迟延之规定填补之。参见拙著:《物之瑕疵担保责任、不完全给付与同时履行抗辩》,载《万国法律杂志》第 41 期,第 4 页。
⑤ 关于雇用人侵权责任之构成要件,参见郑玉波,前揭书,第 180 页。

第 224 条及第 188 条之适用①,兹举一例说明之:甲乘坐乙客运公司之公车,因丙司机违规超速,发生车祸,致甲所携带之名贵瓷器落地毁损。于此情形,就契约责任言,丙为乙之履行辅助人,乙应就丙之故意或过失与自己之故意或过失负同一责任,具有可归责之事由,故甲得依不完全给付之规定向乙请求债务不履行之损害赔偿。就侵权责任言,丙为乙之受雇人,执行职务侵害甲之所有权(第 184 条第 1 项),故甲得依第 188 条第 1 项规定向乙请求侵权行为之损害赔偿。甲主张债务不履行之损害赔偿时,具有两项有利之点:① 乙对其履行辅助人丙之行为应负无过失责任,不得举证免责。② 关于使用人履行债务之故意或过失,由债务人负举证责任(详后)。为便于了解第 224 条及第 188 条规定之适用,兹将债务不履行责任(主要为契约责任)及雇用人侵权责任(侵权责任)构成要件上之差异,列表如下:

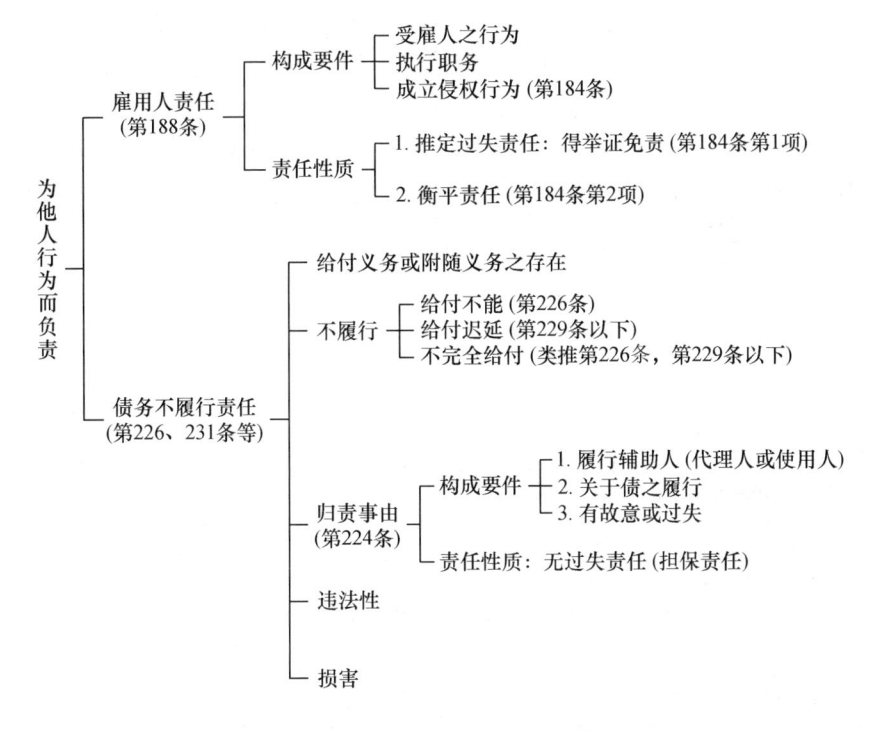

```
                    ┌ 构成要件 ─┬ 受雇人之行为
          ┌ 雇用人责任 ┤          ├ 执行职务
          │ (第188条)  │          └ 成立侵权行为(第184条)
          │            └ 责任性质 ┬ 1. 推定过失责任:得举证免责(第184条第1项)
为他人行为 ┤                      └ 2. 衡平责任(第184条第2项)
而负责    │                    ┌ 给付义务或附随义务之存在
          │            ┌ 不履行 ┬ 给付不能(第226条)
          │            │        ├ 给付迟延(第229条以下)
          │ 债务不履行责任       └ 不完全给付(类推第226条,第229条以下)
          └ (第226、231条等) ┬ 归责事由 ┬ 构成要件 ┬ 1. 履行辅助人(代理人或使用人)
                             │ (第224条) │          ├ 2. 关于债之履行
                             │           │          └ 3. 有故意或过失
                             │           └ 责任性质:无过失责任(担保责任)
                             ├ 违法性
                             └ 损害
```

---

① 关于《契约责任与侵权责任之竞合》,载《民法学说与判例研究》(第一册),北京大学出版社 2009 年版,第 204 页。

2. 立法政策之检讨

第188条关于雇用人责任之成立要件,一方面须受雇人之行为构成侵权行为(具有故意过失,由被害人负举证责任),他方面又须雇用人选任监督具有过失(由法律推定),不同于英美法之"代负责任"(Vicarious liability),仅须受雇人之行为构成侵权行为,雇用人即须负责,性质上为严格责任),及《德国民法》第831条规定(受雇人之行为是否具有故意或过失在所不问,责任基础在于雇用人选任监督之过失),在比较上独具特色。在台湾地区实务上雇用人举证免责之案例,虽属罕见,但因有举证免责之规定,被害人始终有难以获得赔偿之可能,增加不必要之诉讼,耗费资源,不但不利于被害人,就经济分析言之,亦欠缺效率。[1] 在立法政策上实有检讨之余地。在德国,由于《德国民法》第831条(雇用人之推定过失责任)及第278条(债务人无过失责任)之不同,致发生民事责任体系之重大变迁,由侵权责任移向契约责任,使缔约上过失责任日益膨胀,不完全给付扩大及于附属义务,并促进所谓"具保护第三人作用契约"制度之建立。为避免民事责任日益分化而造成法律适用不安定,德国学说上有建议应使雇用人负无过失责任,德国1978年法务部损害赔偿草案亦采此原则。1983年9月公布之债编通则部分条文修正草案初稿,亦设有调整雇用人责任之规定。[2]

---

[1] 法律之经济分析是新兴之法律研究方法,强调法律之功能在于对有限的资源作最合理之利用,以增进效率(efficiency),参见 Posner, Economic Analysis of Law, 3rd edition, 1987.

[2] 民法修正研究会于1983年9月公布之债编通则部分条文修正草案初稿,除保留第188条(将受雇人改为使用人)外,拟增设第188条之一规定:"Ⅰ.一定事业之受雇人因执行职务不法侵害他人之权利者,由雇用人与行为人连带负损害赔偿责任。Ⅱ.雇用人赔偿损害时,对于为侵权行为之受雇人有求偿权。但雇用人监督受雇人职务之执行有过失者,法院得减少其求偿之金额。Ⅲ.前项但书之情形,受雇人赔偿损害时,得请求雇用人分担相当之金额。"草案初稿将雇用人责任分为两类,"一定事业之受雇人"和"使用人",而异其责任;前者应负无过失责任,求偿关系应受限制;后者为推定过失或衡平责任,求偿关系不受限制,此项区别在比较法上尚未见其例,就立法政策言,似非妥当。关于"雇用人无过失侵权责任的建立",参见拙著:《民法学说与判例研究》(第一册),北京大学出版社2009年版,第1页;Schmidt, Zur Dogmatik des §278 BGB, AcP 170, 502; v. Bar, Deliktsrecht, Gutachten und Vorschläge zur Überarbeitung des Schuldrechts, Band Ⅱ, 1981, S.1681.

三、构 成 要 件

依第224条规定,债务人应对履行辅助人之行为负责,其构成要件有三:① 须为履行辅助人;② 须关于债之履行;③ 履行辅助人须有故意或过失,分述如下:

(一)债务履行辅助人

1. 代理人

民法将债务履行辅助人分为两类:代理人和使用人。代理人是否兼括法定代理人,实务上曾发生疑问。1979年3月1日、1979年度第三次民事庭推总会,院长交议:"第224条所指之代理人,是否包括法院代理人在内? 有甲、乙二说:甲说:第224条所谓代理人,包括意定代理人及法定代理人在内。乙说:本条所称代理人,指意定代理人而言,法定代理人则不包括在内。以上二说,应以何说为是? 提请公决。决议:采甲说"。关于此项决议,应说明者有三:

(1) 上开决议所提出的问题是,第224条所称之代理人是否包括法定代理人。[1] 实则真正的问题是第224条所称之代理人是否应解为包括"意定代理人"。法定代理之发生,系基于法律之规定,意定代理之发生系基于债务之意思,代理包括意定代理及法定代理,故自文义言,"最高法院"之决议,自有所据。惟须注意的是,意定代理人系依债务人之意思而履行债务,原可归入使用人之范围。《德国民法》第278条仅规定法定代理人,而以使用人包括意定代理人,实有相当理由。

(2) 法定代理人系基于法律之规定,其目的乃在于维护被代理人之利益(尤其是财产利益),使被代理人能参与交易活动,获有利益,故被代理人应承担代理人之故意或过失,例如2岁之甲继承其父之房屋,法定代理人乙(母)将该屋出租于丙,因乙之过失给付迟延者,债务人甲应对丙负债务不履行责任,法定代理人乙并非租赁关系之当事人,不负契约上责任。又在上举之例,债务人甲仅2岁显无识别能力,难以成立故意或过失,故第224条所谓:"应与自己故意或过失负同一责任",不能拘泥其文

---

[1] 参见胡长清:《民法债编总论》,第283页。

义,在解释上宜认为其故意或过失仅就法定代理人之行为及其识别能力认定之,被代理人承担其法律效果,其本身是否具有债务不履行能力,在所不问。① 法定代理人使用他人履行债务时,债务人(被代理人)亦应对此等间接履行辅助人之故意或过失负责,自不待言。

(3) 所谓法定代理人宜从宽解释,除未成年人或禁治产之法定代理人(监护人)外,尚包括夫妻间关于日常事务之代理,遗嘱执行人及破产管理人等。

2. 使用人

(1) 基本意义。所谓使用人系指依债务人之意思事实上为债务履行之人,第三人之介入债之履行,须基于债务人之意思,始能将该第三人之故意或过失归由债务人负担。第三人未依债务人之意思而介入债之履行者,债务人对其行为不负责任。例如甲召乙修理电视机,乙因病住院不能前往修缮,亲友丙知其事,未经乙之同意,径往甲处修缮,不慎毁损电视机时,乙对甲不负债务不履行责任,甲仅能依侵权行为规定向丙请求损害赔偿,丙与乙间则成立无因管理。

凡依债务人之意思事实上为债务履行者,均为债务人之使用人,至于当事人间有无契约关系,一时或继续,有无报酬,使用人是否知悉其系为债务人履行债务,均所不问,债务人家属、客人甚至债权人派来催债之人,倘债务人托其顺便将给付物带回时,于赴偿债务之情形,亦属债务人之使用人。②

应特别提出讨论的是,所谓使用人是否以受债务人指示或监督为必要。有学者认为,第224条之使用人,其含义与第188条之受雇人相当③,亦有认为依其情事,债务人对于履行辅助人之行动,无法干涉者,则非履行辅助人,例如债务人将特定之物交铁路局或邮政局运递,如由铁路或邮政方面之过失,致丧失者,债务人即不能依本条之规定负责,而仅能适用第225条之规定解决。④

---

① Larenz, Schuldrecht Ⅰ, S. 295f.
② 参见郑玉波,前揭书,第273页;Soergel/Wolf, Kommentar zum BGB, 11. Aufl. 1978, §278 Rz. 23f.
③ 王伯琦:《民法债编总论》,第159页。
④ 此为通说之见解,史尚宽,前揭书,第35页;郑玉波,前揭书,第273页;孙森焱,前揭书,第353页。

本文认为,第188条规定之雇用人责任系基于对受雇人选任监督之过失,故受雇人与雇用人间须有从属关系。第224条所规定者,系债务人之担保责任,并非基于指示或监督之过失,故自法律之规范目的以言,似不以使用人对于债务人居于从属性地位为必要。第224条之使用人之含义与第188条之受雇人,并不相同。准此以言,医生、律师、会计师、承揽人均得为债务履行辅助人。债务人利用铁路局或邮局传递包裹或信件,债务人对其行为多无法干涉,故此等在某种程度具有独占性之企业,得否解为系债务履行辅助人,颇值斟酌,台湾学者采否定说,自有其依据。惟鉴于债务人利用铁路或邮政,扩大其交易活动,对于是否使用此等企业仍有选择余地,而且依其情事可以经由保险或其他方式保障其请求权,故在利益衡量上,使债务人就铁路或邮政之故意或过失负其责任,亦有相当之理由。① 当然此系就赴偿之债(即在债权人住所地清偿债务)而言;在送交之债(或称送付之债,系以债务人之住所地为清偿地,惟债务人应债权人之请求须将标的物送至债权人之住所地或其他处所)之情形,其经由铁路或邮政所从事者,非属履行债务之范围,债务人对铁路局或邮局之过失责任,自不必负责。

(2) 区别。

① 法人之机关(例如董事)是否为第224条所称之使用人,尚有争论,但应采否定说。有学说认为:"至于董事虽为法人代表,仍应类推适用本条规定"。② 此项见解,有待斟酌。机关之行为为法人之行为,机关就债之履行具有故意或过失时,即为法人本身之故意或过失,似无适用或类推适用第224条之必要。有学说认为:"董事乃法人之代表,其行为,法人应依第28条之规定负责,不在本条适用范围之内"。③ 惟第28条系关于法人侵权行为之规定,对债务不履行似无适用或类推适用之余地。总而言之,机关履行债务之行为,为法人之行为,法人应径负责,无适用第224条规定之必要,法人亦无从依224条但书规定,排除其责任,此点至为重要,应予注意。

② 所谓代替人(Substitute)者,指债务人以他人代替其地位,而以该

---

① Larenz, Schuldrecht Ⅰ, S. 295f.
② 孙森焱,前揭书,第352页。
③ 郑玉波,前揭书,第272页。

代替人负其责任,债务人仅就其选任或指示过失负责。民法就委任及寄托设有规定。就委任言,受任人应自己处理委任事务,但经委任人之同意或另有习惯或有不得已之事由者,得使第三人代为处理(第537条)。受任人违反此项规定,使第三人代为处理委托事务者,就该第三人之行为,与自己之行为,负同一责任。又依第537条规定,受任人使第三人为处理委任事务者,则仅就该第三人(即代替人)之选任,及其对于第三人所为之指示负其责任(第538条)(关于寄托,参阅第592条及第593条)。关于债务履行之替代,不适用第224条规定。兹举乙例说明其法律关系:甲委任乙出租某屋,约定倘乙有不得已之事由,得使他人代为处理,设乙因急事外出,而将委托事务委于第三人丙时,该第三人丙即为所谓之代替人(或称为次受任人)。代替人系自主决定执行事务之必要措施,因而就事务之执行代替受任人之地位,乙仅就丙之选任或其所为指示之过失负责,若乙就丙之选任或其所为之指示并无过失,则丙处理委任事务纵使致甲发生损害,亦只由该代替人丙自己负责,受任人乙并不负责。[1]

3. 使用人之范围

(1) 法人。债务人之使用人得为自然人,亦得为法人,故债务人利用某商业银行汇款清偿债务时,应就该银行汇款迟延上之过失负同一责任。

(2) 使用人之使用人。债务使用人为履行债务再使用他人,在分工日益精细之社会,时有必要。其法律关系应分两种情形论之:① 使用人得再使用他人履行债务者,该间接使用人亦属债务人之使用人。② 使用人不得再使用他人履行债务者,于其再使用他人履行债务具有故意或过失时,债务人应依第224条负责,次使用人有无故意过失在所不问。至于债务履行使用人得否再使用他人履行债务,应依债务人与债权人之特约、契约之性质及交易习惯定之。[2] 例如,债务人甲使运送人乙送货给债权人丙,依契约性质或交易习惯运送人得交由司机丁发送,此际丁为间接履行辅助人,甲对其故意或过失亦应与自己之故意或过失负同一责任。

(3) 赴偿之债与送交之债之使用人。赴偿之债者,系指在债权人住所地清偿之债务,在此情形,债务人将给付标的物交由其店员或运送承揽人对债权人为给付之提出时,该店员或运送人即为债务履行使用人。送

---

[1] 参见梅仲协:《民法要义》,第170、300页。
[2] Larenz, Schuldrecht Ⅰ, S. 298; Soergel/Wolf, §278 Rz. 28.

交之债者,系指债务人应债权人之请求,将给付标的物运送至清偿地以外处所之债务,例如甲向乙购买某花瓶,原以乙之住所地为清偿地,乙应甲之请求将该瓶送至丙处。于此情形,通说认为债务人将标的物交付运送承揽人时,即已尽其义务,故运送承揽人非属债务履行辅助人[1],乙就运送承揽人之故意或过失不负其责,故该花瓶纵因运送承揽人之过失而灭失,仍属于不可归责于买卖契约双方当事人事由之给付不能,依第374条之规定,其危险由买受人负担,出卖人虽免给付花瓶之义务(第225条),但买受人仍须付给价金。

(4) 物品制造人或供应人。甲自乙订购某类货物,乙转向丙订购,由丙制造或供应时,该制造人或供应人不因此成为出卖人之债务履行辅助人,其理由为出卖人对买受人所负之给付义务为交付其物及移转其所有权,出卖人向他人订购货物,系属给付之预备行为,并非给付过程之一部分。惟设出卖人指示制造人或供应人径将买卖标的物交付于买受人时,则就该交付行为而言,制造人或供应人系属出卖人之履行辅助人[2]。在承揽人向他人订购材料之情形,基本上亦属如此,例如乙承揽修建甲之房屋,向丙订购水泥,丙并不因此成为乙之债务履行辅助人。在承揽契约常有转包情事,此际,该承揽人应属承揽人之债务履行辅助人。

(5) 利用辅助人(权利行使辅助人)。债务人对标的物有使用之权能,而使第三人加以利用,该第三人即为所谓之利用辅助人(或称为权利行使辅助人,德文称为 Ausübungsgehilfe)[3],例如承租人或使用借贷之借用人,将租赁物(或借用物)让由他人占有或利用。第433条规定,因承租人之同居人,或因承租人允许为租赁物之使用收益之第三人应负责之事由,致租赁物毁损灭失者,承租人负损害赔偿责任。此为以利用辅助人为履行辅助人之特别规定。使用借贷之借用人经贷与人之同意,允许第三人使用供用物时(第446条第2项),无相当于第433条规定,仍应依第224条规定,使借用人就使用人未以善良管理人之注意保管借用物,负同

---

[1] 参见梅仲协,前揭书,第248页。
[2] Larenz, Schuldrecht Ⅰ, S. 295; Rahjen, Zweifelsfragen bei der Haftung für den Erfüllungsgehilfen: Zur Einschaltung von vorlieferanten bei der Erfüllung, MDR 1979, 446;不同意参见 Esser/Schmidt, Schuldrecht Ⅰ, Allgemeiner Teil, 6. Aufl. 1984, S. 391f.
[3] 参见林诚二,前揭文,第396页;黄越钦,前揭文,第25页;Larenz, Schuldrecht Ⅰ, S. 299; Koller, S. 147; Spiro, §34.

一责任。至于承租人违反约定或借用人未经同意,擅自将标的物让由他人使用者,其本身已具有可归责之事由,应负债务不履行责任,无适用第224条之必要。

(二) 关于债之履行

1. 债之关系上的义务及其履行

债务人应就履行辅助人之过失负责,尚须以其行为系"关于债之履行"为要件。债之关系上之义务可分为给付义务及附随义务。辅助人所从事者,倘为给付义务之履行,其行为系关于债之履行,基本上并无争论,例如店员送货途中毁损买卖标的物(给付不能)、电气行之技工迟于装设卫星天线(给付迟延)、承包商之水泥工修缮屋顶发生严重缺陷(给付之不良履行)等均属之。给付除作为外,尚包括不作为,因此设甲与乙为关于不为某项营业竞争之约定,而甲之店员未履行此项不作为义务,亦属于"关于债之履行"之范围。

须特别提出者,系债之关系(尤其是契约)上之说明、通知或保护等所谓附随义务,亦属"关于债之履行"之范围,例如出卖人应告知标的物之特别危险性或使用方法,医院应保守病人医疗上之秘密。出卖人之店员怠于告知,医院之护士泄密,其行为均属关于债之履行。①

2. 因履行债务机会而为之行为

履行辅助人之行为须与"债务履行具有直接内在之关联"(in unmittelbarem innern Zusammenhang)②,职务上给予机会之行为不包括在内,台湾学说亦采此见解。③ 郑玉波先生曾举如下之例,说明此点:电料行之电工,为人装修电线,不慎起火,其行主固须负责,即装修之际,因工具坠落,打碎客户玻璃,其行主亦须负责,惟乘装修之机会,偷取客户之金钱,或因口角打伤客户之身体,则属于债之履行以外之侵权行为,自应依侵权行为之规定解决。④ 兹再举乙例对照之:司机违规超速,紧急刹车,公车应该

---

① 关于债之关系上之义务群,尤其是附随义务,参阅拙著:《民法债编总论》(一),第29页。

② Fikentscher, Schuldrecht, 7. Aufl. 1985, S. 330; BGHZ 23, 319.

③ 参见史尚宽,前揭书,第351页;黄越钦,前揭文,第25页;Mennemeyer, Haftung des Schuldners für Gelegenheitsdelikte seiner Erfüllungsgehilfen, 1983.

④ 参见郑玉波,前揭书,第273页。

负责,司机对女乘客之性骚扰,公车则不须负责,有疑问者,系车掌因口角将乘客推落车外时,公车应否负责?

行主对电工不慎起火或工具伤害客户之人身,公车对司机紧急刹车致伤害乘客之所以须负责,仍是因为债务人依其契约之内容对债权人之人身或财产具有保护之义务。反之,盗窃或性骚扰于契约关系外亦可发生,乃生活上之一般危险,与债务之履行并无内在之关系,宜由债权人自为防范,其危险性不应归由债务人承担。① 至于辅助人因口角伤害顾客,应否归由债务人负责,似应视其与职务范围有无内在关联而定。就车掌之例而言,倘其口角系因宿怨而引起者,债务人不必负责,倘因过站不停而引起者,因与其车掌之职务具有相当内在关联,似可从宽认为仍属"关于债之履行"。

(三) 履行辅助人须有故意或过失

1. 认定标准

第 224 条所定债务人责任之成立,尚须以履行辅助人关于债之履行"有故意或过失"为要件。债务人就履行辅助人之故意或过失,应与"有故意或过失"为要件。债务人就履行辅助人之故意或过失,应与"自己之故意或过失负同一责任",故在解释上,履行辅助人之故意或过失应依债务人本身应负之归责事由而定。

关于债务不履行之归责事由,当事人有约定者,依其约定,但不得违反强行规定(第 222 条)。当事人未约定者,依民法关于各种债之关系(尤其是契约)所设之特别规定,例如第 410 条规定:"赠与人仅就其故意或重大过失,对于受赠人负其责任。"未设特别规定者,依第 220 条所设之一般规定:"债务人就其故意或过失之行为,应负责任。过失之责任,依事件之特性而有轻重,如其事件非予债务人以利益者,应从轻酌定"。

如上所述,债务履行辅助人之故意或过失,应依债务人本身之故意或过失而定之,故债务人就具体过失负责时,其标准应以债务人处理自己事务之注意能力决之。在赠与之情形,须履行辅助人关于债之履行有故意或重大过失时,债务人始须负责,倘履行辅助人仅具轻过失时,债务人不负债务不履行责任,余可类推,兹不赘。

---

① Larenz, Schuldrecht Ⅰ, S. 302.

2. 归责能力

故意或过失责任之成立,以当事人有责任能力为前提,侵权行为如此,债务不履行亦不例外。第221条明定:"债务人为无行为能力人或限制行为能力人者,其责任依第187条之规定定之",故债务不履行亦系以识别能力之有无为判断之标准。在第224条之情形,其责任能力之有无,究应就债务人或债务履行辅助人而判断,应区别法定代理人及其他履行辅助人两种情形说明之:

(1) 履行辅助人为法定代理人者,其责任能力之有无,应就法定代理人决定之,债务人(被代理人)是否有责任能力,在所不问,关于此点,前已论及。

(2) 履行辅助人为意定代理人或使用人时,其责任能力如何决定,学者见解不一。通说认为应就意定代理人或使用人决之,至于债务人是否有责任能力在所不问。① 值得注意的是,Larenz教授认为,应负债之关系上之义务者系债务人,而非使用人(包括意定代理人),使用人因其故意或过失所违反者,乃债务人之义务,故使用人之行为应视为系债务人之行为,从而其责任能力亦应就债务人定之,使用人是否有责任能力在所不问。使用人因精神丧失或其他原因欠识别能力时,债务人无论知悉与否,均应负责。此项见解旨在使债务人承担其利用不合适之人履行债务之危险性,②具有参考价值。

(四) 举证责任

关于债务不履行之归责之事由,依通说见解,应由债务人负举证责任。1940年上字第1915号判例认为:"给付有确定期限者,债务人自期限届满时起当然负迟延责任,其因不可归责于债务人之事由致未为给付者,债务人虽不负迟延责任,但不可归责于债务人之事由,应由债务人负举证责任。"1988年台上字第1989号判决谓:"查债务人负有依债务本旨为给付之义务,违背债务人之本旨为给付,即属不完全给付,为瑕疵之给付,即其适例。是以债务人,如主张其已为完全给付,当由其负证明之责,

---

① Palandt/Heinrichs, Bürgerliches Gesetzbuch, 46. Aufl. 1987, 5 zu §278;参见 v. Caemmerer, Verschulden von Erfüllungsgehilfen, Festschrift für Fritz Hauss, 1978, S. 33.

② Larenz, Schuledrecht Ⅰ, S. 303; Esser/Schmidt, Schuldrecht Ⅰ, Allgemeiner Teil, 6. Aufl. 1984, S. 398; Fikentscher, Schuldrecht S. 329.

虽债权人于受领给付后以债务人给付不完全为由,请求债务人损害赔偿。关于给付不完全之点,应转由债权人负举证责任,惟不完全给付非有可归于债务人之事由,为债务人免责要件,故债务人以不完全给付,系因非可归责于己之事由所致,就此为抗辩,仍应由债务人证明之。"[①]此项举证责任分配原则,对第224条亦适用之,因此关于债务履行辅助人未具有故意或过失,仍应由债务人负举证责任。

四、法律效果

(一) 债务人之责任

债务人就履行辅助人之故意或过失,应与自己之故意或过失负同一责任时,债务人应负债务不履行责任。例如店员送货途中因过失致买卖标的物灭失时,店主应负给付不能之责任,技工因过失迟未装设卫星天线者,电气行主人应负给付迟延责任。医师开刀遗留纱布于病人体内时,财团法人医院应负不完全给付责任。于上开债务不履行情形,债权人得请求损害赔偿或解除契约(第226条、第230条、第231条、第256条、第260条)。

(二) 债务履行辅助人责任

履行辅助人不是债之关系上的当事人,对债权人不负债务不履行责任。须注意的是,履行辅助人之行为具备侵权行为之构成要件时,则应负侵权责任,兹分三种情形言之:

(1) 由履行辅助人与债务人依第188条第1项规定负连带侵权责任。例如甲游览公司之司机乙驾车违规超速发生车祸,致乘客丙受伤时,乙与甲应对丙负连带损害赔偿责任。

(2) 由履行辅助人单独负侵权责任,债务人不负责任。其主要情形有二:其一,债务人依第224条但书规定排除其责任(详后)。其二,注意程序不同:例如甲赠A牛给丙,嘱乙交付予丙,因乙之轻过失致该牛感染病毒,致丙之牛群因而遭受损害。于此情形,甲不负债务不履行责任(第

[①] 参见《法令月刊》第40卷,第2期,第23页。

410条),由乙对丙负侵权行为损害赔偿责任(第184条第1项前段)。又例如甲出租某屋给乙,乙留宿客人丙,因丙之轻过失致房屋失火时,承租人乙不负契约责任(第434条)及侵权责任,应由丙对甲负侵权行为之损害赔偿责任。①

(3)履行辅助人负侵权责任,债务人负债务不履行责任。此种情形多发生于履行辅助人非属第188条受雇人之情形。例如乙向甲承租房屋,留宿客人丙,因丙之重大过失致房屋遭火焚毁时,因丙并非系乙之受雇人,无适用第188条之余地,乙对甲负债务不履行责任(第434条),丙对甲负侵权责任。又例如甲借某件瓷器给乙使用,乙于期限届满交由运送承揽人丙送还,丙不慎致该瓷器灭失时,因其并非系乙之受雇人,无第188条之适用,乙及丙应分别对甲负债务不履行及侵权责任。在此情形,债务人及履行辅助人应否成立连带责任,殊值研究。郑玉波先生认为仅能成立不真正连带债务②,史尚宽先生采德国之判例学说,认为债务人之使用人于债务履行行为侵权行为时,虽一为契约违反,另一为侵权行为,仍不妨成立连带债务。③ 尚有争论。依第272条规定:"数人负同一债务,明示对于债权人各负全部给付之责任者,为连带债务。无前项之明示时,连带债务之成立,以法律有规定者为限。"准此以言,采不真正连带债务说,自有其法律上之依据,能否进一步肯定其成立连带债务,仍有待于法官造法上之突破。④

(三)债务人对履行辅助人得主张之权利

债务人因履行辅助人之故意或过失应对债权人负债务不履行之损害赔偿责任时,对该履行辅助人得主张何种权利,应视当事人间之法律关系而定:

(1)债务人与履行辅助人间有契约关系时,债务人得依该契约关系向履行辅助人请求损害赔偿。

---

① 关于第434条之解释适用,参见郑玉波:《民法债编各论》(上),第216页;史尚宽:《债法各论》,第181页。
② 参见郑玉波:《民法债编总论》,第456页。
③ 参见史尚宽:《债法总论》,第66页。
④ 关于连带债务及不真正连带之基本问题,参见 Ehmann, Die Gesamtschuld, 1972; Selb, Mehrheiten von Gläubigern und Schuldnern, 1984.

(2) 债务人与履行辅助人应依第 188 条第 1 项负连带侵权行为者,债务人(雇用人)赔偿损害后,对于为侵权行为之履行辅助人(受雇人)有求偿权(第 188 条第 3 项)。

(3) 债务人与履行辅助人无契约关系,且不成立连带责任时,则债务人原则上仅能依侵权行为之规定向履行辅助人请求损害赔偿。例如甲售 A 物给乙,约定于乙处交付,适有友人丙赴乙处,甲托丙顺路带去买卖标的物。于此情形,甲与丙间通常不成立契约关系。因丙之过失,致 A 物灭失时,甲一方面应对乙负债务不履行责任(第 226 条),他方面则得依第 184 条第 1 项规定向丙请求损害赔偿。

五、免责条款

契约当事人常利用免责条款排除或限制责任,以转嫁契约上各种危险。在使用第三人履行债务之情形,当事人得依约定排除债务人本身选任或指示履行辅助人具有过失之责任,但不得违反第 222 条:"故意或重大过失之责任,不得预先免除"之强行规定。须特别说明者,系债务人就履行辅助人之故意或过失应与自己之故意或过失负同一责任,在现行民法上系属任意规定,当事人另有订定者,不在此限(第 224 条但书),故当事人得以契约订定,对履行辅助人之故意或过失,不负责任。申言之,即债务人就其本身之故意或重大过失,虽不得预先免除,但就履行辅助人之故意或重大过失,则得约定不负同一责任。例如甲财团法人医院得与乙病患约定,对丙主治医师之故意或过失责任不负同一责任。关于此种法律状态,应说明者有四:

(1) 债务人与债权人约定对履行辅助人之故意或过失不负责任时,固可免负债务不履行责任,但其侵权责任是否仍属存在,不无疑问。在上举财团法人医院之例,病人乙因丙医师之过失遭受损害时,是否得依侵权行为规定向甲财团法人医院请求损害赔偿?为贯彻第 224 条但书之规范意旨,及当事人之意思,解释上似应认为债务人之债权责任亦被排除。

(2) 债务人与债权人约定对履行辅助人之故意或过失不负责任时,履行辅助人本身之侵权责任,原则上不因此而受影响,故在上举财团法人医院之例,病人乙仍得依侵权行为之规定向丙请求损害赔偿。

(3) 债务人对履行辅助人之故意或过失不负责任之约定,以个别磋约方式为之者,原则上因属有效,但若出之于定型化契约条款时,得否认为违反公序良俗或诚信原则而无效,实值研究。德国1976年之《一般交易条款规律法》第11条第7款明定,以一般交易条款(定型化契约条款)约定债务人对履行辅助之人故意或重大过失不负责任者,其约定无效。① 在实务上应特别提出的是,1984年度第十次及第十一次民庭会议关于定型化契约条款所作成之两项决议,认为金融机关如以定型化契约条款约定其不负善良管理人注意之义务,免除其抽象的轻过失责任,则应认此项特约违背公共秩序,而解为无效。此两项决议显示一项基本法律见解:免责条款得有效依个别磋商订定者,依定型化契约条款为之时,得因违反公序良俗(或诚信原则)而无效。② 此项法律见解亦可作为处理债务人以定型化契约条款排除第224条规定责任之参考。

(4)债编通则修正草案,已注意到债务人得依约定排除对履行辅助人故意或过失不负责任之问题,决定于第224条增设第2项规定:"第222条之规定,于前项约定准用之。"其立法理由略谓:"按第224条立法意旨,原在保护交易安全,关于代理人或使用人之故意或过失,亦应使债务人负同一责任。惟依同条但书规定,似可解为债务人对其代理人或使用人之故意或重大过失之责任,亦非不可以特约预先免除,其结果将与第222条债务人故意或重大过失之责任,不得预先排除之原则不符,爰增设本条第2项,以期一致。"此项修正草案,诚值赞同。

六、第224条之类推适用

(一)债之关系

第224条规定系适用于即存之债之关系,至于债之发生原因如何,在所不问。除契约外,对无因管理或侵权行为而生之债的关系,亦有适用余地。例如甲收留迷途之孩童乙,交其妻丙照顾,因丙之过失,致乙食物中毒。甲收留乙童应成立无因管理,管理人应依善良管理人之注意,依本人明示或得推知之意思,以有利于本人之方法为之(第172条)。丙为甲之

---

① 参见 Schloss/Cocster-Waltjen/Graba, Kommentar zum Gesetz zur Regelung des Rechts der Allgemeinen Geschäftsbedingungen, 1977, §11. Nr. 7 AGBG.

② 此两项决议所涉及之基本问题,参见拙著:《民法债编总论》(一),第76页。

债务履行使用人，甲应对其故意或过失负同一责任[1]，故对乙所受之损害应依债务不履行之规定（不完全给付），负损害赔偿责任。又例如甲驾车撞坏乙之机车，交由丙修理，因丙之过失，修理不善，乙发生车祸。在此情形，甲对乙应负侵权责任，对损坏之机车负有恢复原状之义务（第213条），丙为甲之债务履行使用人，甲就丙之故意或过失应负同一责任，故甲对乙所受之损害亦应依债务不履行规定，负其责任。

（二）缔约上过失

契约以不能之给付为标的者，其契约无效（第246条），当事人于订约时明知其不能或可得而知者，对于非因过失而信契约为有效致受损害之他方当事人负损害赔偿责任（第247条）。此为缔约上过失之个别规定，如何建立一般原则，在此不拟评论。[2] 应提出者，系第224条规定对于缔约上过失亦应类推适用之，使缔约当事人就其缔约辅助人（Abschlußgehilfe）之故意或过失负同一责任。[3] 例如甲委任丙，授权以其名义出售某画，丙因过失不知该画业已灭失，仍与乙订立买卖契约时，甲应就丙之过失负同一责任，对乙负信赖利益之损害赔偿。

（三）可归责于债权人之"使用人"的事由致给付不能

第267条规定："当事人之一方因可归责于他方之事由，致不能给付者，得请求对待给付。"本条所谓可归责于他方，系指债权人而言。因可归责于债权人之使用人的事由，致给付不能者，亦颇常见，例如甲售名贵玉杯给乙，乙遣其职员丙前往检视，处理包装运送之事，因丙之过失，致该瓶灭失时，应类推适用第224条规定，使债权人对其使用人之故意或过失，负同一责任。[4]

---

[1] 参见拙著：《民法债编总论》（一），第253页。
[2] 参见拙著：《缔约上之过失》，载《民法学说与判例研究》（第一册），北京大学出版社2009年版，第70页；刘春堂：《缔约过失之研究》，1985年度台大博士论文。
[3] Larenz, Schuldrecht Ⅰ, S. 303; Flume, Allgemeiner Teil des BGB, Band Ⅱ, Das Rechtsgeschäft, 3. Aufl. 1983, S. 808; Soergel-Wolf, §278 Rz. 10; Jauernig/Vollkommer, BGB, 3. Aufl. 1984, §278 Rz. Ⅰ.
[4] Larenz, Schuldrecht Ⅰ, S. 400.

(四) 债权人之承担第三人与有过失

1. 问题之说明

第217条规定:"损害之发生或扩大,被害人与有过失者,法院得减轻赔偿金额,或免除之。重大之损害原因,为债务人所不及知,而被害人不预促其注意或怠于避免或减少损害者,为与有过失。"本条所规定者,系被害人(债权人)应承担自己之与有过失。被害人原则上不承担第三人与有过失,惟当被害人与第三人具有一定关系时,衡诸情理,亦有使被害人承担第三人与有过失之必要。问题在于此种关系如何认定。通说认为在不法致人于死亡情形,间接被害人依第192条或第194条规定请求损害赔偿时,应承担死者(直接被害人)之与有过失。有疑问者,系被害人在何种情形应承担其法定代理人或使用人之与有过失。

2. 实务上之见解

1979年度第三次民事庭会议,有如下议案:"第224条,是否可类推适用于同法第217条关于被害人与有过失之规定,亦即在适用第217条之场合,损害赔偿权利人之代理人或使用人之过失,是否可视为损害赔偿权利人之过失,适用过失相抵之法则,有甲乙二说:甲说:第224条可类推适用于同法第217条被害人与有过失之规定,亦即在适用第217条之场合,损害赔偿权利人之代理人或使用人之过失,可视同损害赔偿权利人之过失,适用过失相抵之法则。乙说:侵权行为之被害人之法定代理人不能类推适用,其余同甲说。以上二说应以何说为当,提请公决。决议:采甲说。"

1981年高雄法院法律座谈会曾提出如下之法律问题:甲驾驶机车后载其子6岁之乙,自支线道行至无号之交叉路口,疏未减速及让干线道车先行,适有丙驾驶小客车沿线亦疏未注意超速驶至,两车擦撞,乙因此受伤甚重,其医疗费用于刑事诉讼程序中附带提起损害赔偿之诉(原告为乙,法定代理人列为甲)请求丙赔偿,法院得否因丙主张甲与有过失,斟酌减轻其赔偿金额。讨论意见有甲乙说。甲说认为:乙为无行为能力人,甲为其法定代理人,按之代理权惟限于法律行为,不及于违法行为或不作为,故法定代理人之过失不能视为赔偿权利人(即被害人)乙之过失,法院应不得斟酌减轻丙之赔偿金额。乙说:准用第224条之规定,赔偿权利人之代理人或使用人关于损害之发生或扩大与有过失时,可视为赔偿权利人自己之过失(《德国民法》第254条第2项末段,则有准用之明文,可参照),是本件赔偿权利人乙为无行为能力者,其法定代理人甲之过失亦应斟酌,法院自得减轻丙之赔偿金额,结论:同意乙说。第一厅研究意见亦依前开1979年决议认为本件研讨结论,应以乙说为是。①

又在1984年"高等法院"座谈会亦提出如下之法律问题:夫甲驾驶机车,后载妻乙,与丙车相撞肇事,甲、丙均有过失,妻乙向丙请求赔偿损害时,丙以甲有过失,对乙之请求依第217条之规定,主张过失相抵,减少赔偿金额,是否有理由? 讨论意见有甲、乙二说。甲说认为,无理由,因乙非机车驾驶人,机车驾驶人甲之过失,不能转嫁由乙负担。至于1979年3月21日第三次民事庭推总会决议,系就第224条之代理人是否包括法定代理人而为之决议。本件甲、乙为夫妻,甲既非乙之代理人,亦非其使用人,丙自不得适用第224条之规定,主张过失相抵。乙说认为,有理由,乙乘甲之机车,甲虽非乙之代理人,但可以视为乙之使用人,且就本件而言,甲、丙均有过失,而为共同肇事之原因,甲、丙对乙之受伤所致之损害,在民事上负有连带赔偿责任。丙如对乙之请求全部赔偿后,亦得向甲请求其所应分担之部分,故丙即乙就甲之过失,向乙主张过失相抵,自应类推适用第224条之规定,准为过失相抵,较为妥当,且合于诉讼经济原则。结论:乙即由其夫甲载乘,则甲虽非乙之代理人,但可视为使用人,兹甲就车祸之发生即与丙同有过失,则甲之过失应视同乙之过失,1979年3月21日第三次民事庭会议记录应有其适用。拟采乙说。第一厅研究意见同意研究结论。②

3. 分析讨论

本文所以不惜篇幅摘录实务上之见解,其目的有两个:

(1)显示此为实务上之难题,此由举行法律座谈会、民庭庭推会议,郑重研讨此事即可知之。

(2)显示法院之法律见解,关于此点应说明者有两点:

① 若干疑义之澄清:首先,赔偿权利人应否承担其代理人或使用人之过失,其所涉及者,是第224条之类推适用,而非准用(参阅高雄法院座谈会之乙说)。类推适用或准用在法律思维上应有区别之必要。其次,适

---

① 参见《民事法律问题研究汇编》,1988年,第143页。
② 参见《民事法律问题研究汇编》,第146页。

用第224条时,法定代理人之行为不限于基于代理权而为之法律行为,凡与债之履行有关之行为均包括之。例如甲开电气行,其后受禁治产宣告,其父(法定代理人)前赴客户家修缮电视,虽非法律行为,债务人仍应就其行为负责。再次,高等法院法律座谈会乙说支持类推适用第224条规定之主要理由,为"此合于诉讼经济原则"。诉讼经济原则在程序法上应予重视,但不宜以此作为决定实体法权利义务之主要理由。最后,高雄法院法律座谈会乙说以"《德国民法》第254条(相当于台湾地区'民法'第217条)第2项末段准用《德国民法》第278条(相当于台湾地区'民法'第224条)之明文,作为支持未成年孩子应该承担法定代理人与有过失之理由。"比较法可作为法律之解释适用,在方法论上固属正确①,但不宜纯作文义上之比较。在德国判例学说上关于"《德国民法》第278条之准用",有"构成要件准用"及"法律效果准用"之重大争论,并非因为有准用之规定,而径认为未成年子女因侵权行为遭受损害,即当然应承担法定代理人之与有过失。②

② 类推适用第224条之基本问题,在于应否以被害人与加害人之间具有债之关系为其要件。③ 在当事人间具有债之关系时,衡诸"基本上相同者,应相同处理"之平等原则,应有类推适用第224条之余地,例如甲有某物交乙运送,该物为易碎之玉盘,甲之法定代理人丙(或使用人丁)因包装未妥,未预促债务人乙注意时,甲对丙(或丁)之过失应与自己之故意或过失负同一责任。真正的困难在于被害人与加害人间无债之关系时,究应有无类推适用第224条规定之余地。就法律方法论言,问题在于所谓类推适用第224条,究系指其整个要件而言(须有债之关系),抑或仅指其法律效果(不必有债之关系)。1979年民庭会议决议,系采后说。高雄法院及高等法院亦采此见解,认为夫驾驶机车后载其妻,夫为妻之使用

---

① 参见拙著:《比较法与法律之解释适用》,载《民法学说与判例研究》(第二册),北京大学出版社2009年版,第1页。

② 德国法之争论,参见 Larenz, Schuldrecht Ⅰ, S. 545; Hezmann Lange, Schadensersatz, 1979, 371; Magnus, Drittmitverschulden im deutschen, englischen und französischen Recht, 1974. 并请参见陈添辉:《第三人之与有过失》,1983年度台大硕士论文。

③ 以下及有关资料论述,参见拙著:《第三人与有过失》,载《民法学说与判例研究》(第一册),北京大学出版社2009年版,第58页;詹森林:《机车骑士与其搭载者间之与有过失之承担——1985年度台上字第1770号及1985年度2306号判决之讨论》,载《万国法律杂志》第43期(1989年2月1日),第15页以下。

人,妻应承担夫(使用人)之与有过失,父驾驶机车后载其未成年之子,父为法定代理人,子应承担法定代理人之与有过失,均不以被害人与加害人间具有债之关系为要件。

本文认为,第 224 条之适用,既以有债之关系的存在为前提,则该条对第三人与有过失之类推适用,自应以赔偿权利人与赔偿义务人具有债之关系为其要件。在无债之关系之情形,宜分别情形处理之:

(1)使用人对损害之发生与有过失时,赔偿权利人应承担其过失,其理由为使用他人者,宜承担其危险性,乘搭他人便车,为其著例。此外将物品交由他人利用或保管者,亦应承担该所谓"保管辅助人"之与有过失[1],例如甲借某车给乙度假,在高速公路与丙驾驶车互撞,甲对丙请求损害赔偿时,亦应承担乙之过失。

(2)有争论者,系未成年人子女受他人侵权行为之不法侵害时,应否承担法定代理人之过失。[2] 1979 年 3 月 21 日民庭会议决议结论采肯定说,实务上此后一直采此见解。[3] 本文则认为宜采否认说,其主要理由有三:① 法定代理人不是未成年人所选定,与使用人之情形不同;② 法定代理制度旨在保护未成年人,不能使未成年人因而遭受不利益;③ 保护未成年人是基本原则,倘未成年人须承担其法定代理人之与有过失,不能向加害人请求全部损害赔偿,于法定代理人无资力时,未成年人将难以获得人身或财产全部损害恢复原状,不能保护未成年人利益。《德国民法》第

---

[1] 参见 Esser/Schmidt, Schuldrecht Ⅰ, S. 580; Larenz, Schuldrecht Ⅰ, S. 547.

[2] 关于其他学校之法定代理人,参见 1983 年度台上字第 2373 号判决之"损害赔偿权利人之代理人或使用人,关于损害之发生或扩大与有过失时,依第 224 条类推适用于同法第 217 条被害人与有过失之规定,可视同损害赔偿权利人自己之过失,即有过失相抵法则之适用,学校之校长,为学校之法定代理人,对于本件学校工程损害之发生,如与有过失时,赔偿义务人自非不得依过失相抵之规定为抗辩之主张"。在本案判决,学校与学校工程承揽人间具有债之关系,应有第 224 条类推适用之余地。

[3] 有两则判决可供参考:(1)在 1980 年台上字第 3558 号判决一案,被上诉人以灌制香肠为业,1979 年 12 月 19 日 19 时 40 分许,在上诉人住宅后庭院灌制香肠。上诉人之法定代理人在场帮忙绑香肠,被上诉人疏未注意将绞肉机之电源线拔掉,或置之于小孩所不能碰及之处所,致 1975 年 4 月 16 日出生之上诉人,玩弄绞肉机时,上诉人年甫 7 岁之姊陈碧珠开电源开关,绞肉机将上诉人之左手前端压碎。被上诉人固难免其过失责任,上诉人之法定代理人在场疏未阻止小孩玩弄绞肉机,就此结果之发生亦属与有过失。判决谓:"查被害人之法定代理人就损害之发生如有过失亦属第 217 条所定之'被害人与有过失',而有过失相抵原则之适用。"(2) 1983 年台上字第 4153 号判决谓:"查被上诉人疏未告诫其子于溪流浸围桥时,应绕道返家,致郑金展遭受不幸,被上诉人就损失之发生,与有过失。"

254条第2项(相当于台湾地区"民法"第217条)虽有准用《德国民法》第278条规定之明文,但判例学说基于上开理由亦强调对侵权行为被害人之法定代理人不宜"准用"。[1] 英美法原亦认为未成年人人格与其父母同属一体,故应承担其父母之过失。其后为了尊重未成年人人格之独立性,逐渐扬弃传统见解,认为将父母之过失加诸子女身上系属野蛮之规定。英国法院曾经明确表示,子女应承担父母过失之原则,业已放入棺材,最近更有判决强调,此项原则不仅放入棺材,而且已用铁钉封棺,使之不能复出为患。[2] 依中华民族习俗,父债子偿之古老原则,业已成为法制史上之陈迹,父过子承之观念,是否会遭受同样的命运?

七、结 论

本文旨在对第224条债务履行辅助人责任之基本问题,整理台湾地区之判例学说,试作简要论述,综述如下:

(1)债务人应对其履行辅助人关于债务之履行之故意或过失负同一责任,在法律性质上系属担保责任,为无过失责任之一种,立法理由在于权衡当事人之利益,使债务人承担利用他人履行债务之危险性。

(2)就构成要件言:① 除法定代理人外,履行辅助人须依债务人之意思而为债务人之履行,但不以有监督指示关系为必要,铁路局或邮局等包括在内。法人之机关履行债务具有故意或过失时,法人径负债务不履行责任,无适用或类推适用第224条规定之必要。② 关于债之履行,除给付义务外,尚包括附随义务在内,但须与债之履行具有内在关联。履行辅助人乘履行债务之机会而为之侵权行为,系属一般生活上之危险,不宜归由债务人负担。③ 履行辅助人之故意或过失以债务人本身之归责事由为判断标准。④ 关于债务不履行之能力,在法定代理人之情形,应就法定代理人本身认定之;在使用人(包括意定代理人)之情形,通说认为

---

[1] Esser/Schmidt, Schuldrecht Ⅰ, S. 580; Larenz, Schuldrecht Ⅰ, S. 545f.

[2] Winfield and Jolowicz on Tort, Tenth Edition, 1975, p. 112: "This single method of visiting the sins of the father upon the child received its death blow in 1985(笔者附注:Bernina(1883)13 App. Cas. 1), and in 1993 Oliver v. Birmingham, etc. Omnibus Co Ltd. drove the last nail in its coffin"关于英美法上 Imputed Contributory Negligence 之简要论述,参见 Fleming, The law of Torts, Sixth edition, 1983, pp. 260-4.

应就使用人本身认定,但有力的学说认为应就债务人认定之,可供参考。

(3) 债务人就履行辅助人之故意或过失应与自己之故意或过失负同一责任时,债务人应负给付不能、给付迟延或不完全给付之责任。

(4) 依第224条但书规定,债务人得与债权人约定对履行辅助人之故意或过失,不负同一责任。此项免责条款是否合理,实值研究,其以定型化契约条款方式为之者,尤值商榷。在立法政策上宜明定履行辅助人之故意或重大过失责任不得排除。

(5) 第224条规定对缔约上过失或可归责于债权人事由之给付不能,均有类推适用之余地。于第三人与有过失之情形,在如何程度得类推适用第224条规定,系实务上之重要问题。"最高法院"认为类推适用第224条于第三人之与有过失,不以损害赔偿权利人与加害人间有债之关系存在为必要,故未成年人子女因侵权行为受有损害,亦应承担其法定代理人之过失。此项见解是否符合类推适用之要件,是否足以贯彻法定代理制度之功能,是否不违背保护未成年人之基本原则,似仍有研究余地。

(6) 第224条规定不是请求权基础,仅在决定第三人行为在债务不履行(尤其是契约责任)之归责问题。第188条关于雇用人侵权责任之规定,则为请求权基础。契约责任与侵权责任之不同,表现于第224条及第188条规定之差异,其适用关系影响民事责任体系结构之变迁,实值注意。

出售之土地被征收时之危险负担、不当得利及代偿请求权[*]

一、问题之提出

已出售之土地,于交付后,未办所有权移转登记前,被征收时,买受人得否向出卖人请求让与征收补偿费请求权,或交付其所受领之补偿费,系目前实务上之重大争论问题。"司法院"第一厅曾分别于1984年及1986年两度发表研究意见,"最高法院"亦于1987年7月4日著有判决,见解未尽一致,殊值研究,问题在于买受人之请求权基础(Anspruchsgrundlage)。[①] 而此又涉及买卖之危险负担、不当得利及代偿请求权等民法基本问题,若干误会,有待澄清,特撰本文分析检讨之。

二、买卖之土地被征收与第373条之适用

(一) 两则研究意见

嘉义法院法律座谈会,曾讨论如下之法律问题:甲将建地一笔出售予乙,并已交付,乙亦付讫价款,惟在办毕所有权移转登记前,该地被征收,乙即向征收机关表示,地价补偿费应由其领取,然为甲所反对,征收机关乃以不能确知孰为债权人为由,将该地价补偿费向法院提存,并以取得胜

---

[*] 本文原载《法令月刊》第28卷,第11期,第5页。
[①] 请求权基础,是法律思考的出发点,最足重视,在教学研究上特值强调,参见拙著:《基础理论》,载《民法实例研习丛书》。

诉判决为受领条件；乙即本于第 225 条第 2 项代偿请求权之规定，诉请甲让与该地价补偿费请求权暨确认乙领取该地价补偿费提存款之权利存在，是否有理？

第一厅提出如下研究意见：按征收土地应给付之地价补偿费，苟已具体发生，其请求权即非不得让与（参阅 1983 年度台上字第 450 号判决），自得为第 225 条第 2 项代偿请求权之标的。而买卖标的物之利益及危险，自交付时起，均由买受人承受负担，第 373 条前段定有明文。故本件甲将建地出卖予乙，并已交付，乙亦已付清价金，虽在办毕所有权移转登记前，土地被征收，然该土地之危险及利益自交付时起均归于乙，甲取得地价补偿费即属因发生给付不能之事由而取得之利益，乙当得请求让与其请求权。研讨结论，照修正之审查意见通过，核无不合。①

须注意的是，第一厅曾于 1984 年就类似问题采取如下之研究意见：按第 266 条系属双务契约危险负担之一般规定，同法第 373 条则系就买卖标的物利益危险之承受负担为特别规定，依题旨所示，本件既属买卖契约，其危险负担自应依第 373 条规定决之，故买受人乙虽未取得土地所有权，惟出卖人甲既已将土地交付，则土地被征收之危险，即应由买受人乙负担，买受人乙已交付之价金，自不得请求返还。惟土地被征收后，主管机关发给土地所有人即出卖人甲补偿费时，依承受利益负担危险同归一人之规定，买受人乙自得请求甲交付。②

（二）分析检讨

上开第一厅 1984 年度之研究意见，认为买受人得向出卖人请求交付土地征收补偿费，其主要理由为第 373 条所称之利益，系指代替利益而言，并包括土地征收补偿费在内，但未明确指出买受人请求权基础。1986 年度之研究意见，一方面再度肯定第 373 条所称之利益，应包括土地征收补偿费，另一方面更明确表示第 225 条第 2 项为买受人请求补偿费之法

---

① 参见《民事法律问题研究汇编》（五），1987 年，第 20 页。
② 参见《民事法律问题研究汇编》（五），1987 年，第 26 页。

律依据。首先应该检讨者,系第一厅第 373 条之意见。①

第 373 条规定:"买卖标的物之利益及危险,自交付时起,均由买受人承受负担,但契约另有订定者,不在此限。"本条所称"危险",系指买卖标的物因不可归责于双方当事之人事由,致标的物灭失、毁损、被征收或因其他事因不能给付时,买受人是否仍有支付价金之义务而言,学说上称之为对待给付危险(Gegenleistungsgefahr)或价金危险(Preisgefahr)。例如甲出售某屋给乙,于交付后,办毕所有权移转前,该屋遭火灾意外灭失时,甲免给付义务(第 225 条第 1 项)。依第 266 条规定:"因不可归责于双方当事人之事由,致一方之给付全部不能者,他方免为对待给付义务。"此系双务契约危险负担之一般原则,第 373 条系属例外规定,故买受人仍有为对待给付(支付价金)之义务。此为判例学说之一致见解,尚无争论。②

有疑问者,系第 373 条所称之利益究指何而言,是否包括代替利益在内。第一厅采肯定说,就文义言,似亦有据,实则不然,其理由有二:

(1) 第 373 条基本上系仿自《德国民法》第 446 条第 1 项规定,即不动产自交付时起,标的物之收益(Nutzungen)归属于买受人,其所称利益,依《德国民法》第 100 条规定,系指物或权利之孳息,及因物或权利之使用而赋予之利益。③ 第 373 条所称之利益,原则上应与《德国民法》上开条

---

① 第 373 条及第 374 条关于危险负担之规定,"最高法院"著有甚多之判例及判决,若干问题值得再行检讨,例如"交付"是否仅限于现实支付;未交付但已移转所有权时,是否发生危险负担;出售之土地已登记给买受人,但未交付时,买受人得否依第 767 条规定向出卖人请求交付其地;又第 373 条规定于赠与,有无准用余地,诸此问题将另撰文检讨之。参见廖义男:《买卖不破租赁与利益承受之时点及交付之观念》,载《台大法学论丛》,1985 年度《民商事裁判研究专集特刊》(1986 年 11 月),第 259 页。

② 参见 1942 年台上字第 1040 号判例:第 373 条规定买卖标的物之利益及危险,自交付时起,均由买受人承受负担,是买卖标的物苟已交付,虽所有权尚未移转,其危险亦由买受人负担。本件被上诉人向某甲买受之船,乙由某甲交付被上诉人收受,如被上诉人与某甲并无第 373 条但书所称之特别订定,该船之危险即由被上诉人负担,某甲自得向上诉人请求支付价金,而上诉人代被上诉人向甲支付价金后,要非被上诉人所得请求返还。

③ 关于《德国民法》第 446 条规定,参见 Larenz, Schuldrecht Ⅱ, Halbbank 1, Besonderer Teil, 13. Aufl. 1986, S. 96f.; Palant/Putzo, Kommentar zum Bürgerlichen Gesetzbuch, 46. Aufl. 1987, §446.

文所称之利益,作同一之解释。①"最高法院"判例一向亦采此见解,认为所谓标的物之利益,系指收益权而言。1944年第604号判例谓:"不动产买卖契约成立后,其收益权属于何方,依第373条之规定,应以标的物已否交付为断。"所谓收益权,实务上以租金(法定孳息),最为常见。1957年台上字第64号判例谓:"买受人于缔结买卖契约之前已本于租赁关系而占有标的物,买卖契约成立之日即为标的物交付之时,故标的物之利益由此归买受人承受,出卖人不得再以出租人身份请求租金。"可供参照。②

(2) 给付标的物灭失(或被征收时),其代替利益(例如损害赔偿或补偿费)应归属于谁,原则上应依物权关系决定之。甲出卖A屋于乙,虽已交付,但迄未办理登记,设该屋被丙纵火毁灭时,应由甲向丙请求损害赔偿,自不待言。至于乙得否向甲请求让与其对丙之损害赔偿请求权或交付其所领之损害赔偿,系属第225条第2项之规范范畴,不必绕道第373条,特别解释其所称之利益,系指代替利益,包括损害赔偿(或补偿费)在内。第一厅研究意见以第373条之规定为适用第225条第2项之前提,似有误会,实际上亦无必要。关于此点,仅须举出一例,即可知之;甲出卖A屋于乙,该屋于交付及登记前,被丙纵火毁灭。试问于此情形,乙得否向甲请求交付其自丙所受领之损害赔偿?其答案应为肯定,殆无疑问,而其请求权基础即为第225条第2项。由此可知,第225条之适用,与第373条规定并无任何体系或逻辑上之关联。

三、买受人之不当得利请求权

(一) 1987年台上字第1241号判决

出售之土地,交付后被征收时,依第373条规定,其危险应由买受人

---

① 第373条系源自《民律草案》第598条第1项规定:"买卖标的物因不可抗力而有灭失或毁损之危险者,自标的物交付时起,其危险亦归于买主。至买卖标的物之收益及担负,亦同。"理由按:"谨买卖之标的物,于其交付前,因天灾及其他不可抗力而灭失毁损,其损失应归何人担负?古来学说聚讼,立法例亦不一致,此即所谓危险担负之问题是也。本案以买卖之标的物自交付时始,其危险归于买主,物之收益,或物之负担亦然,为合于当事人之意思,故设第1项以明示其旨。"由此可知,第373条所称之"收益",系指物之"利益",无疑也。
② 郑玉波:《民法债编各论》,第69页谓:"利益承受指买卖标的物所生利益之取得而言。所谓利益,如天然孳息、法定孳息均是。"亦同此见解。

负担之,买受人仍有支付价金之义务。于此情形,买受人得否依不当得利规定,向出卖人请求返还其所受领之补偿费。1987年台上字第1241号判决涉及此一重要问题,因迄未公布,查阅不易,特录其判决理由如下:

本件被上诉人主张:傅雨霖、杨明珠、杨吴宝及黄隆盛、黄高兰、黄梨阳、黄丽香、黄丽月、黄丽华6人(以下简称黄隆盛等)之被继承人黄水泉;黄谢宝凤、黄清海、黄秀云、黄秀美四人(以下简称黄谢宝凤等)之被继承人黄丁财于1970年7月1日推杨吴宝为代表,与上诉人订约,买受上诉人所有坐落台北市双圆区东圆段359之9号及359之11号内部分土地,经上诉人于1970年9月1日交付傅雨霖、杨明球、黄水泉、黄丁财及杨吴宝(以下简称杨吴宝等)使用。该买受部分于1970年9月23日自359之9号土地分笔359之14号土地,面积62.618坪为路地;并自359之11号土地分笔359之12号土地,面积35.393坪为建地,经上诉人于1971年1月10日将上开建地所有权按黄丁财应有部分3/12、黄水泉应有部分3/12、傅雨霖应有部分2/12、杨明球应有部分3/12、杨吴宝应有部分1/12办理移转登记。至359之14号土地则延未办理所有权移转登记。1977年4月29日359之14号土地及359之13号土地经并入359之9号土地,并变更地号为台北市双圆区万大段一小段57号,嗣于1985年12月4日经台北市办理征收。上开359之14号土地既经上诉人交付杨吴宝等使用,依第373条规定,其利益及危险均由杨吴宝等承受负担,上诉人受领359之14号土地之补偿费新台币(下同)4 478 133元,系属不当得利,应按杨吴宝等之应有部分分别返还于伊等情,求为命上诉人给付傅雨霖746 356元,杨明珠1 109 533元,杨吴宝373 178元,黄隆盛等1 119 533元、黄谢宝凤等1 119 533元,并各自1986年10月4日起算付法定迟延利息之判决。

上诉人则以:伊未将359之14号土地出卖予杨吴宝等,且伊系本于所有权受领补偿地价,并非不当得利云云,资为抗辩。

原审以:被上诉人就其主张之事实,已据提出不动产买卖契约书及公契副本为证,并经证人黄智达证明属实。查依土地登记簿之记载以观,359之12号土地系于1970年9月23日自359之11号土地分笔而来,359之14号土地则于同日自359之9号土地分割而得。359之12号土地价金为265 447.5元,359之14号土地为路地,价金93 927元,合计359 374.5,业经杨吴宝等付清,有不动产买卖契约书之记载可稽,且经黄智达证称无异。上诉人亦承认于1970年9月1日受领第三次款时,将建地交付杨吴宝使用。又据黄智达证称:杨吴宝等买受359之14号土地,经上诉人同意按黄丁财应有部分3/12、黄水泉应有部分3/12、傅雨霖应有部分2/12、杨明球应有部分3/12、杨吴宝应有部分1/12办理移转登记,复有公契之记载足凭。上开359之14号土地,于1970年9月1日经上诉人交付杨吴宝等使用等情,亦经黄智达证明属实。嗣台北市因实施地籍图重测,于1977年4月29日将359之14号及359之13号土地并入359之9号土地,并变更地号为台北市双圆区万大段一小段57号,迨1985年12月4日办理征收,发给补偿地价15 379 200元,扣除土地增值税、旧欠地价税及印花税后,尚余12 760 038元。此项土地之代替利益,依第373条规定,应归被上诉人取得,上诉人虽有所有权,土地既经交付,即无权享有,自属不当得利。按359之14号土地之面积为207平方公尺,占全笔征收土地,即合并后359之9号土地面积589平方公尺中之207/589,其补偿地价应为4 484 427.6元。依照被上诉人之应有部分计算,可得金额如下:傅雨霖为747 404.6元;杨明珠为1 121 106.9元;杨吴宝为373 702.3元;黄隆盛等为1 121 106.9元;黄谢宝凤等为1 121 106.9元,被上诉人请求给付上开各款并自1986年10月4日起加付法定迟延利息即无不合,因而将第一审所为不利于被上诉人之判决废弃,改判如被上诉人之所声明。查第373条前段规定买卖标的物之利益及危险,自交付时起,均由买受人承受负担,系指买卖标的物交付后,买受人对之有收益权;其因事变致标的物罹于灭失或毁损发生之不利益亦由买受人负担。此与标的物所有权之移转系属两事。本件被上诉人(黄隆盛等系继承黄水泉之买受人地位;黄谢宝凤系继承黄丁财之买受人地位)向上诉人买受系争359之14号土地,尚示经上诉人办理所有权转移登记,即于1985年12月4日经台北市办理征收,将补偿地价发给上诉人,然该笔土地早于1970年9月1日即已交付杨吴宝等使用等情,为原审合法确定之事实,则上开土地之利益及危险,虽自1970年9月1日起即由被上诉人承受负担,但被上诉人自始未曾取得所有权,而上诉人所负移转所有权之债务已属给付不能,亦仅发生被上诉人如何依债务不履行之规定,主张其权利之问题。上诉人不履行债务时,其债务不能因此免除,自无利益可得,尚难谓被上诉人因上诉人之受利益致受损害。抑有进者,上诉人系本于所有权而受领补偿地价,要非无法律上之原因可比,被上诉人依不当得利之法则请求上诉人将受领之补偿地价返还,殊非有理。第一审驳回被上诉人之诉后,原审徒凭上揭理由,将该判决废弃,改为如被上诉人声明之判决,其适用法规自属违误。上诉论旨,声明废弃原判决,非无理由,应由本院依原审定之事实,将原判决废弃,改为驳回被上诉人第二审上诉之判决,俾臻适法。

(二) 分析检讨

在上开判决,原审法院所以认为,买受人得依不当得利规定向出卖人请求返还其所受领之补偿费,乃以第 373 条所称之利益系指代替利益,为其理论基础,而此项见解或系受第一厅 1984 年度研究意见之影响,亦未可知。"最高法院"明确肯定第 373 条所称之利益,不包括代替利益,立论正确,实值赞同,至其理由,前已论及,兹不赘。

须再检讨者,系买受人之不当得利请求权。"最高法院"谓:"上开土地之利益及危险,虽自 1970 年 9 月 1 日起即由被上诉人承受负担,但被上诉人自始未曾取得所有权,而上诉人所负移转所有权之债务已属给付不能,亦仅发生被上诉人如何依债务不履行之规定,主张其权利之问题。上诉人不履行债务,其债务并不能因此免除,自无利益可得,尚难谓被上诉人因上诉人之受利益致受损害。抑有进者,上诉人系本于所有权而受领补偿地价,要非无法律上之原因可比,被上诉人依不当得利之法则请求上诉人将受领之补偿地价返还,殊非有理。""最高法院"分别依序就① 出卖人是否受有利益;② 是否致买受人受损害;③ 是否无法律上之原因,检讨不当得利请求权之构成要件,甚为周详,甚值赞佩。须注意的是,认为出卖人未受有利益,此项论点,似尚有研究余地。

出卖之土地被征收,出卖人受领补偿费,受有利益,甚为显然。问题在于此项所受利益,是否因出卖人应负债务不履行责任,而认为其终局并未受利益。"最高法院"似采此见解,亦有所据,自不待言。惟从另一观点言之,出卖人因物之灭失或被征收,而受有代替利益(损害赔偿或补偿费)系属一事,出卖人应负债务不履行责任,则属另一件事,不宜混为一谈。依之见解,出卖人是否受有利益,将视其是否应负债务不履行而定:其对给付不能应负债务不履行责任者(第 226 条),未受有利益,反之,则受有利益。本文认为,受领人是否受有利益,应就其客体具体认定之,而不能就受领之整个财产状态加以判断,准此以言,出卖人受领补偿费,受有利益,不因其应否负债务不履行责任,而受影响。

　　出卖人因受领土地补偿费而受有利益,已如上述,应再检讨者,系是否"致"买受人受损害,关于此点,应采否定说,盖出卖人在办毕登记前,仍为土地所有人,在法益归属(Gütezuordnung)上,其补偿费本应归由出卖人取得,并未因此而"致"买受人受损害,故不成立不当得利。上开判决,自结论以言,自值赞同。

　　须特别提出说明者,系第266条规定:"因不可归责于双方当事人之事由,致一方之给付全部不能者,他方免为对待给付之义务;如仅一部不能者,应按其比例减少对待给付。前项情形已为全部或一部之对待给付者,得依关于不当得利之规定,请求返还。"所谓"依不当得利之规定请求返还",学者多认为系属一种真正之不当得利,即具备了不当得利之构成要件,胡长清先生认为:"此即债权人之权利即已消灭,即已无法律上之原因故也"。① 史尚宽先生亦强调于此情形债权人之给付为无法律上之原因,得基于目的消灭之不当得利请求权,请求返还。② 第266条第2项系采《德国民法》第323条第3项之立法例,德国学者亦有采同样见解③,惟通说认为,所谓"依不当得利之规定",系指依不当得利之法律效果而言,其理由为对待给付请求权虽属消灭,但债之关系(或契约本体)仍继续存在,债权人仍得主张代偿请求权,故债务人受领给付仍有法律上之原因。④ 此项见解,可供参考。

四、代偿请求权:第225条第2项之适用

　　已售之土地,在办理所有权移转登记前,被征收者,应属不可归责于双方当事人事由,致给付不能。于此情形,买受人得主张何种权利,应视土地已否交付而定。土地迄未交付时,买受人得依第266条第2项规定,依不当得利规定请求返还其所支付之价金;亦得依第225条第2项规定请求让与补偿费请求权或交付其所受领之补偿费,惟于此情形买受人仍

---

① 胡长清:《民法债编总论》,第382页。
② 参见史尚宽:《债法总论》,第574页。
③ 参见 Emmerich, Das Recht der Leistungsstörungen, 2. Aufl. 1986, S. 94.
④ Esser/Schmidt, Schuldrecht I, Allgemeiner Teil, 6. Aufl. 1984, S. 316; Jauernig/Vollkommer, Bürgerliches Gestzbuch, 3. Aufl. 1984 §323 Anm. 3; Palandt/Heinrichs, §323 Anm. 3.

负支付价金之义务,自不待言。设土地已交付时,卖受人依第 373 条规定,应负担价金危险,无第 266 条之适用,故买受人仅能依第 225 条第 2 项规定主张其权利。①

关于第 225 条第 2 项之适用,有三点应予说明:

(1) 第 225 条第 2 项关于代偿请求权之规定,对双务契约,亦有适用余地,惟债权人应于代偿利益范围内,为对待给付。

(2) 第 225 条第 2 项所称之损害赔偿是否包括土地征收补偿费?损害赔偿,一般言之,系指因侵权行为或债务不履行所负之赔偿责任,或保险契约之损害赔偿,就文义而言,似不包括征收补偿费在内。惟查第 225 条第 2 项系仿自《德国民法》第 281 条第 1 项之规定:"Erlangt der Schuldner infolge des Umstandes, welcher die Leistung unmöglich macht, für den geschuldeten Gegenstand einen Ersatz oder einen Ersatzanspruch, so kann der Gläubiger Herausgabe des als Ersatz Empfangenen oder Abtretung des Ersatzanspruchs verlangen."第 225 条第 2 项所称损害赔偿,乃德文"Ersatz"之迻释,在德国法上,损害赔偿称为"Schadensersatz", Ersatz 一语,译为中文应为"赔偿"或"补偿"、与罗马法上之 Stellvertrendes commodum(代偿物)相当,其意义较广,不限于 Schadensersatz。依德国判例学说之一致见解,Ersatz 亦包括征收补偿费在内,向无疑问。② 准此以言,就比较法之解释原则以言③,第 225 条第 2 项之损害赔偿,亦应从广义,包括土地补偿费在内。倘拘泥文义,认为损害赔偿不能兼括土地补偿,买受人不能请求,则势将造成出卖人之不当得利,非属妥适,甚为显然。

(3) 土地征收补偿请求权,性质上系属公法上之请求权。实务上曾一再强调,地价补偿费之给付系属公法上之行政行为,自应循行政争讼程

---

① 参见拙著:《出卖之土地于移转登记前被征收时,买受人向出卖人主张交付受领补偿费之请求权基础》,载《民法学说与判例研究》(第五册),北京大学出版社 2009 年版,第 169 页。
② 参见 Larenz, Schuldrecht Ⅰ, Allgemeiner Teil, 1986, S. 333。
③ 关于"比较法与法律之解释适用",参见拙著:《民法学说与判例研究》(第二册),北京大学出版社 2009 年版,第 1 页。

序解决,非审理私权之普通法院所可审认。① 此项见解虽属正确,但不能因此认为此项地价补偿请求权不得为私法上让与之标的。② 纵使认为其在私法上不得让与,亦得于补偿金交付或提存后请求之。③

最后应再说明者,系第 225 条第 2 项之规范目的。胡长清先生谓:"因不可归责于债务人之事由致给付不能,债务人免给付义务固矣,然债务人非无因此给付不能之事由对第三人取得利益者,例如给付物为第三人所毁灭,债务人对于第三人而有侵权行为之损害赔偿请求权是。如于此场合,不认债权人有代偿请求权,则是债务人反因不能给付而得不当之利益,甚为不当……"④第 225 条第 2 项旨在调和不当之财产价值之分配(Ausgleich unrichtig gewordener Verteilung von Vermögenswerten)⑤,其规范目的,与第 179 条所规定之不当得利,固相类似。但其构成要件,显有不同,虽同基于公平之理念,仍应严格区别,不能混为一谈,应请注意。

五、结　　论

关于出售之土地,于办毕所有权移转登记前,被征收时之法律关系,综合说明如下:

(1) 出售之土地在交付前被征收时,由出卖人负担对待给付(价金)

---

① 依法征收土地,系属行政行为(公法上行为)而非私法行为,故因征收土地而应补偿地价补偿费,亦非被征收土地所有人在私法上享有之权利,而系法律规定由需用土地人负担,并缴交该管市县地政机关转发之。("土地法"第 236 条第 2 项)给付之诉,须原告对于被告在私法上有特定的请求权,被告有给付之义务,始得提起。至于在公法上有得请求之权利者,则仅能依公法之程序为之,而不得提起民事诉讼请求给付(例如应得诉请给付水灾救济金,不得诉请给付因拓宽道路而拆屋之补偿费等是)。本件判决认为原告请求给付因征收土地之地价补偿金系属私法上债权之清偿问题,不无违误。[《指正汇编》(一),第 611 页]。

② 关于公法上请求权让与所涉及之问题,非本文所能论述,就原则言,法律有规定者,依其规定,未规定者,应斟酌公法上请求权之特殊性而决定第 294 条以下规定有无类推适用之余地,参阅 Palandt/Heinrichs,§398 Anm.1(附有资料)。

③ 1983 年台上字第 450 号判决谓:"征收土地应给付之地价补偿费,苟已具体发生,其请求权非不得依债权让与方法,而为让与。此让与债之意思表示,并无由法院判决之规定,本件被上诉人主张两造已约定由其领取地价补偿费云云,果属实在,则上诉人显已为债权让与之意思表示。然其又向法院请求判决上诉人应同意其领取讼争补偿费,究竟有何法律上之依据,原审未予推阐明晰,遽凭上开理由,而为不利于上诉人之判决,尚欠允洽。"

④ 胡长清:《民法债编总论》,第 290 页。

⑤ RG 120, 299; 138, 45; 157, 45.

之危险(第266条);在交付后被征收时,由买受人负担对待给付(价金)之危险(第373条)。

(2) 第373条所称利益,系指物之收益而言,非指买卖标的物灭失或被征收之代替利益(损害赔偿或补偿费)。第一厅1984年及1986年度二则研究意见均有误会。

(3) 在1978年台上字第1241号判决一案,原审法院认为,买受人得依不当得利规定请求出卖人返还受领之补偿费,亦有误会,"最高法院"废弃之,实值赞同。

(4) 买受人得向出卖人主张交付其所领补偿费之请求权基础为第225条第2项。第225条第2项所称损害赔偿,依其规范目的,应解释为包括补偿费在内,无论出售之土地交付与否,均有适用余地。

物之瑕疵担保责任、
不完全给付与同时履行抗辩[*]

一、问题之说明

民法除于债编通则对债之效力(第219条以下)设一般规定外,复于债编分则就出卖人之物之瑕疵担保责任,另设详细规定(第354条以下)。在此种体系结构上,物之瑕疵担保责任与总则编关于物之性质的错误(第88条第2项)及债编通则关于债务不履行之一般规定,究竟具有何种适用关系,得否竞合,乃成为理论及实务上之重大疑难问题。[①] 近年来,法学界对此问题已从事较深刻之研究,钱国成先生及郑玉波先生关于物之瑕疵担保责任与不完全给付之卓见[②],林诚二先生关于瑕疵担保责任与错误之论文[③],对于阐释问题争点,揭示解决方法,著有贡献。

应特别提出的是,目前实务上关于物之瑕疵担保责任、不完全给付与同时履行抗辩之问题,意见分歧,甚有争论。"最高法院"特别指定数位

---

[*] 本文原载《万国法律杂志》第41期,第3页。
[①] 参见梅仲协:《民法要义》,第256页;史尚宽:《债法各论》,第46页。关于德国法,参见Esser/Weyers, Schuldrecht Ⅱ, Besonderer Teil, 6. Aufl. 1984, S. 59f.; Fikentscher, Schuldrecht, 7. Aufl. 1985, S. 452f.; Larenz, Schuldrecht Ⅱ, Halbband Ⅰ, Besonderer Teil, 13. Aufl. 1986, S. 66f.; Gillig, Nichterfüllung und Sachmangelgewährleistung, 1984.
[②] 参见钱国成:《不完全给付与瑕疵担保》,载《法令月刊》第29卷,第4期,第1页;郑玉波,《论不为给付与不为完全之给付》,载《法令月刊》第30卷,第2期,第3页。参见刘孔中:《积极侵害债权之研究》,台大1985年硕士论文。
[③] 参见林诚二:《瑕疵担保责任与错误》,载《中兴法学》第20期,第253页以下。

学养俱佳之推事,组成专案小组,提出研究报告①,经由民庭会议采为决议,实值重视。

二、决　议

在1988年度第七次民事庭会议,院长交议:甲向乙购买货物一批,价金新台币5万元,经签发同额远期支票一纸,交付予乙,以资清偿。嗣后甲发现,该批货物有应由乙负担保责任之瑕疵,乃即通知乙,迨支票票载发票日,又故意使支票不获支付。乙于是起诉请求甲支付票款。问:甲可否以乙交付之货物有瑕疵,应负物之瑕疵担保责任或债务不履行责任为由,提出同时履行之抗辩? 有甲、乙、丙三说。

甲说认为,乙既应负第354条之瑕疵担保责任,则在乙未依债务本旨履行其给付义务以前,依第359条及第254条第1项前段规定,甲得拒绝自己之给付,从而本件支票既为对待给付之一部价金,依"票据法"第13条前段规定之反面解释,甲即得据以直接对抗执票之乙,拒绝给付票款(参阅1966年台上字第1937号判决)。乙之请求无理由。

乙说认为,甲仅得依民法上关于买卖瑕疵担保之规定,解除买卖契约或请求减少其价金(参阅1968年台上字第188号判决)。而不得拒绝给付票款,乙之请求有理由。

丙说认为,依第348条第1项之规定,出卖人只要交付该买卖标的物并移转所有权,即完成其给付之义务,至于该物是否有瑕疵,并非第348条第1项所规范之问题。因此无瑕疵之物之给付,并非构成第348条第1项所谓"出卖人之主要义务"。惟在种类买卖,依第200条第1项之规定,出卖人则难谓其只要给付属于该种类之任何物品,即符合该法第348条第1项前段之给付义务,易言之,种类买卖中,出卖人就该法第348条第1项前段所负之给付义务乃为:交付一符合该第200条所称之种类与品质之物。出卖人若违反此义务,则构成物之瑕疵担保责任,同时亦构成债务不履行之要件,本件应视特定物抑或种类物买卖而定。在特定物之买卖,买卖标的物因有瑕疵,买受人固得主张瑕疵担保请求权,但无履行请求

---

① 民刑庭会议决议,多采甲乙诸说之提案及决议方式,理由构成难以发挥,研究报告可补其不足,具有参考价值,希望对重要之决议多采此种方式。

权,故不得为同时履行之抗辩(参阅1970年台上字第1882号判决)。惟在种类物买卖,买受人除得依瑕疵担保之规定请求解除契约或减少其价金,或另行交付无瑕疵之物外,同时亦得主张债务不履行,在出卖人未依债务本旨履行其给付义务以前,拒绝给付票款。本件买卖之货物,若属特定物买卖,则以乙说为当,若属种类买卖,则应采甲说。

上开院长交议之甲、乙、丙三说均未获通过,在热烈讨论后,民事庭会议作成如下决议:"出卖人就其交付之买卖标的物有应负担保责任之瑕疵,而其瑕疵系于契约成立后始发生,且因可归责于出卖人之事由所致者,则出卖人除负物之瑕疵担保责任外,同时构成不完全给付之债务不履行责任。买受人如主张:① 出卖人应负物之瑕疵担保责任,依第360条规定请求不履行之损害赔偿;或依第364条规定请求另行交付无瑕疵之物,则在出卖人为各该给付以前,买受人非不得行使同时履行抗辩权。② 出卖人应负不完全给付之债务不履行责任者,买受人得类推适用第226条第2项规定请求损害赔偿;或类推适用给付迟延之法则,请求补正或赔偿损害,并有第264条规定之适用。

又种类之债在特定时,即存有瑕疵者,出卖人除应负物之瑕疵担保责任外,并应负不完全给付之债务不履行责任,并此说明。"

上开决议分为两个部分:① 物之瑕疵担保责任与同时履行抗辩;② 不完全给付与同时履行抗辩,并涉及物之瑕疵担保责任与不完全给付之适用关系。察其内容,系以买卖标的物业已交付(危险移转),而物之瑕疵系于契约成立后发生为主要讨论对象,对买卖标的物迄未交付或物之瑕疵于契约成立时既已存在之情形,未直接论及,致若干基本问题,究应如何处理,不甚明确。必须强调的是,此项决议直接涉及核心问题,对理论之发展,深具影响,为此特撰本文在理由构成上试作补充之说明,并对疑义问题,陈述拙见,用供参考,牵涉綦广,为便于观察,先将基本问题,列表如下。

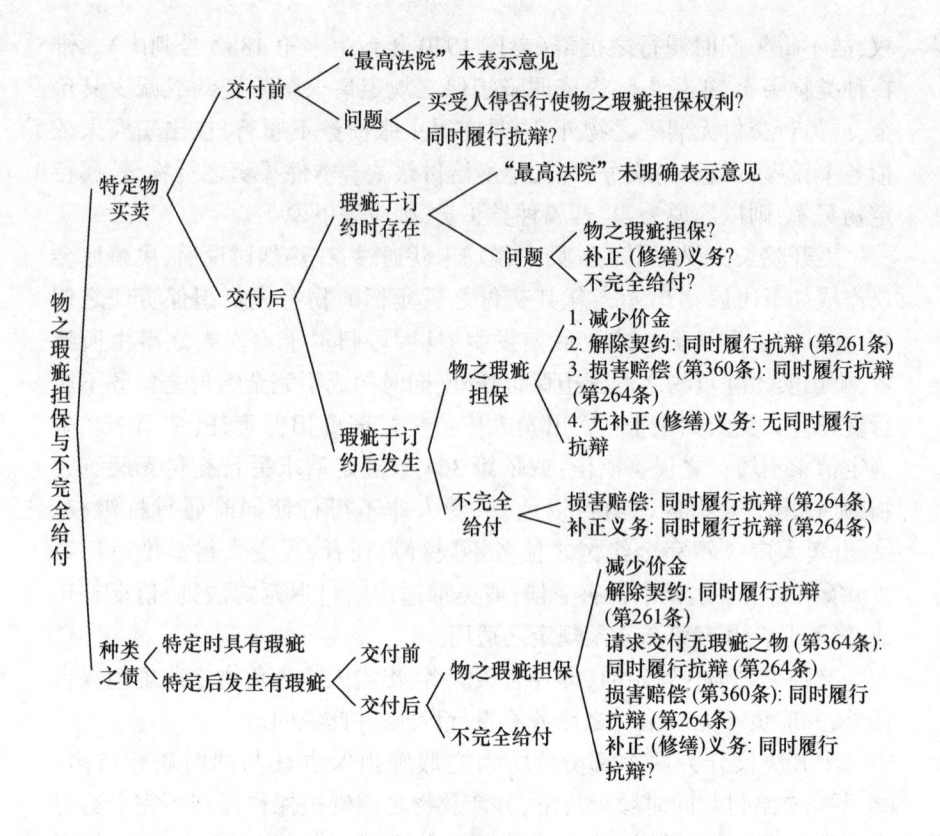

```
                              ┌ "最高法院"未表示意见
                    ┌ 交付前 ─┤         ┌ 买受人得否行使物之瑕疵担保权利?
                    │         └ 问题 ───┤
                    │                   └ 同时履行抗辩?
         ┌ 特定物   │
         │ 买卖     │         ┌ 瑕疵于订 ┌ "最高法院"未明确表示意见
         │         │         │ 约时存在 │         ┌ 物之瑕疵担保?
         │         │         │          └ 问题 ───┤ 补正(修缮)义务?
         │         │         │                    └ 不完全给付?
         │         │         │
         │         │         │                     1. 减少价金
         │         └ 交付后 ─┤          ┌ 物之瑕疵  2. 解除契约: 同时履行抗辩(第261条)
物之       │                   │          │ 担保       3. 损害赔偿(第360条): 同时履行抗辩
瑕       │                   │          │           (第264条)
疵       │                   │ 瑕疵于订 ┤          4. 无补正(修缮)义务: 无同时履行
担 ──────┤                   │ 约后发生 │              抗辩
保       │                   │          │
与       │                   │          │ 不完全   ┌ 损害赔偿: 同时履行抗辩(第264条)
不       │                   │          └ 给付 ────┤
完       │                                         └ 补正义务: 同时履行抗辩(第264条)
全       │
给       │                                        ┌ 减少价金
付       │                                        │ 解除契约: 同时履行抗辩
         │                                        │ (第261条)
         │         ┌ 特定时具有瑕疵    ┌ 交付前   │ 请求交付无瑕疵之物(第364条):
         └ 种类 ──┤                   │ 物之瑕疵 │ 同时履行抗辩(第264条)
           之债    └ 特定后发生有瑕疵  │ 担保     │ 损害赔偿(第360条): 同时履行
                                       └ 交付后 ──┤ 抗辩(第264条)
                                                  │ 补正(修缮)义务: 同时履行
                                                  │ 抗辩?
                                                  │
                                                  └ 不完全给付
```

三、物之瑕疵担保责任之法律性质

民法关于出卖人之物的瑕疵担保责任,设有详细规定,其基本内容为物之出卖人对于买受人应担保其物依第373条之规定危险移转于买受人时,无灭失或减少其价值之瑕疵,亦无灭失或减少其通常效用,或预定效用之瑕疵。但减少之程度,无关重要者,不得视为瑕疵。出卖人并应担保其物于危险移转时,具有其所保证之品质(第354条,并参阅355—358条规定)。买卖因物有瑕疵,而出卖人依第354—358条规定,应负担保之责者,买受人得解除契约或请求减少价金,但依其情形,解除契约显失公平者,买受人仅得请求减少价金(第359条)。买卖之物,缺少出卖人所保证之品质者,买受人得不解除契约或请求减少价金,而请求不履行之损害赔偿,出卖人故意不告知物之瑕疵者亦同(第360条)。买卖之物,仅指定种类者,如其物有瑕疵,买受人得不解除契约,或请求减少价金,而即时请求另行交付无瑕疵之物。出卖人就前项另得交付之物,仍负担保责任(第364条)。

在种类买卖,依第364条规定,买受人得请求另行交付无瑕疵之物,故通说认为,出卖人负有交付无瑕疵之物的给付义务。

在特定物买卖,买受人仅得解除契约或请求减少价金,而不得请求除去物之瑕疵,故关于物之瑕疵担保责任之法律性质及如何纳入债务不履行之责任体系,发生长期激烈之争论,有履行说(Erfüllungstheorie)及担保责任说(Gewährleistungstheorie)两种对立的见解[1],简述如下:

履行说认为,出卖人对买受人负有交付无瑕疵之物的义务,出卖人就物之瑕疵,应与对权利瑕疵一样,负债务不履行之责任。民法对出卖人之物的瑕疵责任设特别规定,并不影响其系就不完全履行(unvollständige Erfüllung)负责之法律性质。此说之主要论点有三:① 买受人支付价金,旨在获得无瑕疵之物;② 种类买卖及特定物买卖应适用同一之理论;③ 第360条(相当于《德国民法》第463条)明定出卖人应负债务不履行之责任。[2]

担保责任说认为,出卖人并不负有给付无瑕疵之物的义务,其应为交付者,乃依其现状存在之特定物,交付之物纵具有瑕疵,出卖人仍属履行其契约上之给付义务,并不构成给付义务之部分不履行。出卖人所承担者,系一种附加之担保责任,其目的在使买受人因物之瑕疵不能得到相当对价时,能有适当之救济,以实现契约正义。[3]

上开二说在德国法上聚讼甚烈,尚无定论,迄未形成通说。学者多未详细讨论,基本上系采担保责任说。[4] "最高法院"亦未表示明确之立场。

---

[1] 参见黄茂荣:《买卖法》,1980,第277页;Larenz, Schuldrecht II, S. 66f.; Herberger, Rechtsnatur, Aufgabe und Funktion der Sachmangelhaftung nach dem Bürgerlichen Gesetzbuch, 1974, S. 60f.; Walter, Kaufrecht, 1987, S. 133f.

[2] Herberger, S. 20; Erman/Weiternaur, Handkommentar zum BGB, 6. Aufl. 1981, vor §459 Rz. 35.

[3] Larenz, Schuldrecht II, S. 66f.

[4] 参见戴修瓒:《民法债编各论》,第30页,论述较详,略:"瑕疵担保,在法律上,其性质如何,议论分歧。(1)谓瑕疵担保,为给付义务之一部,盖出卖人须向买受人给付无瑕疵之物件,始克谓为依契约本旨,完全履行其给付义务,故瑕疵担保,为给付之一部。(2)谓瑕疵担保为义务违反之效果,盖出卖人对于买受人负有告知瑕疵之义务,故瑕疵担保,乃违反此项告知义务,所负之责任。(3)谓瑕疵担保,为法律特予规定之责任,盖法律为顾全交易之信用,更于给付义务及保证责任外,另设瑕疵担保规定也。本书即采此说。"可供参考。

必须强调的是,其所争执者,乃理论体系,对某种问题之解决,其理由构成或有不同,结论不应因此而有差异。法律之理论体系旨在维护法律秩序之统一性,诚属重要,自不待言,但于处理某项疑难问题时,则应依现行法律之规定,衡量当事人之利益,作合理之价值判断,不宜仅从某项制度的性质导出一定结论。此为概念法学之思考方式,应予扬弃。①

四、物之瑕疵担保责任与同时履行抗辩

(一) 特定物买卖

1. 问题之提出

在上开决议,出卖人就其交付之买卖标的物应负物之瑕疵担保责任,而该物之瑕疵系于契约成立后始发生时,"最高法院"认为在下列两种情形于出卖人为各该给付之前,买受人得行使同时履行抗辩权,拒绝支付价金:① 买受人依第360条规定请求不履行之损害赔偿。② 依第364条规定请求另行交付无瑕疵之物。

反面推论之,系认为除此两种情形外,买受人不得主张出卖人应负物之瑕疵担保责任而行使同时履行抗辩权。于此产生两点疑问:① 出卖人所交付之物,其瑕疵于契约成立时既已存在时,买受人得否行使同时履行抗辩权? ② 危险移转前,买受人就物之瑕疵得主张何种权利?

2. 危险移转后之法律状态

如前所述,决议认为交付之物,其瑕疵系于契约成立后"始"(引号为笔者所加)发生者,买受人不得主张同时履行抗辩,其文义或许会使人误会,物之瑕疵于契约成立时既已存在者,买受人得主张同时履行抗辩。本文确信,"最高法院"不致采取此项见解,盖物于交付时既有瑕疵,该瑕疵究于何时存在或发生,对买受人得否主张某种权利,原则上不生影响。

应提出讨论者,系买受人就已交付之物的瑕疵何以不得行使同时履行抗辩。关于此点,决议未明确表示其见解。学说上见解颇不一致。有认为此乃由于第354条以下关于物之瑕疵担保责任,系属特别规定,而第

---

① 关于概念法学之基本问题,参见 Engisch, Einführung in das juristische Denken, 7. Aufl. 1977, S. 38f.;杨仁寿:《法学方法论》,1986年,第78页。

264 条关于同时履行抗辩之规定系属一般规定,故无适用余地。史尚宽先生认为:"危险移转后,于第 354 条以下规定之适用范围,买受人不得同时履行抗辩",即采此见解。① 值得注意的是,德国民法学者 Larenz 教授力倡担保责任说,特别强调出卖人虽交付有瑕疵之物,但已尽其给付义务,买受人自无依《德国民法》第 320 条规定(相当第 264 条),行使同时履行抗辩权之余地。②

从物之瑕疵担保责任之法律性质,推论买受人不得行使同时履行抗辩,固有所据,就法律适用之观点言,则应进一步检讨同时履行抗辩权之构成要件。第 264 条规定:"因契约互负债务者,于他方当事人未为对待给付前,得拒绝自己之给付。但自己有先为给付义务者,不在此限。他方当事人已为部分之给付时,依其情形,如拒绝自己之给付有违背诚实及信用方法者,不得拒绝自己之给付。"由此可知,同时履行抗辩之构成要件,除当事人因契约互负债务,债务人无先为给付之义务外,尚以债权人根本未为给付或未为完全之给付为要件。双务契约之一方当事人(甲)所为之给付量有不足,质有不全时,他方当事人(乙)得主张甲在为完全之给付前,拒绝自己之给付。惟此当以乙有请求甲为完全给付之权利为前提。准此以言,在买卖契约,买受人就交付之有瑕疵之物,得否行使同时履行抗辩,端视买受人得否请求出卖人除去物之瑕疵而定。倘出卖人无修补瑕疵之义务,买受人应无据以拒绝支付价金之权利。

依台湾现行"民法"规定,买卖因物有瑕疵,而出卖人依法应负担保之责,买受人得解除其契约或请求减少其价金。除当事人有特别约定或依诚信原则而认定之特殊情事外(例如出卖人为制造商),出卖人无修补瑕疵之义务,物之瑕疵事实上可否除去,在所不问。此项规定源自罗马法,为德国民法所采,③ 台湾地区"民法"继受之,其主要理由系认为出卖人通常非属制造人,多不具备除去瑕疵之能力或设备,故买受人在受领后不得请求出卖人修补物之瑕疵。当然,在交付前,出卖人为避免负担物之瑕疵担保责任,得除去物之瑕疵。有疑问的是,在交付后出卖人是否有权要求修补物之瑕疵。关于此点,宜采否定说,因出卖人何时修补,能否修

① 参见史尚宽:《债法各论》,第 46 页。
② Larenz, Schuldrecht Ⅱ, S. 67.
③ Larenz, Schuldrecht Ⅱ, S. 78.

补,事属未定,买受人无接受之义务,惟买受人一旦接受出卖人之修补,不得再行请求减少价金或解除契约,自不待言。

综据上述,无论物之瑕疵于买卖契约成立时既已存在,或其后发生,亦无论物之瑕疵事实上得否除去,买受人就已受领之标的物,原则上均不得请求出卖人修补其瑕疵,从而亦无从援用第264条规定,主张在出卖人修补瑕疵前,拒绝支付价金。

3. 危险移转前之法律状态

关于危险移转前之法律状态,决议并未论及,拟补充说明之。甲出售某物给乙,于甲提出给付时,乙发现该物具有瑕疵时,得主张何种权利?

(1)应说明者,系乙在危险移转前得否解除契约或请求减少价金?对此问题,或有主张应采否定说,认为买受人之物的瑕疵担保请求权的发生,应以买卖标的物业已交付为其要件。此项见解似有研究余地。第354条规定以危险移转作为判断买卖标的物是否具有瑕疵之准据时点,其理由有二:① 使出卖人对契约成立后所发生之瑕疵,亦应负责;② 使出卖人于危险移转前仍得除去物之瑕疵。就买卖契约而言,出卖之物欠缺应有之品质时,瑕疵担保请求权之基础既告具备,惟为兼顾出卖人之利益,买受人须至危险移转时始能行使其权利,故依法律之规范目的,物之瑕疵不能修补,或虽能修补而出卖人表示不愿为之者,应认为在危险移转前买受人即得行使担保请求权,尤其是解除契约。①

(2)关于买受人在危险移转前得否主张同时履行抗辩权,在德国通说系采肯定之见解,其基本理由系认为《德国民法》第459条以下(相当于台湾地区"民法"第354条以下)规定对债编之一般原则,虽具特别法之性质,但于危险移转前尚无适用余地,故买受人仍得依《德国民法》第320条规定(相当于第264条),行使同时履行抗辩权。② 史尚宽先生谓:"危险移转后,于第354条以下之适用范围,买受人不得同时履行抗辩",反面推论之,似采相同见解。此说在理论上有两点疑问:① 所谓关于物之瑕疵担保责任规定在危险移转前不能适用之见解,似尚有推究余地,前已论及;② 危险移转前,出卖人既不负有修补瑕疵之义务,买受人所据以

---

① Soergel/Huber, Kommentar zum BGB, 12. Aufl. 1986, vor §459 Rz. 168-170.

② Medicus, Bürgerliches Recht, 12. Aufl. 1984, Rdnr. 346; Staudinger/Honsell, Kommentar zum BGB, 12. Aufl. 1987, Vorbem. 18 zu §459.

对抗者,究属何种法律关系,未臻明确。

为克服上开两点疑问,德国学者提出不同之论点,有学者认为,出卖人所提出之物具有瑕疵者,系非依债之本旨而为给付,买受人当然可以不为受领。至于买受人得拒绝支付价金之理由,意见颇为分歧,有认为得类推同时履行抗辩之规定。有学者认为,得适用恶意抗辩。[①] 更有学者认为,此为当然之理,因买受人决定解除契约时,不负支付价金之义务,则于其决定是否解除契约前,自得拒绝支付价金,学说上称为解除契约之抗辩(Einrede der Wandlung)。[②]

本文认为,不论采取何种理由构成,在结论上应肯定买受人对出卖人所提出具有瑕疵之物,得不为受领,并拒绝支付价金,较符合当事人之利益状态:对买受人言,可借此促使出卖人修补物之瑕疵,再为给付;对出卖人言,倘不愿修补瑕疵,或不能修补瑕疵者,得定相当期限催告买受人于其期限内是否解除契约,买受人于前项期间内,不解除契约者,丧失其解除权,仅得请求减少价金(第361条)。于此情形,减少之价金与物之交付,得成立同时履行抗辩。

(二) 种类之债

在种类之债,若全部种类具有瑕疵,例如甲向乙购买其养殖池之草虾100公斤,而该养殖池之草虾全部遭受废水污染时,其法律状态与特定物之瑕疵并无不同。但全部种类具有瑕疵系属例外,一般多属交付之物虽具有瑕疵,但尚有无瑕疵之同一种类之物。于此情形,交付之物符合"中等品质之物"时(第200条第1项),出卖人并未完成交付其物之必要行为,不发生特定之法律效果,种类之债仍继续存在。[③] 买受人于出卖人提出给付时,发现其物之瑕疵者,即得以其不合债之本旨不为受领,而请求履行其交付无瑕疵之物给付义务,并援用同时履行抗辩,拒绝支付价金。买受人不知物之瑕疵而受领者,得选择解除契约,减少价金,或请求交付无瑕疵之物(第364条)。买受人解除契约或请求减少价金时,同时发生特定之效果。买受人选择交付无瑕疵之物时,尚不发生特定之效果,出卖

---

① Staudinger/Honsell, Vorbem. 8 zu §459.
② Larenz, Schuldrecht Ⅱ, S. 67; Soergel/Huber, vor §459 Rz. 185-190.
③ 史尚宽:《债法各论》,第41页。Larenz, Schuldrecht Ⅱ, S. 69; Palandt/Putzo, Bürgerliches Gestzbuch, 46. Aufl. 1987, Vorbem. 2 zu §459.

人再交付之物仍有瑕疵时,买受人得再援用同时履行抗辩权,自不待言。

(三) 买卖契约与承揽契约之比较

关于出卖人应负物之瑕疵担保与同时履行抗辩权之关系,已如上述,为资比较,再就承揽契约说明之。依第492条规定,承揽人完成工作应使其具备约定之品质,及无减少或灭失或不适于通常或约定使用之瑕疵。又依第493条规定:"工作有瑕疵者,定作人得于相当期间,请求承揽人修补之。承揽人不于前项期限内修补者,定作人得自行修补,并得向承揽人请求修补之必要费用。如修补所需费用过巨者,承揽人得拒绝修补,前项规定不适用之。"由此可知,定作人原则上有瑕疵修补请求权,其意义有二:一方面,定作人有请求承揽人修补瑕疵之权利;另一方面,承揽人得主张应许其除去瑕疵,而使工作不具瑕疵。① 民法所以设此异于买卖契约(尤其是特定物买卖)之规定,乃鉴于承揽人之义务在于完成一定之工作,通常具有除去瑕疵之能力。就法律性质言,应认为承揽人负有完成无瑕疵工作之义务,工作之无瑕疵属于承揽人之履行义务。②

实务上发生争论者,系承揽人所交付之工作具有瑕疵时,定作人得否主张同时履行抗辩,拒绝支付报酬?关于此点,1984年台上字第4790号判决谓:承揽人因工作物有瑕疵,对定作人所负修补义务,与定作人给付报酬之义务并无对价关系。承揽人工作物如为房屋,所完成之房屋,果其骑楼使用第三人之土地,就令因此对定作人负有将骑楼所使用之土地为移转登记义务,然究难谓系原承揽契约所由生,亦与定作人给付报酬之义务无对价关系。③ 此项见解,似难赞同。在承揽契约,其构成对待给付关系者,在承揽人为一定工作之完成,在定作人为约定报酬之支付,定作人就工作物之瑕疵对承揽人有请求修补之权利,性质上属于履行请求权,前经述明,承揽人交付工作既有瑕疵,定作人应得援用第264条规定主张在

---

① 参见史尚宽:《债法各论》,第319页;郑玉波:《民法债编各论》,第366页。
② 此为德国目前之通说,参见 Soergel/Mühl, §633 Rz. 1. 史尚宽先生谓:"此瑕疵修补义务,非为一般债务不履行之效力而发生,乃为承揽特别义务。从而承揽人有无过失,在所不问。定作人纵令未为异议而受领,承揽人亦不能免其修补义务。盖不能以定作人未为异议之一事,即认为其抛弃修补请求权也。"(《债法各论》,第319页)可供参考。
③ 《有关房屋合建契约》,载《民事裁判专辑》,1985年,第461页。

承揽人修补瑕疵前,拒绝支付报酬。① 1983年台上字第4538号判决谓:本件原审认定上诉人与元泰公司约定:由上诉人祭祀公业施某提供土地,元泰公司出资兴建房屋,于建造完成以后,由祭祀公业施某与元泰公司分配房屋及土地,则上诉人主张同时履行抗辩权,当系指应分配与上诉人祭祀公业施某之房屋,尚未建造完成。原审虽援引第一审勘验笔录之记载,谓上诉人之此项抗辩尚非可取。惟查该笔录所载勘验之结果,无非就被上诉人请求给付之房屋,认已装修完成,对于应分配与上诉人之部分,则未有记载。况且原审就空屋已认定工作有瑕疵,即与不完全给付相当。何以上诉人仍不得行使同时履行抗辩权?原判决语焉不详,自嫌疏略。可供参考。②

五、不完全给付与同时履行抗辩

(一) 不完全给付之请求权基础

前开决议虽以处理同时履行抗辩为重心,但亦涉及不完全给付制度之基本问题。学者通说认为债务不履行之形态,除给付不能或给付迟延外,尚有所谓之不完全给付(积极侵害债权),惟对于是否设有规定,颇有争论:有学者认为,民法未设规定(法律漏洞说)③;有学者认为,第227条不完全给付之规定。④ 有学者认为,不论民法关于不完全给付是否设有规定,可就第227条规定解释适用之,赋予新的规范功能。⑤ 判决承认不完全给付为一种独立债务不履行之形态者,亦属有之⑥,但似从未指出其在实体上之依据,上开决议明白表示:"出卖人应负不完全给付之债务不履行责任者,买受人得类推第226条第2项规定请求损害赔偿;或类推适用

---

① 德国通说亦采此见解,BGHZ 85, 348; Jauernig/Vollkommer, Bürgerliches Gesetzbuch, 3. Aufl. 1984, §320 Anm. 2c.
② 《有关房屋合建契约》,载《民事裁判专辑》,第447页。
③ 梅仲协:《民法要义》,第176页;钱国成,前揭文,第1页。
④ 史尚宽:《债法总论》,第397页;胡长清:《民法债编总论》,第293页;郑玉波,前揭文,第3页。
⑤ 王伯琦:《民法债编总论》,第146页;拙著:《不完全给付之基本理论》,载《民法学说与判例研究》(第三册),北京大学出版社2009年版,第48页。
⑥ 参见拙著,前揭文,第48页以下。

给付迟延之法则,请求补正或赔偿损害。"显系采取法律漏洞说,并类推适用民法关于给付不能及给付迟延之规定,以补法律之不备。关于不完全给付之法律基础,学者见解不一,"最高法院"采取漏洞说,是否妥适,容有不同意见,但立场明确,就法律适用言,具有安定性之作用,对于促进不完全给付制度之发展,深具意义。

如上所述,通说肯定不完全给付系债务不履行之一种独立形态,在民法未设瑕疵担保责任之契约类型(例如委任或雇佣),不完全给付制度之适用不生问题。在买卖契约,民法对于出卖人之物的瑕疵担保责任详设规定,明定买受人得解除契约、请求减少价金或请求交付无瑕疵之物(限于种类买卖)。其得请求不履行之损害赔偿者,则仅限于买卖之物缺少出卖人于订约时所保证之品质或出卖人故意不告知瑕疵两种情形。在"不完全给付之漏洞"未被发现以前,关于物之瑕疵之存在或发生,有可归责于出卖人之过失者(例如交付之鸡患有传染病),买受人不能请求出卖人除去物之瑕疵(医治鸡之传染病);就因物之瑕疵而受之损害(丧失之转售利益,或其他鸡群遭受感染),仅能依侵权行为法规定请求损害赔偿。不完全给付一旦被肯定为一种独立制度,即发生一项重要问题:关于物之瑕疵之存在或发生,在何种情形,何种程度,得适用不完全给付?易言之,即不完全给付制度应在何种情形,以何种程度介入物之瑕疵担保责任体系?此为理论及实务所面临之艰巨任务,"最高法院"第一次对此问题直接表示一定立场,殊值重视,归纳言之,应讨论者有三:

(1)关于物之瑕疵之存在或发生,出卖人有可归责之事由(尤其是仅具过失)者,在何种情形,应成立不完全给付?

(2)出卖人应依第360条或不完全给付负债务不履行责任时,买受人得请求何种损害赔偿?得否行使同时履行抗辩?

(3)出卖人应负不完全给付之责任时,买受人得否请求补正(修补瑕疵),并行使同时履行抗辩?

(二)出卖人之不完全给付责任

关于物之瑕疵之存在或发生,有可归责于出卖人之事由时,在何种情形,得成立不完全给付,在上开决议明确肯定的,有两种情形:① 物之瑕疵系于契约成立后发生;② 种类之债在特定时,即存有瑕疵。于此,应提出讨论者,系在特定物买卖,出卖人因过失未发觉既存之瑕疵(例如鸡之患有传染病,汽车引擎之具有缺陷),或因过失告知事实上不存在之品质(例如某种强力胶可以粘接天花板)①,致买受人之人身或其他财产因此有损害者,出卖人应如何负其责任?

"最高法院"对此问题似乎采取审慎之态度,不欲直接表示明确立场,实有相当之依据,因其所涉及者,系一项高度争议之难题,应保持若干开放之态度,以免阻碍将来可能之发展。因此,对上开决议,尚不必径采反面推论,认为出卖人无须负不完全给付或缔约上过失之责任,而应容许学说上有辩论之空间。

有学者认为,出卖人就特定物买卖契约时既存之瑕疵,不成立不完全给付,略谓:"给付系以交付特定物为标的者,应于清偿期,以现状交付之,即使特定物有瑕疵存在,倘以现状交付之,仍属依债务本旨而为给付,尚不构成不完全给付。至于特定物所存瑕疵,为物之瑕疵担保责任问题,两者不容混淆。"②又谓:"就物之瑕疵言,如买卖标的物系特定物,则瑕疵虽于契约时既已存在,就出卖人言,将特定之标的物交付,即属依债务本旨而为给付,对于物之瑕疵则依瑕疵担保负其责任。倘若瑕疵系于契约成立后发生者,因其给付系不完全,固可发生债务不履行责任……"③此项见解似以担保责任说为其理论基础,惟以物之瑕疵担保责任法律性质作为理由,否认不完全给付之成立,欠缺积极之说服力,前经述明。所谓特定物有瑕疵存在,苟以"现状交付"之,仍属依债务本旨而为给付,不宜解为是契约成立时既存之现状,而是交付时事实上存在之现状(包括既存之瑕疵及其后发生之瑕疵),否则买受人将可请求出卖人除去契约成立后、危险移转前发生之瑕疵,此与现行规定,似有不合。④

值得注意的是,德国学说认为,出卖人因过失未发现缔约之际标的物既存之瑕疵,或告知事实上不存在之品质时,亦不成立不完全给付,其理由为出卖人所违反者,不是契约上之义务,而是所谓之"先契约义务"(vorvertragliche Pflicht)⑤,即订立契约时应尽之检查或说明义务。依德国

---

① 出卖人故意告知物所不具备之性质,致买受人遭受损害者,应类推适用第360条关于故意不告知瑕疵之规定,负不履行之损害赔偿责任。参见史尚宽:《债法各论》,第40页。
② 孙森焱:《民法债编总论》,第382页。
③ 孙森焱,前揭书,第387页。
④ 参见 Larenz, Schuldrecht Ⅱ, S.67.
⑤ 关于先契约义务,参见拙著:《民法债编总论》(一),第29页。

之判例学说,当事人于订立契约时违反先契约义务者,应负订约上过失(culpa in contrahendo)之损害赔偿责任[1],因而发生缔约上过失责任与物之瑕疵担保责任,得否竞合之争论。德国实务上一向采取否定说。认为《德国民法》第463条(相当于台湾地区"民法"第360条)明定出卖人故意不告知物之瑕疵时,始应负债务不履行之损害赔偿,如果承认出卖人因其过失即应负责,则关于物之瑕疵担保责任之完整体系势必遭受破坏。[2]德国学者有赞同此项见解者[3],但持反论说者,亦颇有其人。[4] 尤其是Larenz教授强调订约上过失及积极侵害债权(不完全给付)制度之创设及发展,旨在强化保护债权之人身或财产利益,宜认为出卖人因过失未告知既存之瑕疵,或告知事实上不存在之性质时,仍应依订约上过失责任,对买受人所受之瑕疵结果损害(Mangelfolgeschaden)负赔偿之责,例如出卖人对其出售物品之可燃性因过失为不实之说明者,买受人得就其人身或其他财产所受之不利益,请求损害赔偿。[5] 此项见解具有启示性。

依本文见解,出卖人于订立契约时,因过失未发现物之瑕疵,或因过失告知事实上不存在之品质时,应负不完全给付之债务不履行责任,[6]兹分四点言之:

(1)关于物之瑕疵之存在或发生,出卖人既具有归责之事由,不应因其存在或发生时间之不同而异其责任。甲开设机车店,陈列五部同一厂牌之机车,乙指定厂牌购买其一(种类买卖),甲因过失交付具有瑕疵之A车,依决议,乙就其因车祸所受之损害,得依不完全给付向甲请求损害赔偿。设乙向甲表示购买A车(特定物买卖),甲未尽必要检查义务不知该车具有瑕疵而出售予乙,在此情形何以乙不能向甲请求损害赔偿?衡诸当事人之利益,二者实无不同,强为区别,应非妥适。

---

[1] 关于《缔约上之过失》,参见拙著:《民法学说与判例研究》(第一册),北京大学出版社2009年版,第70页。

[2] 参见 Schaumburg, Haftung des Verkaufers für fahrlässige Falschangaben bei Kaufabschluß, MDR, 1975, 105; Honsell, Culpa in Contrahendo, Positive Vertragsverletzung und §463 BGB, JR 1976, 361.

[3] 参见 Brox, Schuldrecht, Besonderer Teil, 1987, 13. Aufl. Rdnr. 290f.; Medicus, Festschrift für Kern, 1968, S.313.

[4] 参见 Enneccerus/Lehmann, Recht der Schuldverhältnisse, 15. Aufl. 1958, S.453.

[5] Larenz, Schuldrecht Ⅱ, S.75.

[6] 德国学者同此见解者,参见 Soegel/Huber, vor §459 Rz.198-201.

值得注意的是,史尚宽先生认为:"品质上之瑕疵,在以特定物为标的之债务,于契约订立时,既已存在者,为瑕疵担保问题,非为债务履行问题。在种类债务则为不完全给付及瑕疵担保责任之并存,债权人得选择行使。"①此项见解,似亦偏重概念理论,忽视当事人之利益状态。甲向乙购鸡,乙因过失不知鸡有病而交付之,甲转售予丙,保证其品质,丙受有损害,向甲请求损害赔偿。在此种情形,因甲未有权利受侵害,不能依侵权行为法之规定(第184条),向乙请求损害赔偿。依史尚宽先生之见解,倘甲乙间之买卖为种类买卖,甲得依不完全给付规定向乙请求损害赔偿,反之,倘系特定物买卖,甲则无任何请求权基础,是否合理,似有研究余地。

(2) 认为在特定物买卖,物之瑕疵于契约成立时既存有瑕疵,纵出卖人有可归责之事由,亦不成立不完全给付,其主要理由应在适当限制不完全给付之适用范围,并与第360条划清界限,避免产生竞合,破坏物之瑕疵担保责任之完整性。此项体系上之顾虑,自有所据,惟依决议亦会发生此项问题。例如,甲向乙购买某类型之机车,乙明知A车机件具有缺陷,仍选择交付于甲故意不告知其瑕疵,同时具备第360条及不完全给付之构成要件。此项竞合对买受人有利,应无排除之必要。

(3) 不完全给付与缔约上过失之界限颇难认定,出卖人于订立契约时疏于注意未发现特定物既存之瑕疵而出售,并为交付,在解释上亦可认为系违反契约上之义务,应能成立不完全给付。例如甲向乙购A物,乙因过失交付具有瑕疵之B物,亦属违反契约上之注意义务,乙应依不完全给付对甲所受损害,负赔偿责任,可资参照。

(4) 关于出卖人之物的瑕疵担保责任,系2000年前罗马法制度②,明定仅于买卖之物欠缺出卖人所保证之品质,尤其是出卖人故意不告知瑕疵时,出卖人始负债务不履行之损害赔偿责任,限制甚严,不完全给付之创设旨在补其不足。为加强保护买受人之利益,应于决议之两种情形之外,进一步肯定出卖人因过失未发现特定买卖标的物之瑕疵或告知事实上不存在之品质时,亦可成立不完全给付,重新调整变动中之民事责任体系,促进法律进步。

---

① 史尚宽:《债法总论》,第399页。
② Korintenberg, Die rechtspolitische Großtat der adilizischen Rechtsbehelfe vor 2000 Jahren und heute, 1947.

(三) 第 360 条或不完全给付损害赔偿与同时履行抗辩

1. 第 360 条或不完全给付之损害赔偿

决议虽认为买受人得依第 360 条或不完全给付，请求债务不履行之损害赔偿，但对于其损害赔偿，究指何而言，并未加说明，因涉及二者之适用范围及竞合关系，为理论上有名之难题。德国判例学说争论甚多，经数十年之发展逐渐形成通说，可资参考，说明如下：

第 360 条规定："买卖之物，缺少出卖人所保证之品质者，买受人得不解除契约，或请求减少价金，而请求不履行之损害赔偿。出卖人故意不告知物之瑕疵者亦同。"（相当于《德国民法》第 463 条规定）。本条所谓不履行之损害赔偿系指履行利益而言，仅能以金钱赔偿之，不能请求恢复原状，至其赔偿范围，应区别情形定之：

（1）在买卖之物缺少出卖人所保证之品质者，其赔偿范围应解释出卖人之意思决定之。例如：甲向乙购买电毯，甲探询漏电之危险性，乙保证其安全无虑者，除所谓之瑕疵损害（Mangelschaden）（即就瑕疵之物本身所生之损害，例如修理之费用）外，甲尚得请求其身体健康或其他财物因漏电所受之损害，此种损害在德国判例学说上称为瑕疵结果损害（Mangelfolgeschaden）。[①]

（2）在故意不告知瑕疵之情形，其不履行之损害赔偿，兼及所谓之瑕疵损害及瑕疵结果损害，凡与物之瑕疵具有相当因果关系者均包括在内。例如甲售 A 鸡给乙，故意不告知其患有传染病时，除医治之费用、丧失之转售利益外，其他鸡群因遭受感染所受之损害，均在请求之列。[②]

2. 关于不完全给付之损害赔偿

目前德国通说强调为与《德国民法》第 463 条规定（相当于台湾地区"民法"第 360 条）有所界限，应仅限于瑕疵结果损害（加害给付），不包括瑕疵损害。此项区别欠缺实质理由，甚受批评。[③] 在台湾现行民法，宜认为出卖人因可归责之事由对物之瑕疵之存在或发生应负不完全给付

[①] 此为目前德国之通说，参见 Diederischen, Schadensersatz wegen Nichterfüllung und Mangelfolgeschaden, AcP 165, 150; Larenz, Schuldrecht Ⅱ, S. 58f.; BGHZ 50 204; 57, 298; 63, 395.

[②] 此亦为目前德国之通说，参见 Esser/Weyers, Schuldrecht Ⅱ, S. 44f.; Larenz, Schuldrecht Ⅱ, S. 58; Jauernig/Vollkommer, §463 Anm. 4.

[③] 关于德国判例见解之发展及批评，参见 Sorgel/Huber, §463 Rz. 66-71.

者,其债务不履行之损害赔偿应包括所谓之瑕疵损害及瑕疵结果损害在内。

3. 同时履行抗辩

兹再应讨论者,系买受人就其依第 360 条或不完全给付得请求之损害赔偿,可否与其应支付之价金主张同时履行抗辩?

依第 264 条规定,因契约互负债务者,于他方当事人未为对待给付前,得拒绝自己之给付。就买卖契约而言,其互负之债务在出卖人为交付其物并移转其所有权,在买受人为支付约定之价金。惟须注意的是,就原给付义务之变形或延长,亦可主张同时履行抗辩。① 兹举一例说明之:甲售 A 瓶给乙,因不可归责于甲之事由,致该瓶被丙不慎灭失,丙赔以 B 瓶。于此情形,该 B 瓶为甲原给付义务之变形,乙对甲就该 B 瓶之让与请求权(第 225 条第 2 项)与甲对乙之价金请求权,仍立于对待给付之关系。第 360 条或不完全给付之损害赔偿,性质上系属债务不履行之延长,属于给付义务内容之变更,决议认为买受人得主张同时履行抗辩权,在理论上可资赞同。损害赔偿虽以恢复原状为原则,实际上以金钱赔偿为常见。于此情形当事人得为抵销,行使同时履行抗辩,殆无必要。

(四) 不完全给付之补正义务与同时履行抗辩

在不完全给付,就一般原则言,债权人除损害赔偿外,并得请求债务人依债之本旨履行契约,台湾学说称之为"补正",例如甲售某件精密机械给乙,因说明书错误,不能安装使用时,乙对甲得同时请求损害赔偿及交付正确之说明书。补正对债权人无利益(例如债权人为避免损害,必须即为必要措施),债务人坚拒补正,或债权人不能期待债务人协力为债之履行(尤其在继续性质之关系)时,债权人得拒绝受领补正,而请求债务不履行之损害赔偿。至于债权人得否解除契约(或终止继续性契约),上开决议及研究报告虽未论及,本文认为原则上应采肯定说。又解除契约

---

① 1980 年台上字第 3973 号判决谓:"本件第一审被告王某等未能如期完工,乃上诉人垫付工程款完成一部分工程,经证人张某等结证属实,王某纵应对上诉人支付违约金,又此违约金债务纵由受让人林某负担;因违约金债务,并非双务契约原债务之延长或变形,故亦不得以他方未支付违约金之故,而拒绝自己之支付。上诉人如主张王某等或受让人应向其支付违约金,应另循合法途径解决;而不得据以在本件诉讼行使同时履行之抗辩。"(《有关房屋合建契约》,载《民事裁判专辑》,1985 年,第 437 页),可供参考。

不影响不完全给付之损害赔偿请求权(第260条)。

就决议言,关键之问题在于出卖人对于物之瑕疵应负不完全给付责任时,买受人得否请求出卖人补正物之瑕疵。关于此点,"最高法院"持肯定之立场,专案小组之报告作有较深入之说明,略谓:"瑕疵系可能补正者,类推适用给付迟延之法则,买受人得拒绝该不完全给付而请求被正。瑕疵系因可归责于出卖人之事由所致者,并得请求赔偿补正前所受之损害(第231条第1项)。若补正后之给付于买受人无利益者,买受人得拒绝受领而请求赔偿因不履行而生之损害(第232条)。在出卖人补正或赔偿损害以前,买受人得行使同时履行抗辩权。"

须附带提及者,在作成此项决议前,原则上似已肯定买受人对不完全给付得请求补正,并主张同时履行抗辩,1984年台上字第1142号判决谓:"上诉人交付被上诉人之房屋,纵有瑕疵,而得认其为不完全给付,惟查上诉人催告被上诉人交付尾款时,被上诉人有无为同时履行之抗辩,原审未调查认定,即认上诉人不负迟延责任,已嫌速断。况争系房屋瑕疵所需之修补费用,依原审命建筑师吴传福、陈宏志鉴定结果,仅需64 600元,果尔,被害人以此瑕疵,而拒绝自己26万元之对待给付,能否谓于诚信原则无悖,亦值推敲。"①可供参照。②

认为出卖人对物之瑕疵应负不完全给付时,买受人得请求补正(修补瑕疵)之见解,难以赞同,兹分三点言之:

(1)瑕疵担保责任体系之完整性:在现行民法中,出卖人应负物之瑕疵担保责任者,买受人得解除契约或请求减少价金,但不得请求修补物之瑕疵。在出卖之物欠缺出卖人所保证之品质,尤其是出卖人故意不告知瑕疵之情形,依第360条规定,买受人亦仅得请求不履行之损害赔偿,而不得请求修补物之瑕疵。在种类之债,买受人虽得请求交付无瑕疵之物,仍不得请求除去物之瑕疵。易言之,在不完全给付制度法律漏洞被发现以前,无论物之瑕疵之存在或发生是否有可归责于出卖人之事由,买受人均无除去瑕疵之请求权。就此点而言,物之瑕疵担保规定系属完整之规定(abschließende Regelung),不应以后创设之不完全给付制度,破坏既存

---

① 《有关房屋合建契约》,载《民事裁判专辑》,第453页。惟须注意的是,"最高法院"究竟认为物之瑕疵本身即为不完全给付,抑或尚须有可归责于出卖人之事由,始成立不完全给付,又此项瑕疵究于何时发生,均未臻明确。

② 学者亦多采此见解,参见王伯琦,前揭书,第165页。

之责任体系之完整性。

（2）价值判断之平衡：甲向乙电气行购买,乙明知该部录影机有严重缺陷,故意不告知而交付之,于此情形,乙虽有故意,甲仍不得依物之瑕疵担保责任规定,请求补正。但依见解,乙于交付前因过失致录影机发生有瑕疵之物时,甲即可依不完全给付请求补正瑕疵,法律上之价值判断显失平衡。

（3）当事人利益之衡量：立法者所设计之规范计划,虽得依社会经济之需要而调整之,不完全给付之创设,即其著例。但对物之瑕疵担保责任体系言,不完全给付旨在使买受人得依债务不履行原则请求物之瑕疵所生之损害（尤其是加害给付）,以补侵权行为法之不足,而非在于使买受人得请求出卖人修补物之瑕疵。[①] 解除契约、请求减少价金、请求交付无瑕疵之物（种类之债）或损害赔偿等救济方法,已足保护买受人利益。当事人于必要时,亦得为修补瑕疵之约定,于特殊情形,更可依诚信原则认为出卖人负有修补义务。因此借助不完全给付制度变动既有之规定,衡诸当事人利益,似无必要。

综据上述,在解释上宜认为出卖人不负修补瑕疵义务,系属特别规定,应排除不完全给付得请求补正之一般原则。买受人既无请求补正瑕疵之权利,自不得援用同时履行抗辩,主张在出卖人除去物之瑕疵前,拒绝给付价金。

六、结　　论

（1）1988年4月19日第七次民事庭会议决议,对物之瑕疵担保责任、不完全给付及同时履行抗辩权之若干基本问题表示明确之见解,事关民法理论体系之发展,可谓系近年来一项最重要之决议,实值重视。

（2）关于物之瑕疵,担保责任,"最高法院"认为在危险业已移转之情形,买受人就契约成立后发生之瑕疵,不得行使同时履行抗辩,此项见解可资赞同。就契约成立时既已存在之瑕疵,买受人得否行使同时履行

[①] 关于德国学者提出积极侵害债权理论之背景、功能及其在德国法上之发展,参见 Staub, Positive Vertragsverletzung, 1904; Emmerich, Das Recht der Leistungsstörungen, 2. Aufl. 1986, S. 190f.; Huber, Zur Haftung des Verkaufers wegen positiver Vertragsverletzung, AcP 177, 281; Larenz, Augemeiner Teil des Schuldrechts, 13. Aufl. 1987, S. 267.

抗辩,上开决议并未论及,解释上亦应采否定说。依现行法上物之瑕疵担保责任体系,无论物之瑕疵于何时发生或存在,出卖人原则上均不负修补义务,就第264条之构成要件言,买受人实无可据以主张在出卖人除去物之瑕疵前,得拒绝支付价金之权利。出卖人仅得解除契约,请求减少价金,或请求交付无瑕疵之物(种类买卖)。

在危险移转前,出卖人所提出之标的物具有瑕疵时,买受人得主张何种权利,上开决议并未论及。学说上有认为物之瑕疵担保责任之特别规定,在危险移转前,无适用余地,故买受人得主张同时履行抗辩权;有认为买受人无请求补正瑕疵之权利,不能适用同时履行抗辩,仅能类推适用之;亦有认为买受人得以出卖人未依债之本旨为给付,拒不受领,并依所谓"解除契约之抗辩",拒绝支付价金。理由构成虽有不同,结论均肯定买受人得拒不受领出卖人所提出具有瑕疵之标的物。出卖人不为修补时,得定相当期间催告买受人是否解除契约,买受人于该催告期间未为表示时,仅能请求减少价金。此际,物之交付与减少价金之支付应成立同时履行抗辩。

在种类之债,买受人得请求交付无瑕疵之物,在出卖人未为给付前,买受人得援用同时履行抗辩,拒绝支付价金。

(3)关于不完全给付,决议采取法律漏洞说,认为应类推适用第226条及给付迟延之规定,使债权人得请求损害赔偿或补正。不完全给付制度,既然是法律漏洞,可见立法者对物之瑕疵担保责任体系与不完全给付制度并无事先之规划,因此,如何一方面维护物之瑕疵担保责任之体系,另一方面兼顾不完全给付制度之规范功能,划分二者之适用范围,或在何种情形容许其竞合并存,为民法学之重大之难题。

"最高法院"认为于以下两种情形,出卖人就物之瑕疵应负不完全给付责任:① 物之瑕疵系于契约成立后始发生,且因可归责于出卖人之事由所致者。② 种类之债在特定时,即存有瑕疵者。此两种类型之不完全给付亦为德国通说所承认,应可赞同。问题在于物之瑕疵于契约成立时既已存在,出卖人疏于检查致未发现,或出卖人因过失告知买受人事实上不存在之品质时,出卖人应负何种责任。对此困难之问题,决议未直接表示其意见。在德国法上,有学者认为,此为订约上过失之范围,但因《德国民法》第463条(相当于台湾地区"民法"第360条)之特别规定而被排除,不成立订约上过失责任;有认为仍可成立订约上过失,出卖人应对瑕疵结果损害负赔偿责任。本文基本上认为仍可成立不完全给付,以强化对买受人之保护。

另一个困难之问题,系如何确定第 360 条之"不履行损害赔偿"与不完全给付之损害赔偿。关于此点,决议未明确表示意见。有学者认为,第 360 条之不履行损害赔偿系指瑕疵损害,而不完全给付之"债务不履行之损害赔偿"系指瑕疵结果损害(加害给付),以界限二者之适用范围。惟瑕疵损害与瑕疵结果损害颇难划分,有无区别之必要,亦有疑问。故在解释上宜认为在第 360 条之情形,出卖之物欠缺出卖人所保证之品质者,应解释当事人意思定其责任范围,出卖人故意不告知其瑕疵者,不论其为何种损害,凡与物之瑕疵具有相当因果关系者,均在损害赔偿之列。不完全给付之损害赔偿亦应兼括瑕疵损害及瑕疵结果损害。买受人之损害赔偿请求权,系属原债务之变形或延长,得与出卖人价金请求权成立同时履行抗辩。但应以金钱为损害赔偿时,双方当事人均得为抵销之,自不待言。

决议认为出卖人应负不完全给付之责任时,买受人得请求补正,并行使同时履行抗辩权。此项见解与现行法上之瑕疵担保责任体系未尽符合,从保护被害人之观点言,亦无突破之必要。本文认为无论物之瑕疵何时存在或发生,亦不问出卖人故意不告知瑕疵,或因过失引起物之瑕疵,除有特别约定或依诚信原则而生之特别情形外,出卖人均不负修补瑕疵之义务,买受人无行使同时履行抗辩权之余地。

(4) 自德国学者 Staub 于 1902 年发现"积极侵害债权"(不完全给付)之法律漏洞以来,如何处理物之瑕疵担保责任与不完全给付之适用竞合关系,德国判例学说争辩 80 余年,迄无定论,在上开决议能够于甲、乙、丙说之外,对此有名之难题,表示一定之见解,令人敬佩。本文徘徊犹豫于法律体系完整性与利益衡量之间,对若干基本问题,提出不同之见解,希望能从另外角度阐释问题之争点,或许有助于探寻合理之解决途径,亦未可知。

同时履行抗辩:第264条规定之适用、准用与类推适用*

一、问题之说明

"民法"第264条对双务契约上之同时履行抗辩设有规定,以资"适用"。又第261条规定,当事人因解除契约而生之相互义务,"准用"第264条规定。值得注意的是,1985年台上字第355号判决谓:"同时履行抗辩权,原则上固适用于具有对价关系之双方债务间。然而,虽非具有对价关系之双务契约而生之债务,其两债务之对立,在实质上有牵连性者,基于法律公平原则,亦非不许其准用或类推适用关于同时履行抗辩之规定。"

适用、准用及类推适用是属于不同层次的法律思考方式,同时应用于同时履行抗辩,在法学方法论上殊饶趣味,具有启示性。[①]

"最高法院"历年著有甚多之判例、判决及决议,特撰本文综合整理、分析、检讨之。为便于了解问题之争点,特先设例如下,以助思考:

(1)甲向乙购买某匹名马,价金200万元,甲得否以乙未交马而拒绝支付价金?甲得否以乙未交付血统证明书而拒绝支付价金?甲得否以乙交付之马于订约时既存有瑕疵而拒绝支付价金?甲得否以瑕疵系于订约后发生,乙应负不完全给付债务不履行之责任,而拒绝支付价金?此为第264条之适用问题。

---

* 本文原载《法学丛刊》第132期,第17页;第133期,第1页。
① 关于法律适用、准用及类推适用之基本问题,参见拙著:《基础理论》,载《民法实例研习丛书》(第一册),第116页。

(2) 在上举甲向乙购马之例,设于双方履行后,甲发现 A 马具有瑕疵而解除契约时,双方应互负返还受领给付之义务(第 259 条)。于此情形,甲于乙返还价金前,得否拒绝返还受领之马?此为第 264 条准用之问题。

(3) 在上举甲向乙购马之例,设于双方履行后,发现买卖契约不成立,无效或被撤销时,应依不当得利规定返还其所受利益。于此情形,甲得否主张于乙返还价金前,拒绝返还该马之所有权?此为第 264 条类推适用之问题。1985 年台上字第 355 号判决所涉及之问题为:建筑合约解除后,被上诉人负有返还土地之义务,上诉人负有退还保证金之义务,上诉人得否以被上诉人未返还土地,而拒绝退还保证金?

二、第 264 条之适用

(一) 概说

1. 规范目的

第 264 条规定:"Ⅰ.因契约互负债务者,于他人当事人未为对待给付前,得拒绝自己之给付,但自己有先为给付之义务者,不在此限。Ⅱ.他方当事人已为部分之给付时,依其情形,如拒绝自己之给付有违背诚实及信用原则者,不得拒绝自己之给付。"此为同时履行抗辩权之基本规定。

所谓因契约互负债务者,系指双务契约而言。双务契约是建立在"汝与则吾与"(do ut es)之原则上,即一方当事人所以愿意负担给付义务,旨在使他方当事人因此亦负有对待给付之义务。给付与对待给付具有不可分离之关系,学说上称为双务契约之牵连性,并且分为发生上之牵连性,存续上之牵连性及功能上之牵连性。[①]

所谓发生上之牵连性,系指一方之给付与他方之对待给付在发生上互相牵连而言,即一方之给付义务不发生时,他方之对待给付义务亦不发生。第 246 条第 1 项规定,以不能之给付为契约之标的者,其契约为无效。此项规定对双务契约亦有适用余地。例如甲以 A 车与乙之 B 车互易,A 车在订约时业已灭失时,互易契约无效,乙之给付义务亦不发生。

[①] 关于双务契约牵连性之基本问题,参见郑玉波:《民法债编总论》,第 373 页;孙森焱:《民法债编总论》,第 569 页。

在其他情形，双务契约因一方当事人无行为能力或意思表示被撤销致其债务不发生者，他方之债务亦同其命运。关于此点，民法未设明文，乃双务契约本质之当然。所谓存续上之牵连性者，指双务契约上一方当事人之债务因不可归责于双方当事人事由，致给付不能时，债务人免给付义务（第225条第1项），债权人亦免对待给付之义务（第266条第1项）。对此原则，法律设有两种例外，① 债权人对不能之给付应负担对待给付之危险（价金危险，参阅第373条、第374条）；② 给付不能系可归责于债权人之事由（第267条）。于此两种情形，债务人免给付义务，但债权人仍有对待给付之义务。

应特别提出者，系履行上之牵连（或称为功能上之牵连）。第264条所规定之同时履行抗辩权，即属此种功能上牵连。同时履行抗辩系以诚实信用原则为基础，具体表现于"一手交钱，一手交货"之交易观念，具有双重机能：担保自己债权之实现（你不交货，我不付款）；迫使他方履行契约（你要我付款，必须同时交货）。同时履行抗辩制度可借此两种机能，促使当事人履行其契约上之义务，具有诉讼经济之意义。

2. 法律性质

因契约互负债务者，于他方未为对待给付前，得拒绝自己之给付，学说上称为同时履行抗辩（Leistung Zug und Zug），亦有称为契约不履行之抗辩（Einrede des nichterfüllten Vertrages）。其法律性质如何，在德国普通法上有两种对立之见解，甚有争论。第一种学说称为统一的交换请求权说（Theorie vom einheitlichen Austauschanspruch），认为双务契约上之当事人仅享有得以自己给付请求他方为给付之权利，从而在诉讼上原告必须证明其本身业已履行其义务或无先为给付之义务。[①] 第二种学说称为抗辩权说（Einredetheorie），认为双务契约当事人之请求权系互相独立，仅其实现因他方当事人行使抗辩而互相发生牵连而已。《德国民法》第320条采抗辩权说。[②] 台湾地区"民法"第264条系仿《德国民法》立法例，通说

---

① 参见 Esser/Schmidt, Schuldrecht Ⅰ, Allgemeiner Teil, 6. Aufl. 1984, S. 243; Jahr, JuS. 1964, 293; Larenz, Schuldrecht, Allgemeiner Teil, 13. Aufl. 1987, S. 337.

② RGZ 20, 255; 126, 280; den Daek, Problem des gegenseitigen Vertrages, 1964, S. 45; Enneccerus/Lehmann, Schuldrecht, 15. Aufl. 1959, S. 139; MünchKomm/Emmerich, BGB, 1979, § 320 Rz. 3.

亦采此项见解①,其主要理由系基于诉讼上之考虑,使原告于请求被告履行其债务时,不必证明其本身业已履行对待债务。同时履行抗辩属于所谓的一时抗辩权,被告必须主张,法院始得审究,从而在被告缺席之情形,法院仍应为被告败诉之判决。

3. 任意规定

第264条关于同时履行抗辩权之规定,系属任意规定,双务契约当事人得约定一方有先为给付之义务。此外,基于契约自由原则,当事人亦得约定基于同一双务契约所生之债务,虽不立于对待给付之关系,或基于不同契约所生之债务,亦须同时履行之。

(二) 构成要件

1. 因契约互负债务

关于第264条之适用,以"因契约互负债务"为要件。1970年台上字第850号判例谓:"所谓同时履行之抗辩,乃系基于双务契约而发生,倘双方之债务非基于同一双务契约而发生,纵令双方在事实上有密切之关系,或双方之债务,虽因同一之双务契约而发生,然其一方为从属之给付,与他方之给付并非立于互为对待给付之关系者,均不能发生同时履行之抗辩"。据此分析之,应具备之要件因素有:双务契约;基于同一双务契约所生之债务;立于对待给付关系。析述如下:

(1) 双务契约。关于双务契约之意义,未设明文,有略加说明之必要。学说上向来将契约分为:

① 一方负担契约,即仅一方当事人,有负担义务之契约。例如在消费借贷,仅一方当事人负有返还金钱或其他代替物于他方之义务,而他方于受领给付时,并无须为对待给付。

② 双方负担契约,即双方当事人互负义务之契约,又可细分为:其一,双务契约,即当事人之一方负有给付义务,他方负担对待给付义务之契约。例如买卖契约,出卖人负移转买卖标的物所有权之义务,同时买受人负支付价金之义务;又如雇佣契约,受雇人负有服劳务之义务,雇主负有给付报酬之义务。其二,不完全双务契约,即当事人之一方,负担主要义务,而他方仅负有从属的义务之契约。例如在委任契约,受任人负担处

---

① 参见郑玉波,前揭书,第376页;拙著:《民法总则》,北京大学出版社2009年版,第77页。

理委任事务之主要义务,而委任人仅于特定情形,负有预付必要费用,或为赔偿之义务(第 528 条、第 545 条及第 546 条);又如在寄托契约,受寄人负担保管寄托物之主要义务,而寄托人仅于特定情形,负赔偿责任(第 589 条及第 595 条)。①

第 264 条所谓因契约互负债务,系指双务契约而言,不包括不完全之双务契约在内,其主要者有:买卖、互易、租赁、承揽、雇佣、劳动契约、有偿委任、和解及保险契约等。有疑问者,系合伙是否属于双务契约,而有第 264 条规定之适用。查合伙者,二人以上互约出资以经营共同事业之契约(第 667 条)。就互约出资言,具有对待性,故通说认为系属双务契约,惟因其系以经营事业为目的,与买卖契约等以交换给付为主要目的之双务契约究有不同,因此,在二人合伙之情形,同时履行抗辩固可适用,但在"三人以上合伙"之情形,似不应适用之,例如甲、乙、丙、丁四人互约各出资 10 万元,经营出版社,倘甲得以乙未依约出资为理由而拒绝自己之出资,共同事业势难进行。②

(2)基于同一双务契约。得主张同时履行抗辩者,系"基于同一双务契约"而生之对待给付。倘双方当事人之债务非基于同一之双务契约而发生,纵令在事实上有密切关系,亦无第 264 条之适用。例如甲先于 3 月 1 日向乙购屋,复于 4 月 2 日向乙购车,则甲不能以乙未交付房屋,而拒绝支付汽车之价金。1982 年台上字第 4460 号判决认为:"本件原审认定上诉人承租讼争房屋,因租期届满,租赁关系当然消灭,即有返还租赁物与出租人之被上诉人之义务,此与被上诉人之父吴国镇向上诉人借用 500 万元应予返还,并不发生同时履行之抗辩,自无违背法令之可言。"③可供参照。

(3)基于同一双务契约而互负之债务。

① 基本见解。给付义务:主给付义务与从给付义务。依第 264 条规定,得据以主张同时履行抗辩者,系基于同一契约而"互负之债务",何谓互负之债务,其范围如何,系实务上常见之争讼问题。"最高法院"之基本见解为双方之债务,虽因同一之双务契约而发生,然其一方为从属之给

---

① 参见梅仲协:《民法要义》,第 66 页。
② 参见史尚宽:《债编各论》,第 649 页;MünchKomm/Emmerich, §320 Rz. 27.
③ 《民刑事裁判选辑》,第 3 卷、第 4 期,第 88 页。

付,与他方之给付并非立于互为对待给付之关系者,均不能发生同时履行之抗辩(参阅1970年台上字第850号判例)。

关于立于互为对待给付之关系,首先应予肯定者,系所谓之主给付义务(Hauptleistungspflicht)。所谓主给付义务,系指构成某种契约类型所必具之固有义务,例如在买卖契约,出卖人交付其物并移转其所有权之义务,买受人支付价金之义务(第348条);在劳动契约,受雇人服一定劳务之义务,雇主支付报酬之义务(参阅"劳动基准法"第2条)。关于此等双务契约上之主给付义务,除一方当事人有先为给付义务外,得发生同时履行抗辩,自不待言。

须注意的是,双务契约上之给付义务,除主给付义务外,尚有所谓之从给付义务(Nebenleistungspflicht),从给付义务系基于诚实信用而发生,其目的在保障及促进满足债权人之给付利益,债权人可以诉请债务人履行。① 例如甲向乙购买比赛得奖之名马时,交付该马并移转其所有权,是出卖人之主给付义务,交付得奖证书及血统证明书,是出卖人之从给付义务。对于此种从给付义务得否成立同时履行之抗辩?

1982年台上字第3915号判决谓:"租地建屋,除有特别约定外,承租人欲建何种房屋,非出租人所得过问,且于租赁关系继续存在中,承租人为配合都市发展,将已建之房屋拆除重建,或利用尚未使用之空地加以增建,出租人并负有同意建筑之义务。而此种同意建筑义务,与承租人所负支付租金之义务,又非无互有对价之关系,如出租人不为同意,承租人自得提出同时履行之抗辩,拒绝其租金之支付。"②按在租赁契约,出租人之主给付义务为交付租赁物于承租人使用收益,承租人之主给付义务为支付价金。出租人对增建房屋之同意,应认为系具有独立性,可诉请履行之从给付义务。从给付义务应否纳入双务契约履行上之牵连关系,虽有争论,但原则上应采肯定说,尤其是与契约目的之实现具有密切关系之从给付义务,并应就具体案件依双务契约之类型及当事人之利益状态,依诚信原则定之。③ 准此以言,名马之买受人似得以出卖人未交付得奖证书及血统证明书而拒绝支付价金。

---

① 关于债之关系上之义务群,尤其是从给付义务,参见拙著:《民法债编总论》(一),第29页。
② 参见《民刑事裁判选辑》,第3卷,第3期,第81页。
③ 参见 Fikentscher, Schuldrecht, 7. Aufl. 1985, S. 4; Münchkomm/Emmerich, Rz. 20 vor §325; Soergel/Wiedmann, BGB, 11. Aufl. 1986, §320 Rdnr. 13.

② 原债务之延长或变形。须强调的是,立于对待关系之双方债务,尚应包括原给付义务之延长或变形,尤其是债务不履行之损害赔偿或让与请求权。1970年台上字第3973号判决谓:"本件第一审被告王某等未能如期完工,乃上诉人垫付工程款完成一部分工程,经证人张某等结证属实,王某纵应对上诉人支付违约金,又此违约金债务纵应由受让人林某负担;因违约金债务,并非双务契约原债务之延长或变形,故亦不得以他方未支付违约金之故,而拒绝自己之支付。上诉人如主张王某等或受让人应向其支付违约金,应另循合法途径解决;而不得据以在本件诉讼行使同时履行之抗辩。"亦采此见解。① 例如,甲有A物与乙之B物互易,因甲之过失致A物灭失时,甲应负债务不履行之损害赔偿责任(第226条),于此情形,乙对甲之损害赔偿请求权与甲对乙给付B物之请求权,得发生同时履行抗辩。又在上例,设该A物因遭丙不法毁灭而丙赔以C物时,乙对甲关于C物之让与请求权(第225条第2项),与甲对B物之给付请求权,亦成立同时履行抗辩关系。

(4) 个别双务契约类型

① 买卖。在买卖契约,立于对待给付关系者,在出卖人为交付其物并移转其所有权之义务(第348条),在买受人为支付价金之义务(第367条),1978年台上字第92号判决谓:"买卖标的物之所有权尚未移转登记与上诉人为不争之事实,如果被上诉人迄未将移转登记所需证件交付上诉人,协同上诉人声请办理所有权移转登记,即难谓上诉人不得拒绝给付系争尾款。"可供参照。② 又1983年台上字第821号判决谓:"买卖契约为典型之双务契约,买受人对于出卖人负有支付价金之义务,出卖人对于买受人负有交付标的物及移转所有权之义务。此项买卖双方互负应为对待给付之债务,除一方有先为给付之义务外,买卖双方均得在他方未为对待给付前,依第264条第1项规定拒绝自己之给付。原审未见及此,竟谓不动产买卖之出卖人只须交付标的物为已足,当事人间如无办理所有权移转登记与给付价金同时为之特别约定,买受人不得以出卖人未履行移转其所有权登记义务,而拒绝价金之交付,据以认定上诉人无提出同时

---

① 引自陈纪纲等主编:《综合六法审判实务・民法》(二),第1119页。
② 《有关房屋合建契约》,载《民刑事裁判选专辑》,1985年,第437页。

履行抗辩之权利,所持法律上之见解,亦有违误。"①出卖人之义务,非仅在交付其物,并在于移转其所有权,关于此点,交易上时有误会,上开判决具有澄清之作用。

在分价买卖,价金系划分为若干部分,分月或分年定期支付,因而实务上发生如下疑问:甲就其所有之土地与乙成立买卖契约,就价金部分约定分期给付,乙于交付第一期款后,请求交付土地,甲得否主张同时履行抗辩以未受领全部价金而拒绝?1980年台上字第3448号判决认为,买卖契约就上诉人应付之价款固有分期为给付之约定,然就被上诉人应履行办理讼争房地所有权移转登记之义务,既未有约定应于上诉人交付某期价款之后为之,依第348条第1项之规定,被上诉人于契约成立时,即负有移转讼争所有权之义务。② 此项见解,实属正确,诚如第一厅之研究意见所云:"第369条关于标的物与价金之交付,固以同时为之为原则,然法律另有规定或契约另有订定或另有习惯者,又属例外。本件土地买卖契约,对于价金之交付既以契约定之,自应从契约之所定。惟该契约仅就价金部分约定分期给付,而对土地部分并未约定交付期间,自应从当事人之真意及标的物之性质以为决定。按购买土地而约定分期给付价金者,旨在先取得土地之利用,若必待付清价金,始能请求交付买卖标的物,则无约定分期给付价金之实益。"

关于特殊买卖契约之同时履行抗辩,在交易上值得重视者,尚有继续性供给契约,即当事人约定一方于一定或不定之期限内,向他方继续供给定量之一定种类、品质之物,而他方支付一定或按一定标准计算价金之契约③,例如甲向乙订购鲜奶,每晨2瓶,每瓶15元,未定期限,月底付款。在此种继续性债之关系,虽属分期给付,但仍属单一双务契约,当事人一期债务不履行即构成全部契约之一部不履行。准此以言,关于第264条之适用,就上例而言,应注意者有二:其一,依当事人约定,出卖人乙有先为给付之义务,乙未为给付时,甲得拒绝支付价金。其二,乙如期交付标的物,而甲届期不支付价金时,不论发生在何期,乙均得援用同时履行抗辩,拒绝为继续之供应。④

---

① 引自陈纪纲等主编:《综合六法审判实务·民法》(二),第1125页。
② 引自陈纪纲等主编:《综合六法审判实务·民法》(二),第1120页。
③ 关于继续性供给契约,参见拙著:《民法债编总论》(一),第108页以下。
④ 参见盛钰:《继续性债之关系》,1988年度台大硕士论文。

② 租赁。在实务上经常发生争论者,系租赁契约上何种债务得成立同时履行抗辩。1980年台上第1798号判决谓:"出租人应以合于所约定使用收益之租赁物交付承租人,第423条定有明文,此乃出租人之主要义务,而与承租人租金之支付义务互有对价关系,出租人如不尽此义务,承租人自得行使其同时履行抗辩。"[①]第439条规定:"承租人应依约定日期,支付租金。无约定者依习惯,无约定亦无习惯者,应于租赁期满时支付之。如租金分期支付者,于每期届满时支付之。如租赁物之收成有季节者,于收益季节终了时支付之。"在租金后付之情形,设出租人于租赁关系开始后未交付租赁物于承租人时,承租人得依第264条主张同时履行抗辩,拒绝支付租金。在租金应于每期开始时支付之情形,租赁物之交付与第一期租金之支付立于同时履行抗辩关系。须注意的是,第423条规定,出租人应于租赁关系存续中保持其合于约定使用收益之状态,故出租人违反此项义务时,承租人亦得援用同时履行抗辩,拒绝支付租金。[②]

应讨论的是,承租人未支付约定租金债务时,出租人有无主张同时履行抗辩之余地?首先须确定者,系出租人不得以此为理由要求取回已交付之租赁物,因为承租人仅于租赁关系因届期或终止契约而终了时,始负返还租赁物之义务。惟出租人应得援用第264条第1项规定,在其保持义务(第423条)之范围内,拒绝为租赁物之必要修缮,以资抗辩。[③]

还须指出的是,"最高法院"于下列情形,否认租赁契约之当事人得主张同时履行抗辩:

A. 承租人所有第431条第1项之费用偿还请求权。与其在租赁关系终止后所负返还租赁物之义务,非有对价之关系,不得借口其支出之有益费用未受清偿,而拒绝租赁物之返还(参阅1944年上字第2326判例)。

B. 实施"都市平均地权条例"第56条第2项规定之改良费及补价金,与同条第1项所规定之终止租约收回耕地,并非立于互为对待给付之关系,自不发生同时履行抗辩之问题(参阅1974年台上字第828号判决)。[④]

C. 第955条所定善意占有人因改良占有物所支出之有益费用偿还

---

① 参见《民刑事裁判选辑》,第1卷,第2期,第164页。
② 参见 Soergel/Wiedmann, §320 Rdnr. 20, 34.
③ 参见 Soergel/Wiedmann §320 Rdnr. 34.
④ 引自陈纪纲等主编:《综合六法审判实务·民法》(二),第1118页。

请求权,与土地所有人之恢复请求权,非因契约而互负债务,不生同时履行问题。上诉人谓曾对讼争土地支出有益费用一节,纵令属实,亦应另行请求,要不得作为拒不返地之依据(参阅 1980 年台上字第 696 号判决)。①

D. 关于押租金之返还与租赁物之返还是否立于对待给付关系,"最高法院"原则上采否定说。1987 年台上字第 980 号判决谓:"上诉人交付被上诉人之押租金,系属担保履行契约之性质(包括按期支付租金,返还租赁物及给付违约金等),如被上诉人于上诉人履行契约后,尚未返还押租金,上诉人固得依法诉请返还,然究难执以拒还租赁物。"1980 年台上字第 3985 号判决重申此旨,认为:"承租人交付押租金与出租人,在于担保其租赁债务之履行,诸如租金之给付,租赁物之返还以及迟延返还租赁货物所生之损害赔偿债务均是。故在租赁关系终了后,承租人于租赁物返还前,尚不得请求出租人返还押租金,自亦无从主张其租赁物之返还应与出租人之返还同时履行"。② 值得参照的是,1981 年台上字第 658 号判决强调:"按以巨额押金押租房屋而不另付租金者,与单纯之租赁契约有间,两造所订租约内既经约定租约期满时,上诉人将租金无息退还被上诉人,即有第 264 条第 1 项之适用"。③

③ 承揽。在承揽契约,立于对待给付关系者,为承揽人之完成一定工作及定作人之支付报酬。报酬,应于工作交付时给付之,无须交付者,应于工作完成时给付。工作系分部交付,而报酬系就各部分定之者,应于每部分交付时,给付该部分之报酬(第 505 条),故承揽人迄至交付时原则上有先为给付之义务,不得援用同时履行抗辩。

1974 年台上字第 2327 号判决认为,承揽人倘无特别约定,固负有将工作剩余材料返还于定作人之义务,但此项义务与定作人给付报酬之义务,并无对价关系,定作人不得以承揽人未返还剩余材料,而拒绝自己之给付。④ 又在合建契约,1984 年台上字第 4176 号判决认为,上诉人之给付保证金,与被上诉人金亿公司之交付三、四楼债务,虽由同一合建契约

---

① 参见《民刑事裁判选辑》,第 1 卷,第 1 期,第 385 页。
② 参见陈纪纲等主编:《综合六法审判实务·民法》(二),第 1119 页。
③ 参见陈纪纲等主编:《综合六法审判实务·民法》(二),第 1121 页。
④ 参见陈纪纲等主编:《综合六法审判实务·民法》(二),第 118 页。

所生,但并无立于互为对待给付之,自不发生同时履行抗辩之问题。①

④ 雇佣或劳动契约。在雇佣或劳动契约,受雇人(或劳工)未提供一定劳务者,雇主除有先为给付之义务外(第 486 条、"劳动基准法"第 23 条),得依第 264 条第 1 项规定拒绝给付报酬。雇主届期未支付报酬(工资)时,受雇人得否拒绝提供劳务,不无疑问,但基本上应采肯定说。在此情形,受雇人之提供劳务纵因时间之经过而成为不能,于下列两种情形,雇主仍负有支付工资之义务:其一,此项给付不能,系基于可归责于雇主之事由(第 267 条)。其二,受雇人对雇主表示若支付积欠之工资,即愿服务劳务时,可认为系业已提出给付,雇主应负债权人受领迟延之责任(第 487 条)。

雇主违反契约上之保护义务或劳工卫生安全规定时,受雇人得否拒绝提供劳务?关于此项重要问题,德国法上甚有争论,通说采肯定说,惟强调受雇人须虑及雇主之利益,应先为通知,并不得于不适当之时间为之,可供参考。至于劳工集体拒绝提供劳务,究系行使同时履行抗辩权,抑或从事罢工,应依当事人所宣示之目的,斟酌相关情事客观判断之。②

2. 对待给付之存在及届清偿期

(1) 对待给付之存在。双务契约上同时履行抗辩之发生,须以被请求为给付之一方当事人(被告),对原告有对待给付请求权为要件。原告向被告请求支付价金,而被告主张买卖契约不成立、无效或被撤销,或债务业已抵销、免除时,被告所主张者,系其无给付义务,而非行使同时履行抗辩权,应予注意。

被告行使同时履行抗辩,须以其对原告有对待债权为要件,故依一般举证原则,被告就其对待债权之存在,应负举证责任,而原告就被告所主张对待债权之不存在(例如业已清偿或抵销),不必负举证责任。

于此应再讨论者,系对待给付嗣后不能之问题。在甲以 A 车与乙之 B 车互易之情形,设 A 车因不可归责于双方当事人事由致给付不能时,甲免给付义务(第 225 条第 1 项),乙亦免对待给付(交付 B 车)之义务(第 266 条第 1 项),不生同时履行抗辩之问题。惟依法律规定(第 373 条或

---

① 《民刑事裁判选辑》,第 5 卷,第 2 期,第 122 页。
② 关于德国法上之见解,参见 Brox/Rüthers, Arbeitskampfrecht, 3. Aufl. 1982, Rz. 605; Soergel/Wiedemann, §320 Rdnr. 24-27; Zöllner, Arbeitsrecht, 3. Aufl. 1983, S. 204, 367.

第374条)或当事人约定,乙应负危险负担时,甲得向乙请求交付B车,亦不发生同时履行抗辩。甲之给付(A车)因可归责于甲之事由而灭失时,乙得向甲请求损害赔偿,作为A车之替补利益时,有同时履行抗辩权之适用,即甲向乙请求交付B车时,乙得以损害赔偿同时履行之抗辩,反之亦然。

(2) 对待给付之届期。同时履行抗辩权之行使,须以对待给付届期为要件,倘被告给付义务业已届期,而对待给付因同意延期等原因而未到期时,被告有先为给付之义务,自无主张同时履行抗辩权之余地。

(3) 对待给付请求权罹于消灭时效。对待给付业已罹于时效时,被告是否尚得主张同时履行抗辩权?例如甲向乙家具行订购沙发,价金20万元,甲对乙请求权之时效为15年,但乙对甲之价金请求权为2年(第127条第8款)。设乙之债权已罹于时效时,于甲请求交付家具时,乙得否提出同时履行抗辩。关于此点,民法未设规定。依第337条规定:"债之请求权虽经时效而消灭,如在时效完成前,其债务已适于抵销者,亦得为抵销。"基于类似之利益状态,第337条规定于第264条之同时履行,应有类推适用之余地,即对待给付请求权虽经时效而消灭,如在时效完成前,已适于提出同时履行抗辩时,亦得为同时履行之抗辩。就消灭时效制度之规范功能言,此项类推适用实有相当之依据,被告因有同时履行抗辩权,有恃无恐,诚难期待其及时行使对待给付请求权。

3. 未为对待给付:部分给付、瑕疵给付或不完全给付

双务契约一方当事人之行使同时履行抗辩权,须以他方当事人未为对待给付为要件。设对待给付在质量已为完全之履行时,自不发生同时履行抗辩。有疑问者,系当事人一方为部分给付、瑕疵给付或不完全给付时,他方当事人得否主张同时履行抗辩,此在实务上至为重要,分述如下:

(1) 部分给付。债务人原则上无为一部清偿之权利(第318条),故双务契约之一方当事人提出部分给付时,他方当事人得不为受领,惟量之不足系属细微,斟酌当事人利益及交易惯例,其拒绝受领违反诚信原则者,不在此限。债权人受领部分之给付时,固得为相当部分之相对给付,例如甲向乙购米1 000公斤,乙提出给付500公斤时,甲得受领而支付500公斤之价金。债权人受领部分给付时亦得拒绝全部之价金,惟设债务人之给付达一定之数量,依其情形,如拒绝自己给付有违背诚实及信用原则者,债权人不得拒绝自己之给付,第264条第2项设有明文,可资参照。

(2) 瑕疵担保责任与不完全给付

① 买卖

A. 权利瑕疵担保责任。出卖人应担保第三人就买卖标的物,对于买受人不得主张任何权利(第349条),例如甲向乙购A车,价金50万元,乙交车,甲先付款20万元,其后发现该车系属赃物,车主向甲请求返还。于此情形,乙未履行交付买卖标的物及移转其所有权之义务,诚如1987年台上字第248号判决所云:"买受人于付清价金前,知悉买卖标的物有权利瑕疵时,亦得援用同时履行抗辩"。① 在出卖A物而交付B物之情形(所谓之交付异类物,Falschlieferung),买受人亦得主张在出卖人交付A物前,拒绝支付价金,自不待言。

B. 物之瑕疵担保责任。在买卖契约,出卖人所提出给付或交付之标的物,具有瑕疵时,买受人在何种情形得主张同时履行抗辩权,系实务上之重大疑难问题。1988年第七次民事庭会议,院长交议如下之问题:"甲向乙购买货物一批,价金新台币5万元,经签发同额远期支票一纸,交付于乙,以资清偿。嗣后甲发现该批货物有应由乙负担保责任之瑕疵,乃即通知乙,迨支票票载发票日,又故意使支票不获支付。乙于是起诉请求甲支付票款。问:甲可否以乙交付之货物有瑕疵,应负物之瑕疵担保责任或债务不履行责任为由,提出同时履行之抗辩?"民事庭会议作成如下决议:"出卖人就其交付之买卖标的物有应负担保责任之瑕疵,而其瑕疵系于契约成立后始发生,且因可归责于出卖人之事由所致者,则出卖人除负物之瑕疵担保责任外,同时构成不完全给付之债务不履行责任。买受人如主张:出卖人应负物之瑕疵担保责任,依第360条规定请求不履行之损害赔偿;或依同法第364条规定请求另行交付无瑕疵之物,则在出卖人为各该给付以前,买受人非不得行使同时履行抗辩权。出卖人应负不完全给付之债务不履行责任者,买受人得类推适用第226条第2项规定请求损害赔偿;或类推适用给付迟延之法则,请求补正或赔偿损害,并有第264条规定之适用。又种类之债在特定时,即存有瑕疵者,出卖人除应负物之瑕疵担保责任外,并应负不完全给付之债务不履行责任。并此说明。"

上开1988年4月19日第七次民事庭会议决议,对物之瑕疵担保责任、不完全给付及同时履行抗辩权之若干基本问题表示明确见解,事关民

---

① 参见陈纪纲等主编:《综合六法审判实务·民法》(二),第1119页。

法理论体系之发展,可谓近年来一项最重要之决议,诚值重视,兹分两点论述之:①

首先,关于物之瑕疵担保责任,"最高法院"认为,在危险业乙移转(物已交付)之情形,买受人就契约成立后发生之瑕疵,不得行使同时履行抗辩,此项见解可资赞同。就契约成立时既已存在之瑕疵,买受人得否行使同时履行抗辩,上开决议并未论及,解释上亦应采否定说。民法上物之瑕疵担保责任体系,无论物之瑕疵于何时发生或存在,出卖人原则上均不负修补之义务,就第264条之构成要件言,买受人实无可据以主张在出卖人除去物之瑕疵前,得拒绝支付价金之权利。可解除契约,请求减少价金,或请求交付无瑕疵之物(种类买卖)。

在危险移转前,出卖人所提出之标的物具有瑕疵时,买受人得主张何种权利,上开决议并未论及。学说上有认为物之瑕疵担保责任之特别规定,在危险移转前,无适用余地,故买受人得主张同时履行抗辩权;有认为买受人无请求补正瑕疵之权利,不能适用同时履行抗辩之规定,仅能类推适用之;亦有认为买受人得以出卖人未依债之本旨为给付,拒不受领,并依所谓"解除契约之抗辩"(Einrede der Wandlung),拒绝支付价金。理由构成虽有不同,结论均肯定买受人得拒不受领出卖人所提出具有瑕疵之标的物,出卖人不为补正时,得定相当期间催告买受人是否解除契约,买受人未于该催告期间为解约之表示时,仅能请求减少价金。此际物之交付与减少价金之支付应成立同时履行抗辩。

在种类之债,买受人得请求交付无瑕疵之物,故在出卖人未为给付前,买受人得援用同时履行抗辩,拒绝支付价金,上开决议亦同此见解。

其次,关于不完全给付,决议采取法律漏洞说,认为应类推适用第226条及给付迟延之规定,使债权人得请求损害赔偿或补正。不完全给付制度既然是法律漏洞,可见立法者对物之瑕疵担保责任体系与不完全给付制度并无事先之规划,因此,如何一方面维护物之瑕疵担保责任之体系,另一方面兼顾不完全给付制度之规范功能,划分二者之适用范围,或在何种情形下容许其竞合并存,为民法学主要难题之一。

"最高法院"认为,于以下两种情形,出卖人就物之瑕疵应负不完全

---

① 关于此项决议之详细评释,参见拙著:《物之瑕疵担保责任,不完全给付与同时履行抗辩》,载《万国法律杂志》第41期(1988年10月1日),第3页。

给付责任:其一,物之瑕疵系于契约成立后始发生,且因可归责于出卖人之事由所致者。其二,种类之债在特定时,即存有瑕疵者。此两种类型之不完全给付亦为通说所承认,应可赞同。真正的问题系物之瑕疵于契约成立时既已存在,出卖人疏于检查致未发现,或出卖人因过失告知买受人事实上不存在品质时,出卖人应负何种责任。对此困难之问题,决议未直接表示意见。在德国法上,有认为此为订约上过失之范畴,但因《德国民法》第463条(相当于台湾地区"民法"第360条)之特别规定而被排除,不成立订约上过失责任;但有学者认为,仍可成立订约上过失,出卖人应对瑕疵结果损害负赔偿责任;亦有学者认为,于此情形仍应使出卖人负积极侵害债权(不完全给付)责任。究应如何处理,诚有深入研究之必要。

出卖人应依第360条规定或不完全给付负债务不履行损害赔偿责任时,买受人得行使同时履行抗辩权。此项见解可资赞同,买受人之损害赔偿请求权系属原债务之内容变更,得与出卖人之价金请求权成立同时履行抗辩权,前已述明。此种债务不履行之损害赔偿,原则上多以金钱为之,双方当事人得为抵销之,自不待言。

须特别指出的是,决议认为出卖人应负不完全给付之责任时,买受人得请求补正,并行使同时履行抗辩权,此项见解与现行法上之瑕疵担保责任体系未尽符合,从保护被害人之观点言,亦无突破之必要。依规定,无论物之瑕疵何时存在或发生,亦不问出卖人故意不告知瑕疵,或因过失引起物之瑕疵,除有特别约定或依诚信原则而生之特别情形外,出卖人均不负修补瑕疵之义务,买受人似无主张同时履行抗辩权之余地。

② 承揽。第492条规定:"承揽人完成工作,应使其具备约定之品质及无减少或灭失或不适于通常或约定使用之瑕疵"。又依第493条规定:"工作有瑕疵者,定作人得定相当期限,请求承揽人修补之。承揽人不于前项期限内修补者,定作人得自行修补,并得向承揽人请求偿还修补必要之费用。如修补所需费用过巨者,承揽人得拒绝修补,前项规定不适用之"。由此可知定作人原则上有瑕疵修补请求权。民法所以设此异于买卖契约(尤其是特定物买卖)之规定,乃鉴于承揽人之义务在于完成一定之工作,通常具有除去瑕疵之能力。就法律性质言,应认为承揽人负有完成无瑕疵工作之义务,工作之无瑕疵系属于承揽人之履行义务。

实务上发生争论者,系承揽人所交付之工作具有瑕疵时,定作人得否主张同时履行抗辩,拒绝支付报酬?关于此点,1984年台上字第4790号判决谓:"承揽人因工作物有瑕疵,对定作人所负修补义务,与定作人给付报酬之义务并无对价关系。承揽之工作物如为房屋,所完成之房屋,果其骑楼使用第三人之土地,就令因此对定作人负有将骑楼所使用之土地为移转登记义务,然究难谓系原承揽契约所由生,亦与定作人给付报酬之义务无对价关系"。① 此项见解,似难赞同。在承揽契约,其构成对待给付关系者,在承揽人为一定工作之完成,在定作人为约定报酬之支付,定作人就工作物之瑕疵对承揽人请求修补之权利,性质上属于履行请求权,承揽人交付之工作具有瑕疵,定作人就得援用第264条第1项规定主张在承揽人修补瑕疵前,拒绝支付报酬。1983年台上字第4538号判决谓:"本件原审认定上诉人与元泰公司约定:由上诉人祭祀公业施某提供土地,元泰公司出资兴建房屋,于建造完成以后,由祭祀公业施某与元泰公司分配房屋及土地,则上诉人主张同时履行抗辩权,当系指应分配与上诉人祭祀公业施某之房屋,尚未建造完成。原审虽援引第一审勘验笔录之记载,谓上诉人之此项抗辩尚非可取。惟查该笔录所载勘验之结果,无非就被上诉人请求给付之房屋,认已装修完成,对于应分配与上诉人之部分,则未有记载。况且原审就空屋已认定工作有瑕疵,即与不完全给付相当。何以上诉人仍不得行使同时履行抗辩权?原判决语焉不详,自嫌疏略。"可供参考。②

4. 同时履行抗辩权之排除

(1)债务人有先为给付之义务。第264条但书规定,双务契约之一方当事人自己有先为给付义务者,不得以他方当事人未为对待给付而拒绝自己之义务,此就同时履行抗辩权之规范目的言,应属当然。先为给付义务之发生原因有二:其一,基于当事人之合意,例如买卖当事人约定先交货,后付款。其二,基于法律之规定(第439条、第486条、第505条)。1961年台上字第2705号判决谓:"承揽人完成之工作,依工作之性质,有须交付者,有不须交付者,大凡工作之为有形的结果者,原则上承揽人于完成工作后,更须将完成物付于定作人,且承揽人此项交付完成工作物之义务,与定作人给付报酬之义务,并非当然同时履行,承揽人非得于定作

---

① 《有关房屋合建契约》,载《民刑事裁判选辑》,第461页。
② 《有关房屋合建契约》,载《民刑事裁判选辑》,第447页。

人未为给付报酬前,就行拒绝交付完成之工作。"①

依第265条规定,当事人之一方,应向他方先为给付者,如他方之财产,于定约后显形减少,有难为对待给付之虞时,如他方未对待给付或提出担保前,得拒绝自己之给付。学说上称之为不安抗辩权。第265条所规定之不安抗辩权,系以他方之财产于订约后显形减少,致有难为对待给付之虞为要件。若订约时他方之财产已难为对待给付,虽订约时一方不知其事情,亦不得援用该条之抗辩权(1977年台上字第2889号判例)。

(2) 诚实信用原则。第264条第2项规定,他方当事人已为部分之给付时,依其情形,如拒绝自己之给付有违背诚实及信用原则者,不得拒绝自己之给付。此所谓部分之给付,系指给付之数量而言,例如甲售乙1万斤水果,已为9950斤之给付时,乙拒绝支付价金,有违诚实信用原则。实则,第264条第1项所规定之同时履行抗辩制度,本系建立在诚实信用原则之上,第2项规定乃特为强调,其适用范围不限于此,自不待言。易言之,即同时履行抗辩权之行使,不得违反诚实信用原则。1979年台上字第616号判决谓:"曾某所合建之房屋应交付与上诉人者,既经上诉人点收,并已出售或出租与他人使用,纵房屋有细微之瑕疵,上诉人非不可请求修补,参阅第264条第2项规定,殊不能径行拒绝自己之给付。"交付之房屋有细微之瑕疵,是否为部分之给付,虽有研究余地,但上诉人拒绝自己之给付,与诚实信用原则,显有违背,应不得行使。

(3) 受领迟延。有争论者,系双务契约上之同时履行抗辩权是否因一方当事人受领迟延而消灭。1986年台上字第534号判决采否定说,认为:"双务契约之一方当事人受领迟延者,其原有同时履行抗辩权,并未因之归于消灭。故他方当事人于其受领迟延后,请求为对待给付者,仍非不得提出同时履行之抗辩。除他方当事人应为之给付,因不可归责于己之事由致给付不能,依第225条第1项规定,免其给付义务者外,如认其抗

---

① 参见陈纪纲等主编:《综合六法审判实务·民法》(二),第1118页。关于双方契约当事人一方之先为给付义务,尚有两则判决可供参考:1972年台上字第1号判决谓:"两造和解,虽定上诉人迁让房屋同时被上诉人支付迁移费,但既另有如上诉人不依限迁让,经强制执行时即不予补贴之条件,性质上自难谓为第264条规定之同时履行,应仍解为上诉人有先履行迁让之义务。"又1974年台上字第206号判决谓:"国际贸易,因时遥路远,风险特多,又为避免资金积压,而影响周转,乃有信用状制度之设,通常出口商,皆待收到信用状后,始包装货物,购买保险,办理货物装运手续。信用状之交付,应先于货物,其履行给付,既有先后之分,即无同时履行之可言。"

辩为有理由,应命受领迟延之一方当事人,于他方履行债务之同时,为对待给付。"受领迟延之成立并不以故意或过失为要件,为保证当事人利益,并贯彻同时抗辩制度之功能,此项见解,诚值赞同。①

(三)利益第三人契约,债之移转及多数当事人关系上之同时履行抗辩

1. 利益第三人契约上之同时履行抗辩

双务契约上之同时履行抗辩权于利益第三人契约亦有适宜余地。例如甲向乙购车,价金100万元,约定丙对乙有直接请求权,是为利益第三人契约(第268条)。依第270条规定:"债务人得以由契约所生之一切抗辩,对抗受益之第三人。"其所称之抗辩包括同时履行抗辩权在内。②1982年台上字第1498号判决亦明确表示:"约定向第三人为给付之契约,债务人固得以契约所生之一切抗辩对抗该第三人。如为双务契约,即得于要约人未为对待给付前,拒绝对第三人为给付。"③因此,在上举之例,丙向乙请求付汽车时,乙得以甲迄未付款,而拒绝自己之给付。

2. 债之移转

(1)债权让与。第299条第1项规定:"债务人受通知时,所得对抗让与人之事由,皆得以之对抗受让人。"所谓得对抗让与人之事由,亦包括同时履行抗辩在内。例如:甲售某屋给乙,价金1000万元,而乙将其对甲请求交付其屋并移转其物所有权之债权(第348条)让与于丙。于丙向甲请求履行时,甲得以乙未给付价金,而拒绝自己之给付。债务人之地位不因债权让与而受其影响。

应附带说明者,依第295条规定:"让与债权时,该债权之担保及其他从属之权利,随同移转予受让人"。其所谓"其他从属之权利",并不包括同时履行抗辩权在内。同时履行抗辩权系基于双务契约本身(广义债之关系)而发生,不因个别债权之让与而移转,故在上举之例,甲对乙请求支付价金时,其得对甲主张同时履行抗辩权者,系买卖契约当事人乙,而非债权受让人丙。因此丙对甲债权之实现,有待于乙之协力,由乙对甲主张同时履行抗辩。

---

① 较详细之论述参见孙森焱:《民法债编总论》,第577页。Seorgel/Wiedemann, §320 Rd-nr.60.
② 参见郑玉波:《民法债编总论》,第394页。
③ 参见《民刑事裁判选辑》,第3卷,第2期,第30页。

(2) 债务承担。在债务承担之情形,承担人所承担者,为债务人原有之债务,故第303条第1项规定,债务人因其法律关系所得对抗债权人之事由,承担人亦得以之对抗债权人。所谓债务人因其法律关系所得对抗债权人之事由,系指原债务人就其自己与债权人之法律关系,得对债权人抗辩之事由而言,例如债权无效或消灭等是,同时履行抗辩亦包括在内。设甲出售某画给乙,价金100万元,由丙承担乙之债务(第300条及第301条)。在此情形,甲向丙请求支付价金时,丙得以甲未对乙交画,而拒绝自己之给付。在乙向甲请求交画时,甲得主张丙迄未支付价金,而拒绝自己之给付,自不待言。

3. 多数债务人关系上之同时履行抗辩

(1) 可分之债。可分之债者,指债之主体有多数,而以同一可分给付为标的之债,例如甲、乙向丙购买100公斤之特级乌龙茶,价金10万元,除法律另有规定或契约另有约定外,应平均分担或分受之(第271条),即甲乙各得向丙请求交付50公斤之乌龙茶,而丙得分别向甲、乙请求支付5万元。在此情形,当事人如何行使同时履行抗辩,"最高法院"迄未著有判决,学说上有认为可分之债由一个双务契约而生时,其可分债务之全部给付,为对于债权人之给付之对待给付,可分债务人全部非为给付之提出,不得谓双务契约一方当事人已有给付之提出,故仍应许债权人行使同时履行抗辩权。① 此说从"同一双务契约"立论,自有所据。惟可分之债以各债务对各债权各自独立为其特色,从而其发生原因纵为一个契约,除非其一方之对待给付系不可分,似应各得就自己之部分独立为同时履行之抗辩。②

(2) 连带之债。连带之债者,债之主体为多数,以同一给付为标的之多数而有连带之债之关系,例如甲乙向丙丁购买1000公斤乌龙茶,价金10万元,约定甲乙及丙丁均应负连带责任。依第273条规定:连带债务之债权人得对于债务人中之一人或数人或其全体同时或先后请求全部或一部之给付。因此,在上开情形,甲向丙请求交付1000公斤乌龙茶时,丙得主张甲应为支付全部价金之同时履行抗辩。

(3) 不可分之债。不可分之债者,债之主体为多数而以同一不可分

---

① 参见史尚宽:《债法总论》,第610页。
② 参见郑玉波:《民法债编总论》,第409页。

给付为标的之债。例如甲乙以其共有之 A 马与丙之 B 马互易,当甲或乙以全体债权人名义向丙请求交付 B 马时,丙得主张同时履行抗辩,甚为显然,无待详论。

(四) 同时履行抗辩权之行使及法律效果

第 264 条规定,因契约互负债务者,于他方当事人未为对待给付前,"得拒绝自己之给付"。关于此项"得拒绝自己之给付"之法律效果,民法或其他法律未设规定,在理论及实务上产生若干疑义,兹分实体法及程序法两方面论述之:

1. 实体法上之效果

(1) 消灭时效。关于同时履行抗辩权在实体法上之效果,应该说明的是,消灭时效之进行不因此而受影响。例如甲向乙家具制造商订购沙发,甲对乙请求交付沙发及移转其所有权之时效期间为 15 年,乙对甲请求支付价金之时效期间为 2 年(第 125 条,第 127 条第 8 款)。同时履行抗辩权之存在不影响此两项消灭时效之进行。惟须注意的是,对待给付(例如乙对甲之价金请求权)虽罹于时效,仍无碍于其为同时履行抗辩权之行使,前已论及,兹不赘。

(2) 抵销。应讨论者,系抵销之问题。甲向乙购买汽车,价金 100 万元,乙另对甲负有 100 万元之贷款债务,均届清偿期。于此情形,甲得以其对乙之贷款债权与乙之价金债权互相抵销之。有疑问者,系乙得否主张抵销,抽象言之,即附有同时履行抗辩之债权,是否得以之为自动债权而为抵销?

对于此项问题,"最高法院"似迄未著判决。《德国民法》第 390 条规定:"附抗辩权之债权不得以之供抵销;因时效消灭之债权,在其消灭前,已适于抵销者,得为抵销"。① 第 337 条规定:"债之请求权虽经时效而消灭,如在时效完成前,其债务已适于抵销者,亦得为抵销",虽未采《德国民法》第 390 条之前段规定,但为保护相对人之同时履行抗辩权不被剥夺,亦应认为附抗辩权之债权,不得以之供抵销。② 故就上举之例,乙不

---

① 关于《德国民法》第 390 条解释适用之基本问题,参见 Palandt/Heinrichs, §390, 46. Aufl. 1987.

② 参见郑玉波:《民法债编总论》,第 381 页;孙森焱:《民法债编总论》,第 582 页;邱聪智:《民法债编通则》,第 392 页。

得以其贷款债务与价金债权互为抵销,否则甲提出之汽车具有瑕疵时,甲将因丧失同时履行抗辩之权利,而遭受不利益。

(3) 给付迟延之责任

① "最高法院"见解。在理论上最具趣味者,系同时履行抗辩权之存在(或行使)对于给付迟延究竟有何影响,关于此点,有 1961 年台上字第 1550 号判例。① 鉴于其在实务上之重要性,特作较详细之分析。

在本案被上诉人主张系争台北县永和镇保福路六号前进房屋 1 栋及该屋基地系其所有,于 1958 年 5 月 22 日以价金 7.3 万元(新台币下同)售予上诉人郭咏吟,当收定金 3 万元,并约定迁入后再订立书面契约及付清价款,岂料上诉人郭咏吟与其夫上诉人张旭升于同年 6 月 22 日迁入后,仅续付 2 万元,余款屡催不理,并延不办理誊清契约等手续,经于同年 8 月 25 日以书面限 7 日内履行,亦置罔闻,当于同年 9 月 3 日致函声明解除契约,应请命为返还房屋,并自 1958 年 9 月 4 日起至迁让日止,按月赔偿损害金 700 元。上诉人在其上诉理由中主张被上诉人催告缴清余款当时,被上诉人出卖之土地尚有抵押权之存在,地上房屋亦迄未为保存登记,故被上诉人在未经涂销抵押权设定登记及将其所有权移转登记以前,上诉人郭咏吟自得拒绝余款之给付,乃被上诉人竟以上诉人给付迟延表示解约亦属不生效力。"最高法院"认为:"殊不知债务人享有同时履行抗辩权者,在未行使此抗辩权以前,仍可发生迟延责任之问题,必须行使以后,始能免责。本件上诉人对于被上诉人限期催告缴清价款当时始终争执者,为价金之多少,而从未以被上诉人亦须同时履行移转登记为理由拒绝付款,有卷附上诉人张旭升 1958 年 8 月 12 日致被上诉人之父梁劼诚邮局存证函,及同月 31 日致被上诉人代理人董乐荣律师复函可稽,则其无从阻却给付迟延所生之后果,情至显然,被上诉人据以解除契约,应为有效。"

② 分析讨论。关于上开判例,应提出说明者有五点:

A. 在买卖契约,出卖人有交付其物并移转其所有权之义务(第 348 条),买受人有支付价金之义务(第 367 条)。出卖人并应担保第三人就买卖之标的物,对于买受人不得主张任何权利(第 349 条),故对买卖标的

---

① 参见骆永家:《对待给付判决》,载《民事法研究》(二),第 61 页,对此判例作有深入之评论。

物抵押权之涂销,买受人亦可行使同时履行抗辩权。

B. 关于抗辩权对给付迟延之影响,学说上有两种对立之理论:第一种理论认为,抗辩权之存在本身即足排除迟延责任,至其理由又有二说:其一,抗辩权排除债务之届期;其二,因有抗辩权之存在,给付迟延系非可归责于债务人之事由。第二种理论认为,抗辩权须经行使始能排除迟延责任,此说又有两种见解:一是抗辩权之行使,溯及地排除已发生之迟延效果;二是已发生之迟延责任,不因抗辩权之行使而受影响。① 判例认为:"债务人享有同时履行抗辩权者,在未行使此抗辩权以前,仍可发生迟延责任之问题,必须行使以后,始能免责。"系采其一说之见解。

C. 鉴于同时履行抗辩权须待行使,法院始得审究,"最高法院"采取行使效果说,自在相当理由。惟就双务契约同时履行抗辩权之规范功能言,采取存在效果说,似较妥适。抗辩权具有形成权的性质②,其存在本身在法律上具有某种法律效果,关于抵销权之排除,前已论及,给付迟延责任之排除亦属之。债务人既享有拒绝给付之权利,则在他方未为给付之前,自得不为给付,从而亦不发生迟延责任之问题。

D. 须注意的是,债权人依债之本旨提出对待给付(或为提出对待给付之准备)时,债务人不得行使同时履行抗辩权,债务人若未为给付,即应负迟延责任,债权人得请求给付迟延之损害赔偿或解除契约。

E. 综据上述,可得两点结论:一是债权人未提出对待给付,而向债务人诉请给付时,债务人不负迟延责任。债务人未主张同时履行抗辩权时,法院应为被告径为给付之判决。债务人主张同时履行抗辩时,法院应为同时履行之判决(详见下述)。二是债权人提出对待给付,而债务人未为给付时,应负迟延责任。在诉讼上债务人未主张同时履行抗辩权时,法院应为被告径为给付之判决。反之,债务人主张同时履行抗辩时,法院亦应为同时履行之判决。须强调的是,已发生之迟延责任(例如给付迟延之损

---

① 上开学说之详细讨论,参见 Larenz, Schuldrechts Ⅰ, Allgemeiner Teil, 14. Aufl. 1986, S. 349f.; Oertmann, Einrede und Leistungsverzug, ZHR 78, 1.关于日本之判例及学说,谢坚彰,同时履行抗辩权之研究(1987年度辅仁大学硕士论文),作有简要之说明(第12页以下),可供参考。参见孙森焱:《民法债编总论》,第583页。

② Larenz, Schuldrecht Ⅰ, S. 351;铃木禄弥:《债权法讲义》(昭和57年,创文社),第187页。

害赔偿),不因债务人行使抗辩权而受影响。①

2. 程序法上之效果

(1) 同时履行抗辩权之行使。1983年台上字第1309号判决谓:"同时履行抗辩权,无待以诉为之。"②易言之,即同时履行抗辩权于诉讼上及诉讼外均得主张之。债务人在诉讼上主张同时履行抗辩权时,法院固须审究,债务人虽在诉讼外主张,但在诉讼上由当事人(包括原告在内)之陈述,可知债务人已行使同时履行抗辩权时,法院亦应审究之。③ 又同时履行抗辩系属事实上之主张,应于第二审言辞辩论终结前为之,自不待言。

同时履行抗辩权必须行使,法院始得审究,已如上述,当事人不知主张者,时常有之,此由前开1961年台上字第1550号判例乙案中所谓:"上诉人对于被上诉人限期催告付清价款当时所争执者,为价金之多少,而从未以被上诉人亦须同时履行移转登记为理由拒绝付款……"即可知之。因此法院应如何适当行使阐明权,亦值注意。④

(2) 被告行使同时履行抗辩权,法院应如何处理。被告未行使同时履行抗辩权时,法院应为被告为给付之判决。被告行使同时履行抗辩权时,法院应如何判决,"民法"及"民事诉讼法"未设明文。在1950年台上字第902号判例一案,上诉人于1946年4月24日出卖碎铁4万台斤于被上诉人,约定每百台斤价金连运费旧台币70元,当由被上诉人交付定金旧台币3 000元,其碎铁4万台斤,与其余价金各未交付,为两造不争之事实。原审于判决主文内,单独命上诉人为给付碎铁4万台斤之宣示,而于被上诉人对待给付之价金,并未究明其数额,一并命为提出。1940年上字第89号判例之基本见解认为:"按被告对原告请求履行因双务契约所负之债务,在裁判上援用第264条之抗辩权时,原告如不能证明自己已为对待给付,或已提出对待给付,法院应为原告提出对待给付时,被告为给付之判决。此项互负债务,同时履行之判决彼此有牵连关系,须于主文项下一并宣示之,不得单独命被告为给付之宣示,而置原告之对待给付于不顾。"

---

① 参见 Medicus, Bürgerliches Recht, 12. Aufl. 1984, Rdnr, 219.
② 参见《民刑事裁判选辑》,第4卷,第1期,第100页。
③ Soergel/Wiedemann, §320 Rdnr. 8.
④ 参见姚瑞光:《民事诉讼法论》(1988年6月版),第261页;骆永家,前揭文,第72页。

关于上开判例之见解,应说明有三点:

① 被告行使同时履行抗辩权时,法院究应如何判决,诚有疑问,为此《德国民法》第322条特设规定:"双务契约当事人一方就其应受之给付提起诉讼时,相对人如主张于对待给付前行使拒绝给付之权利者,仅发生交换履行之债务人之败诉判决之效果。"①此种判决学说上称为同时履行之判决(或交换给付判决)(Urteil auf Erfüllung Zug und Zug)。台湾地区"民法"未设类此规定,学者曾有认为:"除别有规定外,法院不得就当事人未声明之事项为判决('民事诉讼法'第388条)。盖本法原则上系采辩论主义。凡当事人未声明之事项,不得加以审判。否则即为诉外裁判也。例如原告仅请求清偿原本者,法院不得判令被告给付利息。原告以买卖为原因,请求被告交货者,如被告未为对待给付之抗辩并提起反诉者,法院不得为命原告提出对待给付(价款)时,被告始向原告交货之判决是。但判例之见解与本书相反(1940年上895,1937年渝上350)。言便利,以判例之办法为便利;言法理,其见解于法无据。"②实有相当依据。但就双务契约给付与对待给付之牵连性及同时履行抗辩权之功能而言,上开判例之见解,应值赞同。③

② 法院为同时履行之判决,不必基于当事人之请求。原告在其声明纵使明白要求为无保留被告给付之判决,法院于被告行使抗辩权时,仍应为同时履行之判决。被告虽不为同时履行判决之请求,只要其已依第264条主张同时履行抗辩权,法院亦应为同时履行之判决。

③ 此种附有对待给付条件之判决,实务一向认为系原告全部胜诉之判决,由被告负担诉讼费用("民事诉讼法"第78条规定)。④

在实务上引起争论者,系利益第三人契约上之债务人提出同时履行抗辩时,究应如何处理。高等法院1982年度法律问题座谈会曾提出如下之问题⑤:甲将坐落某处房屋一栋出售予乙,双方约定房屋应于某年某月

---

① 关于《德国民法》第323条解释适用之基本问题,参见 Palandt/Heinrichs, §322; Soergel/Wiedemann, §322.
② 姚瑞光:《民事诉讼法论》(1983年修正1版,1977年10月版),第359页。
③ 参见骆永家,前揭文,第68页;庄柏林:《论对待给付及抵销判决之既判力》,载《法令月刊》,第35卷,第12期,第6页。
④ 参见杨建华:《对待给付判决之上诉》(上),载《司法周刊》第268期。
⑤ 参见《民事法律问题研究汇编》,1988年5月,第238页。

某日交付与丙,最后一期价金之给付应与房屋之交付同时为之,届期甲未为交付,丙遂依第269条第1项之规定(第三人利益契约),以甲为被告起诉请求交付房屋,诉讼中,甲提出价金未付清之同时履行抗辩,经调查结果,乙最后一期之价金确未付清,惟丙主张并无给付价金之义务,且表示不愿代为给付,但乙表示愿为给付,此时,法院如欲为对待给付之判决,其主文应如何记载?讨论意见多数认为:"判决主文应载为:'被告甲于乙给付新台币××元时,应将坐落某处之房屋一栋交付予原告丙',因由第三人利益契约所生之一切抗辩,债务人均可对抗受益之第三人,包括同时履行之抗辩在内。兹某丙既表示不愿代为给付,而依契约丙又无给付价金之义务,且在未为对待给付价金时,甲并无交付房屋之义务,而乙表示愿为给付,故判决主文惟有如上记载,始能为对待给付之判决。"第一厅研究意见认为:"按被告在裁判上援用第264条之同时履行抗辩权时,原告如不能证明自己已为给付或已提出给付,法院应为交换之给付判决,不能遂将原告之诉驳回。此项交换给付之判决,系判决之执行附有条件,纯在谋诉讼上经济而设,苟应履行之一方,并非诉讼当事人,法院于被行使此项抗辩权时,原告如不能证明应履行之第三人已为给付或已提出给付时,法院仅得为驳回原告之诉之判决。"此项见解可资赞同。

(3) 基于同时履行判决之强制执行

① 原告为强制执行。法院为同时履行之判决后,原告如何为强制执行,台湾地区"民法"未设规定(《德国民法》第322条第3项、第274条第2项),应依强制执行法规定处理之。如前所述,同时履行(交换给付)之判决,系属执行附有条件之判决。依"强制执行法"第4条第2项规定,"执行名义附有条件……者,于条件成就后,始得开始强制执行。"准此以言,必须原告已为给付,使条件成就,始得开始强行执行。①

② 被告得否强制执行。有疑问的是,被告得否依据同时履行之判决为强制执行。关于此点,应采否定说。此项命原告为对待给付之判决,性质上仅系限制原告请求被告给付所附加之条件,亦即债权人开始强制执行之要件,并非独立之诉讼标的,尚无既判力,亦无执行力,从而债务人自不得请求就债权人对待给付执行。

---

① 参见陈世荣:《强制执行法诠解》,第74页;骆永家,前揭文,第73页。

三、第 264 条之准用

(一) 概说

关于第 264 条之"适用",前已论及,兹拟提出讨论者,系第 261 条规定:"当事人因解除契约而生之相互义务,准用第 264 条规定。"准用(entsprechende Anwendung)者,指法律明定将关于某种事项所设之规定,适用于相类似之事项。与准用应予区别者,系类推适用(Analogie)。所谓类推适用,系指关于某种事项,于现行法上未设规定,法院援引其性质相类似之事项之法规,转移适用于该法律未规定之事项。在某种意义上可以说,准用是法律明定之类推适用,而类推适用则是判例学说所创设之"准用"。实务上对法律之适用、准用及类推适用常未明确加以区别,互为混用,有碍法律思维之发展,兹举两例说明之:

(1) 误类推适用为适用:1967 年台上字第 2232 号判例谓:"为行使基于侵权行为之损害赔偿请求权,有主张自己不法之情事时,例如拟用金钱力量,使'考试院',举行之考试发生不正确之结果,而受他人诈欺者,是其为此不法所支出之金钱,则应适用第 180 条第 4 款之规定,认为不得请求赔偿。"此判例所谓"适用",应属"类推适用"。

(2) 误类推适用为准用:1952 年台上字第 490 条谓:"第 440 条第 1 项所谓支付租金之催告,属于意思通知之性质,其效力之发生,应准用同法关于意思表示之规定,如催告非因自己之过失不知相对人之居住所者,仅得准用'合同法'第 97 条,依'民事诉讼法'送达之规定,向该管法院声请以公示送达为催告之通知,始生催告之效力。"此判决所谓:准用,应属类推适用。

1985 年台上字第 355 号判决,认为同时履行抗辩权,原则上固仅适用于具有对价关系之双方债务间,虽非具有对价关系之双务契约而生之债务,其两债务之对立,在实质上有牵连性者,基于法律公平原则,亦非不许其准用或类推适用关于同时履行之抗辩。此判决所谓准用,究指而言,未臻明确,或系指第 261 条,亦未可知。惟查民法并无关于虽非具有对价关系之双务契约所生之债务,其两债务之对立,在实质上有牵连者,准用第 264 条之一般规定,因此应仅发生类推适用之问题,上开判决所谓准用,易滋疑义,似予删除。

(二) 解释契约恢复原状之义务

第259条规定:"契约解除时,当事人双方恢复原状之义务,除法律另有规定,或契约另有订定外,依下列之规定:① 由他方所受领之给付物,应返还之;② 受领之给付为金钱者,应附加自受领时起之利息偿还之;③ 受领之给付为劳务或物之使用者,应照受领时之价额,以金钱偿还之;④ 受领之给付物生有孳息者,应返还之;⑤ 就返还之物,已支出必要或有益之费用,得于他方受返还时所得利益之限度内,请求其返还;⑥ 应返还之物有毁损减失,或因其他事由,致不能返还者,应偿还其价额。"兹举一例言之,甲以A车与乙之B车互易,甲因乙交付之B车具有瑕疵,而解除契约时,一方当事人得主张在他方当事人未返还其所受领之汽车前,得拒绝自己返还之义务。1955年台上字第702号判例谓:"契约解除,双方互负恢复原状之义务,第259条定有明文,此项互负之义务,依同法261条准用第264条之规定,于他方未为对待给付前,得拒绝自己之给付"。此项判例重复法律规定之内容,虽值赞同,不具实质之意义,列为判例,殆无必要。

(三) 恢复原状义务与损害赔偿义务

第260条规定:"解除权之行使,不妨碍损害赔偿之请求。"1966年台上字第2727号判例所谓:"第260条规定解除权之行使,不妨碍损害赔偿之请求,并非积极的新赔偿请求权发生,不过规定因其他原因已发生之赔偿请求权,不因解除权之行使而受妨碍,故契约消灭所生之损害,并不包括在内,因此该条所规定之损害赔偿请求权,系专指因债务不履行之损害赔偿而言。"所谓因债务不履行之损害赔偿,例如给付迟延或加害给付之损害赔偿,学者通说亦采此见解。①

第261条所谓因契约解除而生之相互义务,是否包括债务不履行之损害赔偿,不无疑问。此项损害赔偿系独立于契约解除,纵契约未为解除,当事人仍得请求,严格言之,不能认为是因契约解除而生之相互义务,但鉴于损害赔偿是给付义务之变形或延长,及双务契约解除后所生返还

---

① 参见郑玉波:《民法债编总论》,第364页。

义务之牵连性,宜采广义解释,肯定关于此项损害赔偿亦得行使同时履行抗辩。①

四、第264条之类推适用

(一) 问题之提出

关于同时履行抗辩权,第264条规定可资适用,又有第261条准用之规定。于其他情形,当事人是否尚有行使同时履行抗辩权之余地？1985年台上字第1284号判决重申:"同时履行抗辩,系基于同一双务契约而发生,倘双方之债务,非本于同一双务契约而发生,纵在事实上有密切关系,亦不生同时履行抗辩。"

值得注意的是,1985年台上字第355号判决采取新之见解。在本件判决,上诉人交付土地给被上诉人合建房屋,被上诉人于签约同时交付1000万元,约定如自签约时起1年内某两笔土地尚未变更为住宅区时,上诉人应退还保证金200万元,该两笔土地建筑之合约自动解除。争论的问题在于解除契约后双方之返还义务(土地之占有及保证金),是否成立同时履行抗辩。判决略谓:"本院查原审就本诉部分判决上诉人败诉,无非谓上诉人未依照合约书第4条约定退还200万元保证金,业经被上诉人解除契约在先。上诉人所为同时履行之抗辩,因不能证明615、616地号两笔土地已经被上诉人为交付,不生恢复原状问题;且上诉人之收受200万元保证金,并非由其交付该两笔土地与被上诉人之结果,两者间无对价关系,不能认其抗辩成立云云。惟查被上诉人于1982年7月27日致上诉人存证信函中曾称:该两笔土地仍属上诉人提供之土地,为使工程进行顺利,暂作为设置工寮及存放工作物之处所,此皆双方为共同利益所预想及了解之土地利用方法等语(见第一审卷'被证二')。果两造对该两笔土地之利用,确有如该存证信函所称之预想及了解,纵上诉人未为现

---

① 结论上同此见解,史尚宽:《债法总论》,第556页。《日本民法》第545条规定:"Ⅰ.当事人之一方行使其解除权者,各当事人对其相对人负恢复原状之义务。但不得侵害第三人之权利。Ⅱ.前项情形,对应返还之金钱,应自其受领时起付加利息。Ⅲ.解除权之行使,不妨碍损害赔偿之请求。"《日本民法》第546条规定:"第533条(同时履行之抗辩)之规定,于前条情形准用之。"可资参照。

实之交付，显亦堪以认定已有简易交付之事实，即使法院履勘结果，该地上已无工寮等物之存在，仍无从否定已有之交付占有事实。次查，同时履行抗辩权，原则上固适用于具有对价关系之双方债务间。然而，虽非具有对价关系之双务契约而生之债务，其两债务之对立，在实质上有牵连性者，基于法律公平原则，亦非不许其准用或类推适用关于同时履行之抗辩。本件615、616地号两笔土地之建筑合约，既因解除条件成就而不复存在，被上诉人所负返还土地之义务，与上诉人所负退还保证金之义务，在实质上自有其牵连性，上诉人以被上诉人未返还土地，因提出同时履行之抗辩，尚难谓非正当。"

由上开1985年度两则判决可知，实务上正面临是否扩大适用同时履行抗辩权之难题。类推适用涉及两个基本问题：① 法律是否不备，存在着有应予填补之漏洞（法律漏洞）？② 法律漏洞倘属存在，如何类推适用第264条规定予以填补？

(二) 法律漏洞

1. 法律漏洞之意义

第264条规定得否类推适用，首先应该检讨的是，有无应予填补之法律漏洞存在。所谓法律漏洞，系指违反法律规范计划之不完全性，即关于某件事项，依现行法律秩序之规范计划言，应设有规定而未设规定而言。与法律漏洞应予区别者，系立法政策之考量：前者应系从法律规范本身而判断，后者则从法律规范外面而观察；前者应依类推适用或其他方法填补之，后者则为立法修正问题。① 兹举两例说明之：

（1）第194条规定："不法侵害他人致死者，被害人之父母、子女及配偶，虽非财产上之损害，亦得请求赔偿相当之金额。"请求权人不包括未婚妻，系立法者"有意之沉默"，非属法律漏洞，无类推适用第194条关于配偶规定，加以填补之余地，至于宜否增列未婚妻，则为"立法政策"之问题。

（2）第360条规定："买卖之物，缺少出卖人所保证之品质者，买受人得不解除契约或请求减少价金，而请求不履行之损害赔偿。出卖人故意不告知物之瑕疵者，亦同。"关于出卖人故意告知物事实上不存在之优点，

---

① 参见拙著：《基础理论》，载《民法实例研习丛书》（第一册），第164页。

民法未设规定,则为法律漏洞,因其与故意不告知物之瑕疵,均系故意不为真实之陈述,使买受人订立契约,在价值判断上宜为相同之处理,故应类推适用第360条规定,使买受人亦得请求不履行之损害赔偿。①

由上述出卖人故意告知物事实上不存在优点之例,可知承认法律漏洞及依类推适用予以填补之目的,在于依法律实践正义,贯彻"基本上相同者,应予相同处理"(Gleiches ist gleich zu behandeln)之平等待遇原则。②

关于同时履行抗辩得否类推适用亦应秉此原则处理之。

2. 台湾现行法之规范计划

(1) 现行规定。除对双务契约之对待给付及因契约解除而生相互义务,设有同时履行抗辩之规定外,尚有物上留置权制度。第928条规定:"债权人占有属于其债务人之动产,而具有下列之要件者,于未受清偿前,得留置之:① 债权已届清债期者。② 债权之发生,与该动产有牵连关系者。③ 其动产非因侵权行为而发生者。"例如甲有汽车交乙修理,在乙未受清偿报酬前,得留置之。物上留置权与同时履行抗辩权均源自罗马法上之恶意抗辩,虽亦具有拒绝给付之机能,但仍有其基本上之不同。③ 在此应予强调者,系留置权在于实现对他人债权,须以占有他人动产为要件,不能补现行法上同时履行抗辩规定之不足。例如甲以 A 车与乙之 B 车互易,双方履行后,发现互易契约不成立(无效、撤销或解除条件成就)时,双方应依不当得利之规定返还其所受领之利益(汽车之所有权)。于此情形,无第264条之适用或准用(第261条),留置权之要件亦不具备(因非占有他人之动产),故就民法规定言,一方当事人无从以他方未为给付,而拒约自己之给付。

(2) 比较法上之观察。比较法有助于了解现行规定之不足,④亦值

---

① 参见史尚宽:《债法各论》,第40页。Esser/Weyers, Schuldrecht Ⅱ, Besonderer Teil, 6. Aufl. 1984, S. 39; Fikentscher, Schuldrecht, 7. Aufl. 1985, S. 444.

② 关于平等原则(Gleichheitsprinzip)与法律漏洞之确定及填补之详细讨论,参见 Larenz, Methodenlehre der Rechtswissenschaft, 4. Aufl. 1979; Canaris, Die Feststellung der Lücken im Gesetz, 2. Aufl. 1982.

③ 关于同时履行抗辩权与留置权之比较,参见郑玉波:《民法物权》,第376页。《比较法之研究》,参见 Jabornegg, Zurückbehaltungsrecht und Einrede des nicht erfüllten Vertrages, 1982.

④ 参见拙著:《比较法与法律之解释适用》,载《民法学说与判例研究》(第二册),北京大学出版社2009年版,第1页以下。

研究。《德国民法》除第 320 条规定之双务契约同时履行抗辩权(相当于台湾地区"民法"第 264 条)外,尚于第 273 条设有债权之留置权(Zurückbehaltungsrecht):"Ⅰ. 债务人基于与其所由负担债务之同一法律关系,对债权人享有已届清偿期之请求权者,除依债之关系别有不同之情形外,于未领给付前,得拒绝自己所负担之给付。Ⅱ. 负返还标的物义务之人,基于对标的物所支出之费用,或因标的物所蒙受之损害,而享有已届清偿期之请求权者,亦有同一之权利,但债务人因故意之侵权行为而取得标的物者,不在此限。"又依《德国民法》第 274 条规定:"Ⅰ. 对于债权人之诉,债权人主张留置权者,其判决应命债务人对于受领其所应得之给付,提出所应为之给付(同时履行)。Ⅱ. 债务人受领迟延时,债权人得基于前项判决,无须履行自己所应为之给付,径以强制执行之方法实行其请求权。"依德国学者之见解,《德国民法》第 320 条规定之双务契约同时履行抗辩权系属于一种特别规定之留置权,其主要特色在于债权人不得提供担保,而免受债务人之主张同时履行抗辩。① 关于双务契约不成立(无效撤销)所生之不当得利返还请求权,在《德国民法》系适用于第 273 条规定处理之。②

《日本民法》第 533 条规定:"双务契约当事人之一方,于相对人为债务履行之提出前,得拒绝自己债务之履行;但相对人之债务人未届清偿期者,不在此限。"日本民法设有物上留置权(《日本民法》第 295 条以下),而无一般性之债权的留置权,虽与现行民法同,但须特别指出的是,《日本民法》于以下情形设有适用或准用双务契约同时履行抗辩权之规定:① 附负担之赠与(《日本民法》第 553 条)。② 因出卖人应负担保责任,关于解除或减少价金时所生之恢复原状义务(《日本民法》第 571 条)。③ 请求承揽人之瑕疵修补赔偿义务与定作人支付价金义务(《日本民法》第 634 条第 2 项)。④ 终身定期金关于债务不履行得恢复原状义务(《日本民法》第 692 条)。③

---

① Palandt/Heinrichs, §320 Anm. 1. 不同意见,Keller, Das Zurückbehaltungsrecht nach §273 BGB, JuS 1982, 665(688).

② Jauernig/Vollkommer, §273, Bürgerliches Gesetzbuch, 3. Aufl. 1984; RG 108, 336.

③ 日本法上关于同时履行抗辩权之诸问题,参见柚木馨:《同时履行の抗弁权》,载《综合判例研究丛书·民法》(2),昭和45年;入江真太郎:《同时履行抗弃权の适用に关する诸问题》,载《法学新报》,第3卷,第10号;神户寅次郎:《同时履行论》,载《法学杂志》,第39卷,第7号。

综据上述,可知现行"民法"关于履行抗辩制度,其适用范围较诸德国、日本民法,实属狭小,规范计划未臻周全,问题在于此究为立法政策问题抑或业已构成法律漏洞。

3. **法律漏洞之肯定**

应再强调者,系关于同一双务契约不成立(无效或撤销)所生之不当得利返还义务,"民法"无适用或准用第264条关于同时履行抗辩之规定。甲以A车与乙之B车互易,甲向乙请求交付B车时,乙得依第264条规定主张在甲未付A车前,拒绝自己之给付。在甲乙互为履行后,甲因乙交付之B车有瑕疵而解除契约时,依第261条规定准用第264条,当事人亦得行使同时履行抗辩。甲乙互为履行后,因互易契约不成立(无效或撤销)而发生之不当得利返还义务,衡诸"基本上相同者,应为相同处理"之平等处理原则,现行"民法"未设"准用"第264条之规定,就现行法本身之价值判断言,系属法律漏洞,殆无疑问。

关于同一双务契约不成立等所生之不当得利返还请求权,未设明文规定,系属法律漏洞,甚为显然,其有疑问者,系"民法"对非基于同一双务契约所生之对立债务,未设同时履行抗辩之规定,是否构成法律漏洞?此诚属困难之问题。"最高法院"自1970年台上字第850号判例以来一直采取否定之见解,确有相当之依据,但似以承认有法律漏洞存在较为妥适。第264条所以规定同时履行抗辩,系基于给付与对待给付之牵连性,而牵连性给付之所以得构成同时履行抗辩,乃基于诚实信用原则。双务契约间之对立给付既因其具有牵连性而许其行使同时履行抗辩,则非基于同一双务契约而发生之对立债务,具有牵连性者,何以不许行使同时履行抗辩权?基于法律公平原则似应认为,对立债务具有牵连性者应构成同时履行抗辩,不以基于同一双务契约而发生者为必要。① 1985年台上字第

---

① 学者史尚宽明白表示虽非由双务契约发生之债务,而两债务之对立实质上有牵连性,法律自公平之见地,应许其类推适用(《债法总论》,第556页)。学者采相同见解者尚有孙森焱(《民法债编总论》,第572页)。

335号具有突破性,应予肯定,原则上值得赞同。[1]

(三) 类推适用之案例

诚如前述,第264条规定双务契约同时履行抗辩权以给付之牵连性为其法律理由(Ratio leges)。基于同一法律理由,于其他情形,对立之债务,具有牵连性者,虽非基于同一双务契约而发生亦应类推适用第264条关于同时履行抗辩之规定。关键之问题在于牵连性应如何认定。

第928条规定留置权之成立须债权之发生与该动产有牵连关系,而其所谓牵连关系,通说认为债权由标的物而发生,或债权与物之返还基于同一法律关系或同一生活关系而发生者,均属之。[2]《德国民法》第273条规定之留置权亦为一种拒绝抗辩权,其牵连须存于债权与债权之间,前已论及,依其文义,两个对立之债权(债务),须由同一法律关系而生,但判例学说采扩张解释,认为两个对立债权基于一个经济上具有关联性之生活关系而发生,一方当事人不顾他方债权而行使自己债权,有违诚信原则者,即具有牵连关系。[3] 此项判断标准,强调同一生活关系及诚信原则,在现行法上基本上亦可采取。所谓同一生活关系及诚信原则,系属不确定概念,须就个案加以认定,兹分别就若干重要类型论述之:

(1) 双务契约不成立、无效或被撤销所生之不当得利请求权。双务契约不成立、无效或被撤销时,当事人就其所受领之给付,系无法律上原因而受利益,致他人受损害,应依不当得利之规定,负返还义务。此项不当得利返还义务,系基于同一双务契约之不成立(无效或撤销)而发生,具有牵连关系,自不待言。学说上有学者认为,应类推适用第261条关于解除契约所生相互义务准用第264条之规定。[4] 本文认为,类推适用准用

---

[1] 《瑞士债务法》第82条规定:"在双务契约,请求相对人给付者,应自己先行给付或为给付之提出;但契约之内容或性质上须履行给付,不在此限。"值得注意的是,瑞士判例学说亦参酌《德国民法》第273条关于债权留置权之规定,肯定法律漏洞之存在,认为应依《瑞士民法》第1条,由法院依"稳妥之学说及传统"(bewährte Lehre und Überlieferung)填补之。参见 Von Büren, Schweizerisches Obligationsrecht, Allgemeiner Teil, 1964, S. 466ff.; von Tuhr/Escher, Allgemeiner Teil des Schweizerischen Obligationsrechts, Bd. II, 3. Aufl. 1974, S. 68; Simmen, Die Einrede des nicht erfüllten Vertrages(OR82), 1981, S. 109f.
[2] 史尚宽:《物权法论》,第449页;郑玉波:《民法物权》,第384页。
[3] 参见 Staudinger/Selb, §273 Anm. 13-21.
[4] 史尚宽:《债法总论》,第556页。

之规定，尚值斟酌，似以类推适用第264条规定较为妥适，盖第264条乃同时履行抗辩之基本规定也。

（2）婚约消灭时互赠礼物返还义务。第979条之1规定："因订定婚约而为赠与者，婚约无效解除或撤销时，当事人之一方，得请求他方返还赠与物。"此项返还义务是否依不当得利规定为之未臻明确，但在解释上似应肯定之。[①] 互赠礼物之返还是否发生同时履行抗辩，民法虽乏明文，但鉴于互为赠与乃基于订婚之同一法律或生活关系，其因婚约消灭而生之返还义务，具有牵连关系，应有类推适用第264条规定之余地。

（3）清偿债务上之关联性。第324条规定："清偿人对于受领清偿人，得请求给予受领证书。"给予受领证书，可供证明债务业已清偿，避免债权人否定清偿之事实，关系债务人利益至巨，清偿与给予受令证书具有内在经济上之关联，应类推适用第264条规定，使其成立同时履行抗辩。[②]

（4）分批订货前批欠款未清，可否拒绝交付后批货物。在实务上引起争论者，系甲向乙分批订货，逐批付款，某批欠款未清时，乙得否拒绝交付次批货物。1985年台上字第1284号判决涉及此项问题，略谓："查上诉人于取得TUV合格证明持有执照后，似并未与被上诉人订立长期继续供给之产销合作契约。原判决既认定上诉人于接受德国客户订单后，始依其所需规格分批向被上诉人订货，而卷附订货协议书五件，每件之规格、货价，均有不同，系逐批付款。能否因上诉人以被上诉人生产之千斤顶向德国申领TUV执照，而认定两造间有继续供给契约关系存在，更进而认为上诉人每次之订单均为该整体继续供给契约之范围，已非无疑。两造签认前五件订货协议书时，上诉人早已结欠被上诉人货款101.8万元，（按上诉人主张因被上诉人违约另行销售，应付与违约金200万元，以之扣抵，故未为给付），被上诉人明知其事，仍与上诉人再行订约，自难于签约后以上诉人欠款未清，而拒绝交货，此与原判决所谓前批欠款未清拒绝赊欠之习惯有所不同。原判决谓依此习惯被上诉人拒绝交货，合于诚信原则，立论自有可议。按同时履行抗辩，系基于同一双务契约而发

[①] 关于第979条之1规定之解释适用，参见戴炎辉、戴东雄：《亲属法》（1987年修订版），第69页；陈棋炎、黄宗乐、郭振恭：《亲属法新论》（1988年初版），第86页。

[②] 参见孙森焱：《民法债编总论》，第573页。

生,倘双方之债务,非本于同一双务契约而发生,纵在事实上有密切关系,亦不生同时履行抗辩。"

关于继续性供给契约(单一契约)关系上之同时履行抗辩,前已论及,兹不赘。在分批订货(契约不同)之情形,前批欠款未清,不得拒绝后批交货,是否限于上诉人"明知其事,仍与被上诉人另行订约"之情形,抑或不论明知与否,均不能行使同时履行抗辩权,虽未臻明确,但就裁判要旨所谓:"同时履行抗辩,系基于同一双务契约而发生,倘双方之债务,非本于同一双务契约而发生,纵在事实上有密切关系,亦不生同时履行抗辩"观之,"最高法院"似根本采取否定之见解。

根据上开裁判要旨,似认为前批欠款与后批交货之间存在有"事实上密切关系"。在基于长期交易关系分批订货之情形,此种事实上密切关系于可认为具有经济上之同一关联时,应构成牵连性,前批欠款与后批交货两债务之对立,亦得类推适用第264条关于同时履行抗辩之规定。德国及瑞士通说在此类案例原则上,均肯定同时履行抗辩,可资参照。①

(5)押租金之返还与租赁物之交付。在理论及实务上最具争论者,系押租金之返还与租赁物之返还是否构成同时履行抗辩,对此重要问题,"最高法院"一向采取否定之见解,至其理由,依1980年台上字第3985号判决,乃是因为:"承租人交付押租金与出租人,在与担保其租赁债务之履行,诸如租金之给付,租赁物之返还以及迟延返还租赁物所生之损害赔偿债务均是。故在租赁关系终了后,承租人于租赁物之返还前,尚不得请求出租人返还押租金,自亦无从主张其租赁物之返还应与出租人之返还同时履行"。史尚宽先生基本上亦认同此观点,认为:"租赁关系终了,且返还租赁物时,由押租扣除不履行债务后之余额,发生返还请求权,承租人不得主张租赁物之返还与押租返还债务之同时履行,盖不独以返还租赁物之时为押租发生返还请求权所导之当然结论,而且租赁物返还如有迟延,其间所生损害之赔偿,当然由押租金扣除,以不认同时履行为公平。"②孙森焱先生亦采否定说,其理由为:"押租金契约与租赁契约为契约之联立,除以押租金为租金之预付者外,租赁物之返还与押租金之返

---

① 在德国系适用民法第273条关于债权留置权之规定,原则上肯定其具有牵连关系,参见Staudinger/Selb, §273 Anm. 18. 在瑞士系承认其为法律漏洞而由法院填补之,参见BGE 44, Ⅱ, 72ff.; Simmen, S. 112.
② 史尚宽:《债法各论》,第207页。

还,系属基于不同的契约发生之债,即无履行上之牵连关系。"[1]值得注意的是,郑玉波先生采取肯定之立场,略谓:"有认为承租人应先返还租赁物,而后出租人始返还押租金者,此种见解难谓妥当,因倘如此,则等于将押租金之担保范围,不当地扩大,于交易实情不合,因而近来通说则认为斯二者立于同时履行,然而当事人如有特约另定押租金之返还期者,亦应从其订定。"[2]

关于上开判例学说之争论,首先应说明者,系诚如孙森焱先生所言,租赁物之返还与押金之返还义务,系基于不同的契约而发生,因此无第264条之适用。又押租金担保之范围,除当事人有特别约定外,原则上应包括租金之给付,租赁物之返还以及迟延返还所生之损害赔偿,"最高法院"及史尚宽先生关于此点之见解,应值赞同。惟租赁契约与押租金契约乃基于经济上具有关联之同一生活关系,其返还义务实具牵连性,郑玉波先生在结论上似亦同此观点。为维持当事人利益之平稳,似可认为押租金扣除其应担保债务后,其余款之返还义务与租赁物之返还义务,得类推适用第264条规定成立同时履行抗辩。

五、结　　论

本文系以之判决判例为基础,检讨第264条关于同时履行抗辩之适用、准用及类推适用之基本问题:

(1) 就同时履行抗辩权之适用言:① 在构成要件方面,其主要问题为因契约而互负债务如何认定。1988年第七次民庭会议关于物之瑕疵、担保责任不完全给付及同时履行抗辩之决议,涉及民法体系构成及理论发展,殊值重视。[3] ② 在法律效果方面,其主要问题在实体法上为同时履行抗辩权之存在或行使对迟延责任之影响;在程序法上为于被告主张同时履行抗辩时,法院应否(及如何)为同时履行(交换给付)之判决。

(2) 同时履行抗辩权之准用(第261条),使契约解除时,当事人就其应恢复原状之相互义务,亦得主张同时抗辩,扩大了同时履行抗辩之适用

---

[1]　孙森焱:《民法债编总论》,第574页。
[2]　郑玉波:《民法债编总论》,第227页。
[3]　关于此项决议,詹森林亦撰有《物之瑕疵担保,不完全给付与出卖人价金请求权之同时履行抗辩》一文,作深入之检讨(《万国法律杂志》第42期,1988年12月1日),足供参考。

范围。

(3) 目前理论与实务所面临的难题是，应否类推适用第264条规定，进一步扩大同时履行抗辩权之适用范围，使其及于非基于同一双务契约所生具有牵连性之对立债务。"最高法院"一向采否定说，1985年台上字第355号判决第一次采肯定之立场，未来的发展，实值注意。

同时履行抗辩系根植于诚信原则，以对立债务之牵连性为其法律理由(ratio legis)。从同时履行抗辩对双务契约所生给付义务之适用，进而到对双务契约解除的恢复原状义务之"准用"，再发展到对双务契约不成立(无效或撤销)所生不当得利返还义务，尤其是对非同一双务契约所生具有牵连性对立债务之类推适用，我们可以看到，诚实信用及法律公平之原则在一个重要法律制度的形成及实践。这实在是一个深具启示性的法律成长过程。①

---

① 关于私法上法律原则形成及发展之基本理论，参见 Esser, Grundsatz und Norm in der richterlichen Fortbildung des Privatrechts, 2. Aufl. 1964, 尤其是 S. 231f., 252ff.

买卖不破租赁:第425条规定之适用、准用及类推适用[*]

一、问题之说明

"民法"第425条规定:"出租人于租赁物交付后,承租人占有中,纵将其所有权让与第三人,其租赁契约,对于受让人仍继续存在。"此项规定,学说上称为"买卖不破租赁"(Kauf bricht nicht Miete)。[①] 赁屋而居或从事营业者众,不动产买卖频繁,第425条之解释适用,实务上案例甚多。又第426条规定:"出租人就租赁物设定物权,致妨碍承租人之使用收益者,准用第425条之规定。"究应如何准用,学说上亦有争议。最近有若干判决涉及第425条之类推适用,在理论上颇值研究。兹撰本稿,综合论述之。

二、第425条之适用

(一)概说

1. 规范目的

债之关系的相对性系民法的基本原则,债权人仅得对债务人主张基于债之关系而生之权利,对第三人则不得主张之。就买卖契约而言,例如

---

[*] 本文原载《军法专刊》第35卷,第8期,第1页。
[①] 关于"买卖不破租赁",在德国法史上之发展,参见 Otte, Die dingliche Rechtsstellung des Mieters nach ALR und BGB, Festschrift für Wieacker, 1978, S.463.

甲售某屋给乙,业已交付,但未办理登记,其后甲复将该屋出售予丙,并即办理登记时,丙得基于所有人之地位向乙请求返还其物(第767条),乙不得基于买卖契约对丙主张有权占有,仅得依债务不履行之规定向甲请求损害赔偿。在租赁契约,依上开原则,出租人将租赁物所有权让与第三人时,受让人亦得依第767条向承租人请求返还租赁物,承租人不得以租赁契约对受让人主张有权占有,更无主张租赁关系对受让人继续存在之余地。惟租赁契约与买卖契约(或其他债权契约)究有不同。居住为人生之基本需要,屋价高昂,购买不易,承租人多属经济上弱者,实有特别保护之必要。

大清《民律草案》对保护承租人亦设有规定。[①] 该草案第680条规定:"不动产之赁贷主,将不动产所有权让与第三人,第三人有此所有权时,代赁贷主有由赁贷借关系所生之权利义务"。[②] 第681条规定:"不动产之赁借主因履行义务提出担保者,其取得不动产所有权之第三人,并取得因担保所生之权利。但第三人非现受担保,或对于赁贷主承任担保偿还之义务者,不负担保偿还之义务"。第682条规定:"不动产之赁贷主,将不动产所有权让与第三人,第三人对于赁借主不履行本于赁贷借关系之义务所生之损害赔偿,赁贷主应负保证人之责任。"第683条规定:"不动产之赁贷主,就不动产设定物权,有侵夺赁借主使用权之效力者,准用前三条规定。不动产之赁贷主,就不动产设定物权,仅有限制贷借主使用权之效力者,其物权取得人,不得侵害贷借主之使用权而行使权利。"此四个条文系采《德国民法》立法例(第571条以下),民法将之简化为两个条文(第425条、第426条),并变更其内容,分三点言之:

(1) 依草案,买卖不破租赁(草案称为使用赁贷借及用益赁贷借),其客体限于不动产,民法则兼括不动产及动产。自立法政策言,民法规定自较周全,惟实务上以不动产为常见。就历年判例及判决分析之,尚未发现涉及动产之案例。

(2) 草案第680条未明定以租赁物之交付为要件,偏重于保护承租人,民法明定以租赁物之交付为要件,具有公示作用,较能兼顾交易之

---

① 《民法制定史料汇编》(一),1976年,第519页。
② 德国民法将租赁分使用租赁(Miete)及用益租赁(Pacht),大清《民律草案》仿之而称为使用赁贷借及用益贷借。

安全。

（3）草案第681条、第682条,民法并未采取,其涉及之问题,如何处理,将于相关部分说明之。

2. 租赁权之物权化

依债之关系相对性的理论及物权优先性原则,买卖(所有权之移转)本来应破租赁,第425条明定"买卖不破租赁",使租赁权具有特殊性,其法律性质在理论上如何构成,学说上甚有重大争论。[1] 通说以租赁权物权化(债权物权化,Verdinglichung obligatorischer Rechte)称之[2],旨在表明租赁权系属债权,而非物权,但具有物权之对抗力,使承租人对于取得租赁物所有权或其他物权之人,亦得主张租赁权之继续存在。有争论的是,租赁权除第425条所明定之对抗第三人效力外,是否尚具有其他物权效力,尤其是关于物上请求权(第767条)、侵权行为之保护(租赁权是否为第184条第1项前段之权利)、租赁权之处分性等。诸此问题,涉及甚广,兹不赘。[3]

3. 任意规定

在承租人与出租人间之关系,第425条系属任意规定,承租人与出租人得约定出租人将租赁物让与第三人时,其租赁关系消灭(租赁契约附解除条件)。出租人、承租人与受让人三个当事人固得约定租赁关系在何种范围继续存在。惟两个当事人之约定不得影响第三人权利。易言之,即承租人与出租人约定其租赁契约对受让人不继续存在,或受让人与出租人约定排除租赁关系之移转者,其约定均属无效。[4]

(二) 构成要件

第425条规定之适用须具备三个要件:① 租赁关系之存在;② 租赁物已交付于承租人;③ 出租人将租赁物所有权让与第三人。具备此三项要件时,受让人纵属善意无过失不知租赁关系之存在,买卖仍不破租赁。

---

[1] Lönig, Die Grundstücksmiete als dingliches Recht, 1930; Larenz, Schuldrecht Ⅱ, Halbband 1, Besonderer Teil, 13. Aufl. 1986, S. 243. 简要之说明,参见史尚宽:《债法各论》,第141页。

[2] 史尚宽:《债法各论》,第141页;郑玉波:《民法债编各论》,第200页以下。

[3] 参见史尚宽:《债法各论》,第141页;郑玉波:《民法债编各论》,第201页;Canaris, Verdinglichung obligatorischer Rechte, Festschrift für Flume, 1978, S. 401.

[4] Staudinger/Emmerich, Kommentar zum BGB, 12. Aufl. 1980, 81 zu §571.

不具备此三项要件时(例如租赁物迄未交付),纵受让人明知租赁关系之存在,仍无第 425 条之适用。

1. 租赁关系之存在

(1) 准据时点。有效租赁契约之存在,系买卖不破租赁之基本要件,并以租赁物所有权让与时为其准据时点。租赁物让与后,租赁契约因意思表示有瑕疵经撤销而视为自始无效,或因解除而溯及失其效力时,亦均无第 425 条之适用。债务人于被强制执行前与第三人通谋虚伪订立租赁契约时,拍定人得主张租赁契约无效,不继受该租赁关系,此在实务上颇为重要,应予注意。

(2) 租赁契约之认定。租赁关系之存在,为"买卖不破租赁"之前提,因此,实务上常基于实际考虑,从宽认定租赁契约之存在,兹举数则实例以供参考:

① 租赁契约之意思实现:1954 年台上字第 454 号判决谓:"系争基地之房屋,被上诉人与原所有人某甲间之租赁关系,虽因其租赁物即房屋全部,因不可归责于双方当事人之事由,灭失而消灭,然某甲于被上诉人在系争基地重新建筑房屋,不惟无反对之表示,且受领其地租有年,是双方既有租用基地建筑房屋合致之意思实现,自难谓其租赁契约未经成立,依第 425 条之规定,此项租赁契约,对于向某甲受让其基地所有权之上诉人,仍继续存在。"

② 当事人真意之探求:1963 年 7 月 22 日,1963 年度第二次民刑庭总会会议决议:"甲向乙借用款项,约定甲以自己所有耕地交乙耕种,互不支付利息及地租,为期 2 年,期满甲未偿还借款,乙亦未交还耕地,在乙续租中,甲因欠债,经债权人声请查封拍卖该地,由丙得标承买,取得不动产权利移转证明书为凭,此种情形,如当事人真意系以利息折付租金之意思,其性质应认为耕地租赁契约,与消费借贷契约之联立,关于耕地租赁契约,一经成立,即有'耕地 375 减租条例'所定租期不得少于 6 年之适用,故纵消费借贷之期限届满,或债之关系,已因清偿而消灭,但原所成立之租赁关系,究仍继续存在,虽甲、乙间之金钱借贷关系,对于继续耕地所有权之丙,不能主张继续有效,而其另一租赁关系,则应适用第 425 条规定,认为继续存在。"

③ 当事人真意之推断(拟制):1959 年台上字第 1457 号判例谓:"土地与房屋为个别之不动产,各得单独为交易之标的,且房屋性质上不能与

土地使用权分离而存在,亦即使用房屋必须使用该房屋之地基,故土地及房屋同属一人,而将土地及房屋分开同时或先后出卖,其间虽无地上权设定,然除有特别情事,可解释为当事人之真意,限于卖屋而无基地之使用外,均应推断土地承买人默许房屋承买继续使用土地。"关于同一问题,1984年5月8日第五次民庭庭推会议作成如下之决议:"土地与房屋同属一人,而将土地及房屋分开同时或先后出卖时,依本院1959年台上字第1457号判例,应推断土地承买人默许房屋承买人继续使用土地,参照该判例之原判决全部裁判意旨,系认为使用土地之房屋所有人对土地所有人应支付相当的代价,则其法律关系之性质,当属租赁。至其租金数额,如当事人间不能协议决定,当可诉请法院裁判。其再因转让而承受土地所有权之人,应有第425条之适用,其再因转让而继受房屋所有权之人,则除有反对之特约外,应推断土地所有人对之默许其继续承租,故不问后为转让土地或转让房屋,其土地所有权之承受人对房屋所有人或房屋所有权之承受人对土地所有人,均继续其原来之法律关系。"

④ 互为租赁之认定:1986年3月11日,1986年度第五次民事庭会议曾提出下列法律问题:"甲所有之A地与乙所有之B地相毗邻,因地界不规则,双方为建屋方便,乃约定将相邻部分之界址取直,因而逾越原界址之土地,均同意对方建筑房屋(未办理所有权移转登记手续),嗣乙将B地售予丙,丙乃本于所有权诉请甲将占用B地上之建物拆除并交还土地,是否有理。"决议认为:"本件例示情形,关于土地之交互使用并非无偿,不能认为使用借贷,既不为土地所有权之移转,亦不能认为互易,其性质应属互为租赁之关系,乙如已将B地所有权移转予丙,应有第425条之适用"。①

⑤ 共有地之分管与出租:司法业务研究会第1期曾提出如下之法律问题:"甲、乙分别共有一块耕地,应有部分各1/2,并约定分管部分,甲将其应有部分之分管部分出租予丙耕作,嗣甲又将其应有部分卖予丁,丁对丙起诉主张无权占有,请求返还土地,丙反诉主张耕地租赁契约对丁仍有效,请求订立375租约,应如何判决?"第一厅研究意见同意研讨结论,认为:"甲之共有地已经分管,甲将该分管之特定范围出租予丙,并已交付占

---

① 关于本件判例之评论,参见拙著:《基于契约关系之越界建筑与土地受让人之拆屋还地请求权》,载《民法学说与判例研究》(第五册),北京大学出版社2009年版,第208页。

有，与单纯的应有部分出租不同，应认为甲、丙间之租赁契约成立，而甲乙间关于分管之约定，于承受甲之共有权之丁亦继续有效，丁以丙无权占有请求返还土地为无理由，丙反诉请求丁订立 375 租约为有理由"。①

（3）租赁之预约或附条件之租赁。租赁关系是否包括预约，附停止条件之租赁契约如何处理？关于此两个问题，基隆法院 1963 年 11 月份司法座谈会曾有讨论，其提出之法律问题为：甲向乙购买房屋 1 栋，约定乙如继续在该屋经商，应于 2 个月内通告甲，甲应将屋租予乙，否则应自该屋迁离，并定租金为每月新台币 2 000 元，押租金为新台币 2 万元，嗣甲于乙未表示是否承租之前，将该房屋出售予丙，并办理所有权移转登记，且甲告知乙，旋乙于限期内向丙表示承租，丙竟置之不理，乙丙间就该房屋是否有租赁关系存在。研究结果认为："按'民法'尚无关于预约效力之明文。题示甲乙双方就租赁之标的与租金均已表示一致，纵就其他非必要之点未经表示，亦无碍于契约之成立，惟该契约既附有须乙继续在该屋经商及于两个月通知之条件，则于停止条件成就前，自未生效，甲就该项契约所负义务，亦非经丙同意，不能令丙负担，并无适用第 425 条之余地"。②

关于上开问题及研究结果，应说明者有三：

① 租赁亦得成立预约，③但第 425 条所谓之租赁关系，不包括租赁之预约在内。

② 第 425 条之适用，以租赁物所有权让与时，有效租赁关系之存在为要件，附停止条件之租赁契约，于条件成就时，始生效力（第 99 条第 1 项），无适用第 425 条之余地。

③ 所谓"就该项契约所负义务，亦非经丙同意，不能令丙负担"，与第 425 条之适用无关，不能作为"无适用第 425 条之余地"之理由。

（4）抵押权设定后所订立租赁契约之存续

第 866 条规定："不动产所有人，设定抵押权后，于同一不动产上，得设定地上权及其他权利。但其抵押权不因此而受影响。"所谓其他权利包括租赁在内。1971 年台上字第 461 号判例谓："抵押人于抵押权设定后，

---

① 参见陈纪纲等主编：《综合六法审判实务·民法》（三），第 1594 页。
② 参见陈纪纲等主编：《综合六法审判实务·民法》（三），第 1591 页。
③ 关于预约之一般问题，参见拙著：《民法债编总论》（一），第 114 页；关于租赁之预约，参见史尚宽：《债法各论》，第 155 页。

与第三人订立租约,致影响于抵押权者,对于抵押权人虽不生效,但执行法院倘不依声请或依职权认为有除去该影响抵押权之租赁关系之必要,而为有租赁关系存在之不动产拍卖,并于拍卖公告载明有租赁关系之事实,则该租赁关系非但未被除去,且已成为买卖(拍卖)契约内容之一部。无论应买人投标买得或由债权人承受,依继受取得之法理,其租赁关系对应买人或承受人当然继续存在。"

上开判例之主要疑问认为:"该租赁关系非但未被除去,且乙成为买卖契约(拍卖)契约内容之一部。"拍卖公告系强制执行之一种程序,载明有租赁关系之事实,旨在使拍定人知悉该不动产上有租赁关系存在而已,如何能够产生私法上之创设效力,使租赁契约因拍卖公告而成为买卖契约内容之一部,在法理上尚值研究。依本文见解,租赁契约即未除去,拍卖又具私法买卖之性质,其租赁关系对应买人(或承受人)当然继续存在,乃基于第425条之适用,似非如"最高法院"所云,系所谓"继受取得之法理"。

2. 租赁物之交付

(1) 规范功能

第425条规定买卖不破租赁,须以租赁物之交付为要件,其理由有二:① 在租赁物交付以前,承租人尚无保护之必要;② 使物权化之租赁权具有公示性,此点较为重要。1946年院解字第3073号作有如下之说明:"租赁物经出租人交付于承租人后,即为承租人所占有,出租人如将其所有权让与第三人,第三人就承租人之占有,知有租赁契约之存在,不致因租赁契约于受让后继续存在,而受不测之损害。"1954年台上字第250号判例亦谓:"被上诉人与某甲就讼争土地订立租赁契约时,如未由某甲将土地交付被上诉人耕作,则上诉人受让该土地即无从知被上诉人与某甲间租赁契约之存在,依第425条及耕地375减租条例第25条规定之本旨推之,被上诉人与某甲间之租赁契约,即不能对于受让该土地之上诉人主张继续有效。"惟须强调的是,以租赁物之交付,作为租赁关系之公示方法,不若地上权或抵押权之以登记作为公示方法为明确,受让人仅能从该买卖(互易,或赠与)标的物已被第三人占有去推知租赁关系存在之可能性,而作进一步之查证,以保障其权益。因此,如何认定租赁物是否已交付,对当事人具有重大关系。

(2) 交付之意义

第425条所谓交付,系指占有之移转。第946条第1项规定:"占有之移转,因占有物之交付而生效力。"值得注意的是,同法条第2项规定:"前项移转,准用第761条之规定。"依第761条规定,占有之移转有现实交付、简易交付、占有改定及指示交付四种方法。史尚宽先生认为,第425条所谓占有,应严格解释以承租人现实占有为必要[①],但承租人于订立契约时已占有动产之情形,自应包括在内。在占有改定之情形(例如由出租人自承租人转租租赁物),因仍由让与人现实占有标的物,衡诸交付租赁物之公示目的,应解为尚未构成租赁物之交付。在指示交付之情形,出租物由让与人以外之第三人占有,让与人本身未占有让与标的物,但由于该第三人与让与人并无租赁关系,受让人难以查证租赁关系之存在,亦应解为不构成租赁物之交付。

(3) 占有之中止

据上所述,可知"租赁物之交付"系指由承租人现实占有租赁物而言。为贯彻租赁权物权化之公示原则,租赁物让与时,必须租赁物尚在承租人占有中,始有第425条之适用。1946年院解字第3073号解释谓:"第425条,系基于承租人交付后,必占有租赁物之普通情形而为规定,若出租人于承租人中止租赁物之占有后,将其所有权让与第三人,则第三人无从知有租赁契约之存在,绝无使其租赁契约对于受让人继续存在之理,同条之规定,自应解为不能适用。出租人乙将其房屋所有权让与第三人,即在承租人中止其占有之后,则甲乙间之租赁契约纵未终止,对于受让人丙,亦不继续存在。"此项见解原则上可资赞同。问题在于租赁物占有之中止,应如何认定。现行民法并无关于占有中止之规定,此涉及以占有为公示方法难以避免之危险分配问题,应参酌买卖不破租赁之立法目的,衡量承租人与受让人之利益,分别情形认定之。[②]

① 承租人抛弃占有者,其中止系基于自己之意思,且有丧失占有之事实,承租人无保护之必要,应认为系占有之中止。

② 承租人之占有系被他人侵夺,因其尚可依第962条规定请求返

[①] 史尚宽:《债法各论》,第201页。较深入之论述,参见黄茂荣:《中止占有与买卖不破租赁原则》,载《民商法判决评释》Ⅱ,1981年,第317页。

[②] 史尚宽:《债法各论》,第210页;黄茂荣,前揭文。

还,尚不构成占有之中止。

③ 承租人因旅行、房屋修缮等事由而离开,因仍有返回与占用之意思,其占有尚未中止。

④ 承租人转租或出借租赁物,由他人直接占有,自己居于间接占有之地位,其占有仍继续存在。

⑤ 承租人将租赁物交由出租人修缮时,因租赁物在出租人(让与人)占有中,受让人不易了解租赁关系之存在,是否可认为是占有之中止,颇值斟酌。学者有主张"如为修缮之目的,纵一时交还于出租人,亦无影响",可供参考。①

3. 出租人将租赁物所有权让与第三人

(1) 租赁物所有权之让与

① "所有权之让与"不破租赁。第425条之适用,尚须以出租人将租赁物所有权有效移转于受让人为要件,在不动产,除法律行为外,尚须办毕登记(第758条),在动产,除让与合意外,尚须交付(第761条)。构成租赁物所有权移转之原因行为,得为买卖、互易、赠与、遗赠,甚至合伙之出资。准此以言,所谓"买卖不破租赁",未臻精确,严格言之,宜称为"所有权之让与不破租赁",1980年台上字第720号判决谓:"第425条所定所有权让与不破租赁之原则,应以所有权移转业已生效为其要件,而不动产所有权依法律行为移转者,非经登记,不生效力,原审即认定争系房屋未为保存登记,并谓纵令属于郭宗焕所有,于出租后赠与被上诉人,无从办理所有权移转登记。自难认被上诉人已取得系争房屋之所有权,应无第425条规定之适用。"②可资参照。

② 原因行为之无效、撤销或解除。租赁物让与行为(物权行为)无效或被撤销时,受权人未取得标的物所有权,无第425条之适用。反之,原因行为(例如买卖)无效或被撤销时,物权行为不因此而受影响(物权行为无因性),受让人仍取得租赁物所有权,有第425条之适用。受让人在将租赁物之所有权返还于让与人前,仍为出租人,享有租赁关系上之权利义务。原因行为(例如买卖契约)解除时,在买受人返还标的物之所有权前(第259条),亦同。

---

① 史尚宽:《债法各论》,第210页。
② 《民刑事裁判汇编》第1卷,第1期,第242页。

③买受人将房屋出租他人后,出卖人解除契约。司法业务研究会第3期曾提出如下之法律问题:甲将房屋一栋售予乙,于办理移转登记并交付房屋后,乙将该栋房屋出租给丙并交付占有使用,后甲、乙间之买卖契约因有解除原因,甲向乙表示解除契约,此时乙、丙之租赁期间尚未期满,该栋房屋仍在丙之占有使用中,甲是否得于此时本于何种法律关系向丙请求返还。甲说:此时甲可以本于所有权向丙请求返还。理由:甲、乙间之买卖契约既已经解除,乙即负有恢复原状,将该房屋返还给甲之义务,此时乙因租赁契约而将前述买受之房屋交付丙占有使用,已成为无权处分,甲若不承认乙之前述处分,丙即成为无权占有,甲于此时自可本于所有权而向丙请求返还房屋。乙说:此时甲不能本于所有权向丙请求返还。理由:甲、乙间之买卖契约虽已经解除,而甲有向乙请求返还该房屋之权利,惟乙因与丙成立租赁契约而将该房屋交付丙占有使用时,甲、乙将该房屋所有权移转登记给乙,并交付该房屋给乙,此时乙已取得所有权当有处分权,其处分行为应有效,事后虽因甲、乙间之买卖契约被解除,而乙负有返还该买受物之义务,但亦不能因此而溯及认定乙交付该房屋给丙占有使用系无权处分,丙系本于租赁权而占有使用该房屋,并非无权占有,故甲于此时不能本于所有权向丙请求返还,应于租赁契约期满后代位乙向丙请求返还租赁物才合法。结论:甲、乙间买卖契约解除后,乙将所有权移转登记予甲,依第425条规定,租赁契约对甲仍继续有效,因此,在租赁期间届满前,甲不得请求丙返还房屋,租赁期限届满后,甲可本于租赁契约或本于所有权向丙请求返还。第一厅研究意见:同意研讨结论。[①]

上开问题之研讨结论,确值赞同。买受人因办理移转登记而取得所有权,将该屋出租予他人,乃出租自己之房屋。买卖契约之解除不具物权效力,对于房屋所有权之变动不生影响,买受人仅负返还房屋之义务,买受人将该房屋所有权移转登记予出卖人时,乃租赁物所有权之让与,自有第425条之适用。应特别说明的是,讨论意见之甲说及乙说均将租赁契约作为处分行为,因而发生无权处分及有权处分之争论。租赁契约系属债权行为(负担行为),而非处分行为,应予注意。实务上,长期以来,常将第118条所称之处分,认为包括债权行为在内,颇有误会,实有澄清之

[①] 参见陈纪纲等主编:《综合六法审判实务·民法》(三),第425条,第19页。

必要。①

于此，尚应提出讨论者，系1962年度台上字第1125号判决："契约经解除者，溯及订约时失其效力，与自始未订契约同。故因契约所生之债权债务关系，均溯及当初全归消灭，当事人应负依法律规定，恢复原状义务，由他方所受领之给付物，亦应予以返还，此观第259条第1款之规定自明，本件诉外人某某系争房屋之出租权，即系由于买卖契约而来，则于该买卖契约解除后，此项权利如亦应溯及当初全归消灭，则被上诉人能否依第425条之规定，对上诉人主张有租赁权之存在，即不无研求之余地。"②

此项判决之结论，难以赞同，其理由除参照前开说明外，应特别提出的是，"最高法院"所以认为不适用第425条乃是因为诉外人（买受人）之出租权因买卖契约之解除而全归消灭。关于此点，应说明者有四：

A. 所谓出租权，有时认为是指出租人基于租赁关系而取得之权利。（参阅1981年台上字第1366号判决）本件判决则指出租某物之权利，基本概念颇嫌混淆。

B. 所谓之出租权，若系指出租某物之权利，则产生一个问题：谁有出租权？物之所有人对其所有物有出租权，应无疑义。买卖契约虽经解除，但解除契约仅具债权效力，买受人依物权行为所取得之买卖标的物所有权并不因此而受影响，"最高法院"认为，出租权系由于买卖契约而来，并因买卖契约解除而消灭，对于解除契约之效力，似有误会。

C. 租赁契约系属债权行为（负担行为），不论出租人有无出租权，其租赁契约，均属有效。又第425条之适用，系以出租人为所有人为要件，与所谓之出租权无关。

D. 本件判决所谓之"出租权"，作为一个法律概念，实乏意义，徒增困惑而已。

④ 典权人出租典物与出典人之回赎。1956年台上字第841号判例谓："典权存续中，典权人将典物出租他人，其租赁之期限不得逾原典权之期限，既为第915条第2项所明定，则典物经出典人回赎后，该他人与典

---

① 参见拙著：《出租他人之物、负担行为及无权处分》，载《民法学说与判例研究》（第五册），北京大学出版社2009年版，第52页。

② 关于本件判决之检讨，参见郑玉波：《民法债编各论》，第236页。

权人所订之租约，对于出典人，自无援用同法第 425 条规定，主张继续存在之余地"。此项判例之结论，可资赞成。就理由构成言，本文认为，所以不适用第 425 条，不仅是因为"租赁之期限不得逾原典权之期限"，而是因为典权人不是典物之所有人，典物所有权仍属出典人，出典人回赎典物，仅系典权消灭原因，并非自典权人受让典物所有权，不具备让与租赁物所有权之要件。

⑤ 出租他人之物

A. 无权出租他人之物。第 425 条之适用，以让与人须为出租人为要件，因此，在无权出租他人之物之情形，于所有人将该租赁物让与第三人时，不适用买卖不破租赁之规定，受让人得向占有租赁物之承租人请求返还其物。1981 年台上字第 4254 号判决谓："依第 425 条规定，出租人于租赁物交付后，纵将其所有权让与第三人，其租赁契约对于受让人，固仍继续存在。若由所有人以外之第三人将租赁物出租者，即无上开规定之适用余地。"可资赞同。

B. 已受交付但未办理所有权登记之买受人出租买卖标的物。1966 年台上字第 3199 号判决谓："系争房屋在未经办理所有权移转登记前即被查封，原始建筑人（原所有权人）王某将系争房屋出卖予陈某时，已将该屋之使用收益及处分权（事实上处分权）让与陈某，则陈某合法买受后，自有将系争房屋租予被上诉人之权限，嗣后因拍卖而受让所有权之上诉人（新受让人），依第 425 条之规定，被上诉人（承租人）与陈某间之租赁关系，对上诉人仍继续存在，不能因陈某尚未取得系争房屋所有权及被上诉人与原所有人王某间未订有租赁契约而受影响。"①

在本件判决，买受人尚未取得买卖标的物之所有权，而将之出租予第三人，性质上仍属出租他人之物。"最高法院"所以认为仍有第 425 条之适用，其理由为买受人有出租之权限。此项见解似难赞同，第 425 条之适用，系以让与物之原出租人为租赁物之所有人为要件。要本案出租人既非租赁物之所有人，不能因其为有权出租，即认为有第 425 条之适用。

⑥ 租赁物所有权之原始取得。第 425 条规定出租人将租赁物之所有权让与第三人，系指第三人依物权行为继受租赁物之所有权，不包括原始取得之情形。"司法院"院解字第 3423 号谓："查经没收之敌伪产业，

---

① 参见李永然主编：《房地产租赁裁判汇编》，五南图书出版公司 1985 年版，第 249 页。

因拍卖机关标卖,拍定人因而取得所有权者,此种权利实为原始取得,既非基于原产业所有权之让与,自无第425条之适用,如原承租人向法院提起确认原租赁契约继续有效之诉,应认为无理由驳回之"。公用征收亦为原始取得,亦无第425条之适用。①

实务上发生如下之法律问题:依土地重划办法而重行分配于土地所有权人之土地,该土地上原租赁关系,原承租人是否得依第425条所谓买卖不破租赁之原则,对于重受分配土地之新所有权人主张租赁契约继续存在,关于此点,1971年10月19日第二次民刑庭总会会议决议(二)认为:"甲向乙承租耕地,嗣该耕地因实施土地重划分配予丙所有,丙以甲无权占有,诉求交还土地,按第425条所谓所有权不破租赁之原则,系指承租人于受租赁物之交付后,不论租赁物所有权移转予何人之手,原租赁契约对于受让人继续存在而言,显着眼于租赁随物移转之特性。然土地重划办法,第20条第1项即明定因重划重行分配予土地所有权人之土地,视为其原有之土地,则租赁唯有随出租人移转予新受分配之土地上,甲无权再使用讼争土地,应予交还。"就原始取得之观点言,此项决议,自值赞同。

(2) 拍卖

强制执行法上之拍卖,是否属于第425条所称租赁物所有权之让与?此与拍卖之法律性质有关系,德国采公法说,认为拍定人原始取得拍定物所有权,故不继受租赁关系。台湾地区实务上系采私法买卖说,第425条所称租赁物所有权之让与,自应包括拍卖而移转所有权之情形,故拍定人须继受租赁关系,"司法院"院字第1580号谓:"租赁物拍卖时,依第425条规定,其租约对受让人仍继续存在。"第一厅曾针对两则法律问题表示如下之研究意见:"出租人于租赁物交付后,纵将其所有权让与第三人,其租赁契约对于受让人仍继续存在,第425条定有明文。又执行法院之拍卖,性质上亦属买卖之一种,故本题拍定人乙,如经法院发给权利移转证书,取得拍卖房屋之所有权者,依前述说明之债务人与甲间,就该房屋之租赁契约,对乙继续存在,乙当然继承出租人之地位,而行使或负担租赁契约所生之权利或义务"。②

---

① 详细之讨论,参见郑玉波:《民法债编各论》,第234页。
② 关于"租赁与强制执行之拍卖",吴光陆著有专文,作较深入之探讨,足供参考,《法学丛刊》第134期,第55页。

(3) 出租人于移转所有权前（或同时），让与所谓之"出租权"

1981年台上字第1366号判决谓："若物在出卖以前，已先出租于第三人，而物之出卖人有将出租权一并让与物之买受人之约定者，因有第425条之适用，此一并让与出租权之约定，在实质上并无意义。除别有使此让与出租权之约定单独发生效力之原因外，殊无脱离物之出卖人而使出租权让与发生之效力之余地"。关于本件判决应说明者有三点：

① 此之所谓出租权系指因出租某物而取得之权利，尤其是出租人之地位。

② 出租权与租赁权，系属相对之概念，关于租赁之让与，1948年上字第6886号判例谓："租赁关系之成立与存继，系基于当事人间之信任，故租赁权通常为不得让与之债权，如房屋之承租人未得出租人之同意，擅将租赁权让与第三人，其情形有甚于全部转租，出租人自得终止契约。"出租权之让与，应否得承租人之同意，参照上开判例，似应采肯定之见解。

③ 出租人于移转租赁物所有权之际同时让与所谓出租权，实质上固无意义。但在"移转租赁物所有权"之前，使买受人先行取得"出租人地位"，具有实益时，得以"契约承担"之方式为之，自不待言。

(4) 出租人因不能移转租赁物所有权而将"出租人之权利"让与第三人

出租人对租赁物无所有权，或租赁物（不动产）未为所有权移转登记，致出租人无法将其所有权移转于买受人时，常采"出租人权利让与"之方式，使买受人取得出租人之权利。1950年台上字第1567号判例谓："上诉人受让讼争房屋，虽未为不动产所有权取得之登记，第查出租人原不限于所有权人，租赁又为债权之一种，按债权之让与，依第297条第1项之规定，一经让与人或受让人通知债务人，对于债务人即生效力。是上诉人关于此项债权之受让，既受经合法通知被上诉人，已生效力，究不能因上诉人取得讼争房屋所有权之未登记，而谓其对被上诉人为无出租人权利。"又1955年台上字第1101号判例谓："被上诉人向诉外人某甲买受系争房屋后，虽未完成其所有权移转登记，但其行使之租赁物返还请求权，系基于租赁关系即债之关系所发生，被上诉人既已向原出租人之某甲一并受让其权利，并将此项事由通知上诉人，则其对上诉人行使出租人之权利，自不因系争房屋之未完成所有权移转登记而受影响。"又1982年台上字第4608号判决谓："出租人权利之让与，固经让与人或受让人通知债务人,对于债务人始生效力,若出租人将其租赁契约所生法律上之地位,包括对于承租人享有之权利及所负义务,概括移转予第三人承受者,则为契约之承担"。① 上开三则判例及判决应说明者有四点:

① 判例认为"出租人权利之让与",与"契约之承担"应予区别,问题在于出租人所让与者,究为何种权利。

② 在1950年台上字第1567号判例谓:"租赁又为债权之一种,债权之让与⋯⋯出租人之权利⋯⋯"准此以言,出租人所让与者,究系基于租赁关系所生之个别请求权,抑或为出租人之地位,未臻明确。在1955年台上字第1101号判例,出租人所让与者似系基于租赁关系所生之权利,包括租赁物返还请求权。又在上开两则判例,再三表示受让人"行使出租人之地位",未臻明确者,系受让人是否为居于出租人之地位,亦或仅行使他人(出租人)之权利。就判例文义之言,似系前者而言。

③ 出租人所让与者,倘系基于租赁关系而取得之个别权利,例如租金请求权,损害赔偿请求权等,则为债权之让与,不必得承租人之同意,但非经让与人或受让人通知债务人,对于债务人不生效力(第294条)。

④ 出租人所让与者,倘系出租人之地位,则应采"契约承担"之方式。于此情形,原则上应由租赁契约当事人与第三人之三面契约为之,不能仅凭让与人或受让人通知债务人,即可由受让人取得出租人地位。

(三) 法律效果

1. 受让人与承租人间之法律关系

(1) 租赁关系之继续存在。出租人于租赁物交付后,将其所有权让与第三人,其租赁契约,对于受让人仍继续存在。所谓继续存在,"最高法院"认为系指"在承租人与受让人间,自无须另立租赁契约,于受让之时当然发生租赁关系"(参阅1934年上字第3092号判例),"受让人即当然继承出租人行使或负担由租赁契约所生之权利或义务,原出租人不得更行终止契约,请求承租人返还租赁物"(1937年上字第365号判例)。"原出租人⋯⋯即脱离出租人地位,此为法定移转。"(1983年台上字第1551号)。② 租赁关系之继续存在,既系基于法律之规定,当事人(受让人或承

---

① 参见陈纪纲主编:《综合六法审判实务·民法》(三),第425条,第21页。
② 参见陈纪纲主编:《综合六法审判实务·民法》(三),第425条,第21页。

租人),是否知悉,在所不问。

(2) 以租赁物所有权之移转为准据时点。受让人承继出租人之地位,而与承租人继续发生租赁关系,系以租赁物所有权之移转为其准据时点。在此时点以前,出租人业已取得之权利(例如租金请求权)或应负担之义务(例如债务不履行损害赔偿)均不移转于受让人。在这时点以后,原出租人不得更行终止租约,请求返还租赁物;受让人得以收回自用为原因,依据原租赁契约向承租人请求迁让房屋(参阅 1949 年台上字第 195 号判例)。

(3) 移转于受让人之权利

① 移转权利之范围。移转于受让人之权利,最主要者为租金请求权(详后),其随同移转者,尚有承租人所提出之担保,尤其是抵押金,1962 年台上字第 1428 号判例认为,在有押租金之租赁,承租人尚未履行交付押租金者,受让人得依向承租人请求交付登记(详后)。保证亦随同移转之。

② 租金请求权。租金系属法定孳息(第 69 条第 2 项),依第 70 条第 2 项规定,有收取法定孳息权利之人,按其权利存续期间内之日数,取得其孳息,在租赁物所有权让与第三人之情形,应依上开规定以定租金之归属,并以租赁物所有权之让与为其准据时点。

在租赁物(尤其是不动产)所有权让与前,出租人已依返还请求权让与方式将标的物交付(指示交付)于买受人者,亦属有之。于此情形,买受人是否因而取得租金请求权?关于此点,1951 年台上字第 1200 号判例谓:"不动产买卖契约成立后其收益权属于何方,依第 373 条之规定,应以标的物已否交付为断,与移转登记已未完成无关。而第 348 条所谓交付,即移转其物之占有,如买卖标的物由第三人占有时,依第 946 条第 2 项,准用第 761 条之规定,出卖人得以对于第三人之返还请求权,让与第三人以代交付……"系采肯定之见解。①

须注意的是,实际上常有承租人不知租赁物所有权之让与第三人,而继续向原出租人支付租金。此外,承租人预付租金者,亦有之。于诸此情形,为保护承租人,应适用第 299 条规定,原出租人或受让人未将租赁物

---

① 关于此项问题深入之探讨,参见廖义男:《买卖不破租赁与利益承受之时点及交付之观念》,载《台大法学论丛特刊》,1985 年度《民商事裁判研究专集》,第 259 页。

让与事由通知承租人者，承租人对原出租人支付租金（或预付租金），对受让人仍生效力。受让人仅得依不当得利规定向原出租人请求返还其无法律上原因而受领之租金。

③出租人终止权之移转。实务上发生争论者，系租赁物契约终止权之移转。关于此点1947年10月3日民刑庭总会决议认为："第425条所称之受让人，因同条之规定而受出租人之地位移转，其受让前已届清偿期之租金请求权，固已成为独立之债权，并不随同出租人之地位移转于受让人。惟原出租人因支付租金迟延，业已发生或将来可发生之契约终止权，不能离出租人之地位而独立存在，亦无因出租人地位之移转而使之消灭或阻止其发生之理由。除已发生之契约终止权，经原出租人于让与前抛弃者外，当然随同出租人之地位移转于受让人。受让人依第440条定相当期限催告承租人向原出租人支付租金，而承租人不支付者，受让人得终止契约。但原出租人于受让人行使契约终止权前，免除承租人之租金支付义务者，受让人之契约终止权即归消灭。"又1951年台上字第1200号判例谓："……承租人如对前业主欠租，除原出租人于让与前已抛弃契约终止权，或于让与后已免除承租人之交租义务外，受让人得定期催告承租人向原出租人交租。如承租人逾期不交，亦得由受让人行使契约终止权。故受让人以承租人欠租为理由而行使租约终止权时，并不以移转登记后之欠租为准据，倘前后欠租与'土地法'第100条第3款相符，又无其他特别情事，则以定期催告无效而声明终止租约，即非无据。"

在上开两则判例，构成终止租约之事由为积欠租金。1973年法律座谈会曾提出一则不同事由之法律问题："甲有房屋，以不定期限出租予乙，而乙用以供违反法令之使用，甲未加闻问。嗣将该屋出卖予丙，问丙可否以其在受让前所发生之该项事由，终止租约。甲说：甲将该屋所有权让与丙，乙之租赁契约，依第425条规定，对丙继续存在，在受让人即当然继承出租人行使或负担由租赁契约所生之权利或义务（1937年上字第365号、1949年台上字第195号、1952年台上字第1100号等判例中段），丙受让甲之终止租约权，自得据以终止租约。乙说：第425条，乃规定租赁物所有权移转，受让人与承租人当然发生租赁关系，不须另立租约之便宜而设，终止租约，乃租赁双方特定人间之债权，并不随房屋所有权移转而让与，甲说三判例，乃指受让人继受收取租金权利及以租赁物供承租人使用义务而言，丙不可妄予援引，主张终止租约。"研究结果：采甲说。

由上述可知,实务上一向肯定出租人终止权亦得移转予受让人。法律座谈会乙说认为终止契约,乃租赁双方特定人间之债权,颇有误会。终止契约系属形成权,在债之主体变更是否随同移转,应视情形而定。在债权让与之情形,契约解除权因与契约当事人地位有密切关系,不随同移转(第293条第1项规定)。在契约承担之情形,因契约当事人之地位亦一起移转,故契约终止权亦得随同移转。第425条所规定系法定之契约承担(gesetzliche Vertragsübernahme),契约终止权是否移转,在德国法上争论激烈。[1] 学说上有人认为,出租人权利或义务之移转应以租赁物所有权让与时为界限,在此以前已发生之出租人之损害赔偿请求权既不移转于受让人,关于出租人之终止权亦应适用同原则。本文赞同台湾地区实务上所采之肯定说。出租人之损害赔偿请求权固不因出租人地位之移转而受影响,得独立存在。惟就出租人之终止权而言,诚如"最高法院"所云:"不能离出租人之地位而独立存在,亦无因出租人地位之移转而使之消灭或阻止其发生之理由。"至于承租人终止权,于租赁物所有权让与后,得对受让人主张之,更不待言。

(4)移转于受让人之义务

① 移转义务之范围。受让人自受让租赁物所有权时起,仍应将租赁物供承租人使用收益,并负有使租赁物于租赁关系存续中保持其合于约定、使用收益状态之义务。受让人违反此项义务时,应负债务不履行责任。租赁契约之典型约款,例如租赁关系消灭后,出租人应承购其家具设备之义务,原则上应随同移转于受让人承担。[2] 至于租赁契约之非典型约定则不随同移转。1956年台上字第590号判例谓:"承租人以金钱贴与前业主,约定将息抵租,是债之关系显仅发生于承租人与前业主间,故在租赁关系存续中,前业主纵将租赁物让与第三人,除有第300条所定之债务承担情形外,原约定对该第三人并非继续有效。此与一般依租赁契约所为租金之预付,得以对抗受让人之情形,即非相同。"基本上亦同此见解。

② 押租金之返还。不动产(尤其是房屋)之租赁,常有所谓押租金,

---

[1] 参见 Mittelstein, Die Miete nach dem Rechte des deutschen Reiches, 4. Aufl. 1932, S. 675; Niendorff, Mietrecht nach dem BGB, 10. Aufl. 1914, S. 313; Staudinger/Emmerich, 57 zu §571.

[2] 此为德国之通说,Staudinger/Emmerich, 69 zu §517. 不同意见,史尚宽:《债法各论》,第212页。

即于租赁契约成立时以担保租金债务为目的,由承租人交付出租人之金钱或其他代替物。于适用第425条之情形,其押租金如何处理,系实务上之重大问题,迭经演变。

1935年院字第1266号解释:"依第425条规定,应继续存在之租赁契约,其让与人对于承租人契约之权利义务,既皆移转于受让人,承租人之押租金得向受让人请求返还。"1939年院字第1909号变更见解,认为:"第425条所谓对于受让人继续存在之租赁契约,系指第421条第1项所定意义之契约而言,若因担保承租人之债务而授受押金,则为别一契约,并不包括在内。此项押金虽因其担保之债权业已移转应随同移转于受让人,但押金契约为要物契约,以金钱之交付为其成立要件,押金权之移转,自须交付金钱始生效力,此与债权移转时,为其担保之动产质权非移转物之占有不生移转效力者无异。出租人未将押金交付受让人时,受让人既未受押金权之移转,对于承租人自不负返还押金之义务……""最高法院"亦据此解释,作成判例(参阅台上字第1428号判例),并于1962年台上字第2858号判例表示:"依院字第1909号解释,出租人未将押租金交付予受让人时,受让人对于承租人虽不负返还押租金之义务,惟受让人承受之租赁关系,依其让与内容,如无押租金之租赁,当不得向承租人请求押租金之交付,如为有押租金之租赁,则除承租人尚未履行交付押租金者,得依原约请求交付外,若承租人已依原约将押租金交付予原出租人时,则其既已依约履行,受让人如欲取得押租金以供租金之担保,亦属是否可向原出租人请求转付之问题,其仍向承租人请求履行之交付押租金义务,于法即属不合。"

综据上述,关于租赁物所有权移转与押租金关系之目前法律状态,可分四点言之:

其一,承租人与原出租人约定须交付押租金,而尚未交付时,受让人得根据该项约定,向承租人请求交付。易言之,即此项约定对于受让人亦继续有效,由受让人承继之。

其二,承租人已依原约将押租金交付于原出租人时,受让人如欲取得押租金之担保,可向原出租人请求转付。

其三,受让人已自承租人取得押租金,或自原出租人转受抵押金者,应负返还之责。

其四,受让人未取得抵押金不负返还之责。学说上有争论者,系第四点,即押租金未交付于受让人时,受让人应否负返还义务。实务上先后见解不同,可知处理之不易,其所涉及者,不仅是押租金之法律性质,而是当事人利益之衡量,在法律解释上实具启示性,值得注意。史尚宽先生认为,押租金未交付于受让人时,受让人仍负返还义务,其理由乃出于保护承租人。史尚宽先生谓:"承租人就押租惟于债权的返还请求权,非如物的担保之供与人兼有物上请求权。如受让人不当然承受原出租人之返还义务,则其请求权至为薄弱,不足以保护承租人,故应解释受让人除经承租人同意外,必须承受押租之返还义务,其已受押租之转交与否,在所不问。"① 郑玉波先生更从受让人之观点,加以分析,认为:"'司法院'之后一解释,虽可免使受让人遭受不测之损害;但对于承租人之保护,不免欠周,故不若先之解释为妥。或曰依先解释,对受让人言之,未免过苛。其实受让人既因承租人占有租赁物而得知租赁关系之存在,对于有无押金自不难查知……"②

史尚宽及郑玉波两位先生均强调承租人之保护,至于为何"如受让人不当然承受出租人之返还义务,则其请求权至为薄弱",史尚宽先生未详加说明。1978年台上字第980号判决谓:"上诉人交付被上诉人之押租金系属担保履行契约之性质(包括按期支付租金、返还租赁物及给付违约金等),如被上诉人于上诉人履行契约后,尚未返还押租金,上诉人固得依法诉请返还,然究难执以拒还租赁物。"承租人对于押租金之返还与租赁物之返还不得主张同时履行抗辩,其他似无有力保障其押租金请求权之制度。

值得提出的是,《德国民法》第572条规定:"Ⅰ.经让与之土地,其使用承租人就义务之履行曾向出租人提供担保者,取得人亦享受因此所生之权利。Ⅱ.取得人仅于已受担保之交付,或对于出租人承担其返还义务时,始负返还担保之义务。"草案亦仿此设有第681条规定,前已论及。其所称提供之担保,包括押租金(Kaution)在内。《德国民法》所以明定租赁物受让人(取得人)未受押租金之移转,对于承租人不负返还押租金之义务,其立法理由亦系出于保护承租人,认为承租人所信赖者,系出租人,不能因租赁物之移转,而必须另向其并不认识之第三人请求返还其交付

---

① 参见史尚宽:《债法各论》,第206页。
② 参见郑玉波:《债法各论》,第231页。

之押租金。①

综据上述,出租人未将押租金转交于受让人时,承租人究应向出租人或受让人请求返还,系利益衡量上之一项难题,目前实务上认为仅得向出租人请求,受让人不负返还义务,实有相当依据。

2. 受让人与出租人间之法律关系

依第425条,受让人依法当然承继出租人之地位,承租人得对受让人主张租赁关系之存在,对不知情之受让人,诚为不测之损害。第349条规定:"出卖人应担保第三人,就买卖之标的物,对于买受人不得主张任何权利。"(第347条、第398条)。所谓第三人有得主张之权利,除权利之全部或一部属于第三人外,尚包括权利受第三人权利之限制,租赁关系亦属之。于此情形,善意之买受人得依关于债务不履行之规定,请求损害赔偿或解除契约。买受人解除契约时,在将租赁物之所有权返还于出卖人以前,租赁关系仍对其存在。在将租赁物之所有权移转于出卖人时,仍有第425条规定之适用。

3. 出租人与承租人间之法律关系

出租人将租赁物之所有权移转于第三人时,即脱离出租人之地位,不得仍以出租人名义向承租人请求返还房地[1954年3月10日民刑庭总会会议决议(二)],亦不得行使租赁物所有权让与前所发生之终止权。

值得提出的是,依草案第628条规定,出租人将租赁物所有权让与第三人,第三人对于承租人不履行本于租赁关系之义务所生之损害赔偿,出租人应负保证人之责任。本条规定系仿自《德国民法》第571条第2项,其立法理由在于保护承租人。出租人将租赁物所有权移转于第三人,即由该第三人承继出租人之地位,不必得承租人之同意,设该第三人无资力赔偿因债务不履行所生之损害赔偿,承租人有难获赔偿之虞,自立法政策言,上开草案之规定,实有相当理由,"民法"虽未设相当规定,惟承租人得与出租人订立类此条款以保障其权益,自不待言。

---

① Staudinger/Emmerich, 10 zu §572.

三、第 425 条之准用

（一）规范目的

《民律草案》第 683 条规定，"不动产之赁贷主，就不动产设定物权，有侵夺赁借主使用权之效力者，准用前 3 条规定。不动产之赁贷主，就不动产设定物权，仅有制限贷借主使用权之效力者，其物权取得人，不得侵害贷借主之使用权而行使权利。"[①]前已提及。第 426 条将之简化为："出租人就租赁物设定物权，致妨碍承租人之使用收益者，准用第 425 条之规定。"立法目的旨在强化承租人之地位。就法律性质言之，系属任意规定，出租人与设定物权者得排除其适用，但应得承租人之同意。

关于第 425 条如何准用于出租人就租赁物设定物权之情形，"最高法院"迄未著有判例、判决或决议。

（二）构成要件之准用

关于构成要件之准用，除第 425 条为所有权之物移转，本条系就租赁物设定足以妨碍承租人使用收益之其他物权，有所不同外，余均须具备第 425 条之要件：① 须有租赁关系之存在；② 租赁物须交付于承租人，请参照前述，兹不赘。

所谓致妨碍承租人使用收益之权，系指用益物权（典权、地上权、永佃权及地役权）。不动产抵押权之设定，抵押权人不占有抵押物，对租赁权并无妨碍，通说认为不包括在内。值得注意的是，郑玉波先生认为，第 863 条规定"抵押权之效力，及于抵押物扣押后自抵押物分离，而得由抵押人收取之天然孳息"，与承租人之收益发生冲突，故亦有第 426 条之适用，此项见解，可供参考。[②]

（三）法律效果之准用

关于准用第 425 条之法律效果，第 426 条虽未设如草案第 683 条之

[①] 参见《民法制定史料汇编》（一），第 519 页。
[②] 参见郑玉波：《债编各论》，第 240 页；《民法物权》，第 230 页；史尚宽：《物权法论》，第 252 页；姚瑞光：《物权法论》，第 217 页。

规定,但鉴于设定物权之种类不一,在方法论上仍应区别情形,而定其准用之法律效果:

(1) 如设定典权或地上权时,有认为在租赁期限届满前不生效力①,有认为应由典权人或地上权人继受出租人之地位,而为新出租人,亦即准用租赁物所有权让与之规定,而发生出租人之变更。② 本文赞同后说,其理由为:① 符合准用之规范目的。② 典权人或地上权人可以出租。③ 大清《民律草案》第 683 条亦设有相当之规定。在此情形,典权或地上权之期限,不及租赁期限之长时,于此等物权消灭后,其租赁关系复归于原出租人。

(2) 如设定永佃权时,有认为亦由永佃权人承受出租人之地位③;有认为永佃权人依法不得出租(第 845 条第 1 项),自难继受出租人之地位,只能解释在租赁之存续期间,其永佃权不生效力。④ 本文赞成后说,否则永佃权人将可利用第 426 条规定,规避法律之禁止规定。

(3) 如设定地役权时,因仅有限制承租人使用之效力,通说认为租赁关系不移转,地役权人仅于不妨碍承租人之使用收益范围内行使其权利(大清《民律草案》第 683 条第 2 项)。⑤ 承租人对地役权人有不作为请求权,地役权人对承租人并无租金请求权。

四、第 425 条之类推适用

关于"买卖(所有权移转)不破租赁",设有第 425 条规定,以资适用;关于"设定物权"不破"租赁",第 426 条设有准用第 425 条之规定。兹拟提出讨论者,系在何种情形,有类推适用第 425 条之余地,兹分就四种案例类型说明之:

---

① 参见戴修瓒:《民法债编各论》,第 123 页。
② 参见郑玉波:《债编各论》,第 241 页。
③ 参见史尚宽:《债法各论》,第 213 页。
④ 参见郑玉波:《债编各论》,第 241 页。
⑤ 参见戴修瓒:《民法债编各论》,第 123 页;史尚宽:《债法各论》,第 213 页;郑玉波:《债编各论》,第 241 页。

(一) 买卖不破使用借贷

实务上常有使用借贷之借用人,主张买卖不破使用借贷。1970年台上字第2490号判例谓:"使用借贷,非如租赁之有第425条之规定,纵令上诉人之前手将房屋及空地,概括允许被上诉人等使用,被上诉人等要不得以上诉人之前手,与其订有使用借贷契约,主张对现在之房地所有人即上诉人有使用该房地之权利。"就法学方法论言之,此涉及法律漏洞与类推适用之问题。[①]

于使用借贷之情形,借用人得否主张类推适用第425条之规定,须以"民法"对使用借贷未设如第425条之规定,系违反法律规范计划,具有法律漏洞为前提要件。法律对某项事物未设规定,是否违反规范计划,通常应依"基本上相同者,应相同处理"之平等原则判断之。使用借贷与租赁,虽同为物之使用,但有其根本之不同:租赁为有偿,使用借贷则为无偿;租赁为居住之问题,涉及多数人,承租人多为经济上之弱者,有特别保护之必要,使用借贷则不具此等社会性。使用借贷与租赁之法律性质及社会功能,殊有不同,不能同等待之,故"民法"对使用借贷未设类如第425条规定,并未违反规范计划,非属法律漏洞,无类推适用第425条之余地,借用人自不得主张"买卖"不破"使用借贷"。

(二) "租赁权之让与"不破"转租"

1947年1月28日民刑庭总会决议:"房屋承租人经出租人之承诺,将租赁权让与他人时,依第425条之类推适用,合法之次承租人得主张与承租人所订租赁契约对于受让租赁权之他人,仍继续存在。"此项决议之法律问题可举一例说明之:甲租某屋给乙,乙合法转租于丙,其后乙经甲同意将租赁权让与丁,在此情形,丙得否对丁主张转租关系继续存在。"最高法院"类推适用第425条规定而采肯定说,本文认为,此项理由构成尚有研究余地,分三点言之:

(1) 租赁权之转让,系指承租人将其租赁权让与第三人,而其自己退出租赁关系之谓。租赁权可否让与,尚有争论,通说认为得出租人之同意

---

① 参见拙著:《基础理论》,载《民法实例研习丛书》,第162页。

时,则得让与。① 上开决议,亦采此见解。

(2) 租赁权之让与使受让人取得承租人之地位,前承租人与他人所订立之转租关系,当然由受让人承继之,似无类推适用第425条规定之必要或余地。

(3) 租赁权为财产权之一种,并无专属性,可以继承。在此情形,设被继承人于生前将房屋转租于他人时,继承人亦当然承继其转租关系,似亦无类推适用第425条之必要或余地。

(三) 受让人更行转让(或设定物权)不破租赁

受让人更行将租赁物让与第三人,在交易频繁之今日,颇属常见,例如甲出租A屋给乙,交付后,让售予丙,丙转售予丁。对此情形,未设明文,系属法律漏洞,应类推适用第425条规定,使乙之租赁关系,对取得A屋所有权之丁继续存在。在受让人更行设定足以妨碍租赁权于第三人时,则应类推适用第426条规定处理之。②

(四) 买卖不破"委任出租"、"同意出租"或"共同出租"

关于第425条之适用,判例学说均认为,须以出租人为租赁物之所有权人为前提。出租他人之物之租赁契约虽属有效,于所有人将租赁标的物让与第三人时,承租人对受让人不得主张其租赁关系继续存在。最近实务上见解有重大变动,1988年台上字第631号判决谓:"查第425条规定之适用,固以让与租赁物之所有人须为出租人为其要件,然第三人如受所有人之委任或得其同意而为出租时,亦应有上述规定之类推适用。如此不仅可防止所有人利用第三人为出租人以规避上述规定之适用,且于所有人与第三人共同出租之情形,并可避免法律关系之复杂化,进而保障租赁物受让人与承租人双方之利益"。就法学方法论言,"最高法院"系认为"民法"对所有人委任第三人出租(委任出租)、同意第三人出租(同意出租)及所有人与第三人共同出租(共同出租),未设买卖(所有权移转)不破此等租赁关系之规定,系属法律漏洞,应类推适用第425条规定填补之。此项论点之是否妥当,是否可资赞同,限于篇幅,兹不述,将另撰文详论。

---

① 参见史尚宽:《债法各论》,第171页;郑玉波:《债编各论》,第242页。
② 民律草案第685条仿《德国民法》第579条设有"准用"之规定,可供参考。

五、结　论

第425条规定买卖(所有权移转)不破租赁,具有重要社会规范功能,本文的主要目的在于整理"最高法院"历年判例、判决、决议以及实务上发生之法律问题及研究意见,并分析检讨其在适用准用,及类推适用之基本问题,兹综合分两点言之:

(1) 在现行法解释适用方面,应特别提出的有:① 租赁关系存在之从宽认定;② 承租人于租赁物所有权移转时须继续占有;③ 所谓买卖不破租赁,严格言之,应称为"所有权移转不破租赁",移转所有权之原因行为,不限于买卖,亦可为赠与、互易或合伙之出资;④ 已发生之出租人终止权,不因租赁物所有权移转而消灭,受让人仍得行使之;⑤ 押租金未转交于受让人时,受让人无返还义务;⑥ 第425条不类推适用于使用借贷;⑦ "最高法院"认为第425条对委任出租,同意出租或共同出租有类推适用之余地。若干判例、判决及决议,"司法院"研究意见之理由构成,虽有研究余地,但大体言之,实属妥适,确能贯彻第425条之规范目的。

(2) 在立法政策方面,应得提出讨论者,系"租赁物之交付"是否足以担负"租赁权物权化"之公示功能?可否改采登记制度,规定非经登记,不得对抗善意第三人。[①] 所应考虑者有:① 以租赁物之交付作为公示方法,究竟产生多少争议?受让人须要支出多少费用,才能查知租赁关系之存在。此种公示方法是否便利让与人(尤其是在强制执行上之拍卖)与第三人为通谋虚伪租赁?② 改采登记制度是否确能克服现行制度之缺点?土地登记簿能否负担?是否会产生大量不必要的登记?立法政策之变更,不但影响当事人之权益,而且涉及资源之有效使用,成本分析之问题,牵涉綦广,事关重大,须作专题性深入研究,始能作合理之判断,自不待言。

---

① 参见吴光陆:《租赁与强制执行之拍卖》,载《法学丛刊》第134期,第66页。

委任人不得代位行使受任人
以自己名义为委任人取得之权利[*]

一、绪　　说

委任他人处理事务，尤其是买卖不动产，实务上案例颇多，交易上甚为重要。"司法院公报"曾刊载一则"最高法院"判决，涉及委任人得否代位行使受任人以自己名义为委任人取得权利之问题，具有启示性，特撰本文评释之。

二、1988年台上字第251号判决

本件被上诉人主张，第一审共同被告庄献洲受伊委任，于（下同）1977年6月20日，以自己名义向上诉人买受台中市北区水源段104之10号土地内如第一审判决附图所示B部分0.0057公顷，约定价金每坪新台币（下同）3.2万元，并已付50万元。庄献洲竟怠于请求上诉人移转该土地所有权，援依第242条规定，代位庄献洲请求上诉人履行等情，求为命上诉人于将B部分土地分割后，将该土地所有权移转登记于庄献洲之判决。

按第541条第2项规定，受任人以自己名义，为委任人取得之权利，应移转予委任人，依此项规定，受任人仅有将以自己名义为委任人取得之权利，移转于委任人之义务，并无将未以自己名义为委任人取得之权利，

---

[*] 本文原载《法学丛刊》第131期，第31页。

移转于委任人之义务。本件被上诉人委任之受任人庄献洲以自己名义向上诉人买受 B 部分土地后,既未以自己名义取得该土地所有权,依上开说明,庄献洲仅有将以自己名义取得之 B 部分土地买受权,移转于被上诉人之义务,并无将未以自己名义取得之该土地所有权,移转于被上诉人之义务,即被上诉人仅有请求庄献洲将以自己名义取得之 B 部分土地买受权,移转予伊之权利,并无请求庄献洲将未以自己名义取得之该土地所有权,移转予伊之权利。被上诉人既无请求庄献洲将未以自己名义取得之 B 部分土地所有权,移转予伊之权利,被上诉人要无依第 242 条规定,代位庄献洲请求上诉人将 B 部分土地分割后,将该土地所有权移转予庄献洲之余地。原审维持第一审所为上诉人败诉部分之判决,自属不合。上诉论旨,求予废弃原判决,非无理由,并由本院判决废弃第一审判决关于上诉人败诉部分,驳回此部分被上诉人在第一审之诉。

三、分析检讨

(一) 基本法律关系

1988 年台上字第 251 号判决涉及委任及债权人代位两个制度。甲(被上诉人)委任乙(庄献洲)购买土地,乙以自己名义向丙(上诉人)购买后,怠于请求丙办理所有权移转登记。为此,甲乃主张代位乙请求丙移转该地所有权予乙。法律关系尚称简单,为便于观察,图示如下:

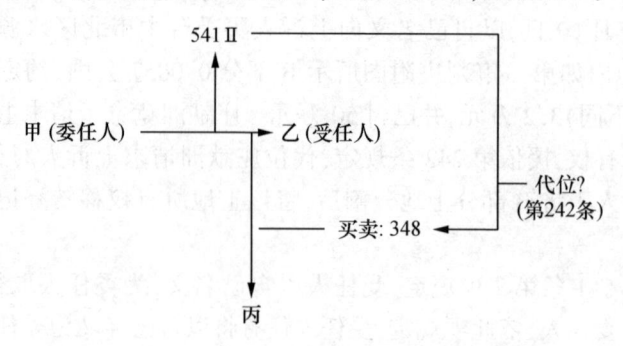

```
                541 Ⅱ
            ┌─────────┐
            ↑         │
   甲(委任人) ────── 乙(受任人)
                      │      代位?
                      │      (第242条)
                      └── 买卖: 348
                          │
                          ↓
                          丙
```

(二) 委任人得请求受任人移转之权利

1. 第 541 条第 2 项规定之解释适用

在委任契约,受任人有为委任人处理事务之义务。受任人受概括委任者,得为委任人为一切法律行为,但为下列行为,须有特别之授权:① 不动产之出卖或设定负担;② 不动产之租赁其期限逾 2 年者;③ 赠与;④ 和解;⑤ 起诉;⑥ 提付仲裁(第 534 条)。在本件判决,委任处理的事务是不动产之买受,不必有特别之授权。

委任他人处理事务,通常多会授予代理权(第 167 条)。在此情形,受任人本于委任人所授予之代理权,以委任人名义与他人为法律行为时,直接对委任人发生效力(第 103 条)。委任人未授予代理权,或虽授予代理权,而受任人以自己名义为法律行为者,对委任人不生效力,由受任人自己取得权利。为此,第 541 条第 2 项特设规定:"受任人以自己名义,为委任人取得之权利,应移转予委任人。"

须注意的是,第 541 条第 2 项所规定者,系委任人得请求受任人移转其以自己名义取得之权利,并非依法当然发生移转之效力,因此,受任人以自己名义为委任人订立契约取得债权时,仅该受任人得向他方当事人请求履行债务,在受任人未将其债权移转予委任人以前,委任人不得径向他方当事人请求履行(1932 年上字第 934 号判例)。受任人以自己名义为委任人取得之不动产所有权,虽应负移转予委任人之义务,然此仅为受任人与委任人间之权利义务关系,在受任人移转其所有权予委任人以前,要难谓委任人已取得该不动产所有权(1952 年台上字第 1011 号判例,参照 1955 年台上字第 262 号判例)。受任人应该移转之权利,包括损害赔偿请求权,例如甲委任乙向丙购买某部机器,因可归责于丙之事由,致给付不能时,乙对丙有损害赔偿请求权(第 226 条),甲亦得请求乙移转之。1963 年台上字第 2908 号判例谓:"委任他人为法律行为,同时授予他人以代理权者,受任人所为之意思表示直接对于委任人发生效力,委任人固有请求权,即无代理权之委任,受任人以自己之名义为委任人取得之权利,包括损害赔偿请求权,已依第 541 条第 2 项之规定移转予委任人者,委任人亦有请求权。"可供参照。至于受任人如何移转其以自己名义取得之权利,应视权利之性质而定,如为不动产所有权,应有让与合意(法律行为)及登记(第 758 条);如为动产所有权,应有让与合意及交付(第 761

条);如为债权,则须有让与合意(第 294 条以下规定)。

值得特别提出讨论者,系 1956 年台上字第 637 号判例谓:"上诉人基于继承其父之遗产关系而取得系争房屋所有权,原与其叔某甲无涉,某甲之代为管理,曾用自己名义出租于被上诉人,如系已受委任,则生委任关系,依第 541 条第 2 项之规定,受任人以自己名义为委任人取得之权利,固应移转予委任人,如未受委任则为无因管理,依同法第 173 条第 2 项之规定,关于第 541 条亦在准用之列,均不待承租之被上诉人同意而始生效,从而某甲将其代为管理之系争房屋,因出租于被上诉人所生之权利移转予上诉人,纵使未得被上诉人之同意,亦难谓为不生效力,上诉人自得就系争房屋行使出租人之权利。"对此重要之判例,应说明者有二:① 某甲为他人管理事务,以自己名义出租他人所有之房屋,无论其是否受有委任,均属出租他人之物,系属负担行为,非无权处分,其租赁契约有效。①
② 受任人以自己名义为委任人取得之权利,应移转予委任人,原则上固不必得义务人之同意,例如受任人乙以自己名义为委任人甲向丙购画,乙移转其对丙之债权于甲时,固不必丙之同意,但在租赁契约则不同,因其所移转者,系出租人之地位,兼具债权及债务关系,应得承租人之同意(第 301 条),认为不必得承租人之同意,似有商榷余地。②

2. 判决

在本件判决,受任人乙以自己名义向第三人丙购买土地,买卖契约系在乙与丙间成立,乙得向丙请求交付其物,并移转其所有权(第 348 条),惟丙怠于将该土地之所有权移转予乙。在此情形,认为:"第 541 条第 2 项规定,受任人以自己名义,为委任人取得之权利,应移转予委任人。依此项规定,受任人仅有将以自己名义为委任人取得之权利,移转予委任人之义务,并无将未以自己名义为委任人取得之权利,移转予委任人之义务。本件被上诉人委任之受任人庄某以自己名义向上诉人买受 B 部分土地后,既未以自己名义取得该土地所有权,依上开说明,庄某仅有将以自己名义取得之 B 部分土地买受权,移转于被上诉人之义务,并无将未以自己名义取得之该土地所有权,移转于被上诉人之义务,即被上诉人仅有请

---

① 参见拙著:《出租他人之物、负担行为与无权处分》,载《民法学说与判例研究》(第五册),北京大学出版社 2009 年版,第 52 页。
② 参见孙森焱:《民法债编总论》,第 95 页(注 5),论述甚详,可供参考。

求庄某将以自己名义取得之 B 部分土地买受权,移转予伊之权利,并无请求庄某将未以自己名义取得之该土地所有权,移转予伊之权利"。此项见解,基本上实属正确,可资赞同。其有疑问者,系"最高法院"认为被上诉人(委任人)得请求庄某(受任人)移转予伊之权利,系庄某以自己名义取得之部分土地买受权。买受权之概念至为陌生,据吾人所知,在现行法上有买回权(第 379 条),或优先购买权("土地法"第 104 条、第 107 条),但似无所谓之买受权。实则受任人所应移转予委任人者,不是所谓之买受权,而是买受人对出卖人之债权,即受任人基于买卖契约得向出卖人请求交付其物并移转其所有权之权利。买受权之概念,于法无据,易滋混淆,应予舍弃,不宜再继续使用。

(三) 委任人之代位权

1. 判决

在本件判决,委任人(被上诉人)以受任人(庄献洲)怠于请求上诉人移转该地所有权,援引第 242 条规定,代位受任人请求上诉人将买卖土地所有权移转登记予受任人。问题在于委任人是否有代位权。关于此点,采否定说,其理由为:"被上诉人既无请求庄献洲将未以自己名义取得之 B 部分土地所有权移转予伊之权利,被上诉人要无依第 242 条规定,代位庄献洲请求上诉人将 B 部分土地分割后,将该土地所有权移转予庄献洲之余地。"关于此项判决理由,应说明者有四:

(1) 在本件诉讼,第一审及第二审判决均肯定委任人之代位权,"最高法院"废弃原审判决,关系当事人利益至巨,应作较详尽之说明,一句理由,颇嫌简略。

(2) 就判决理由之文义分析之,"最高法院"似认为,须被上诉人除有请求庄献洲将以自己名义取得之 B 地部分买受权移转予伊之权利外,"并"须有请求庄献洲将未以自己名义取得该土地所有权移转予伊之权利时,始有代位权之余地。此项见解,在法理上难以成立,甚为显然,不必赘述。

(3) "最高法院"所以否认委任人之代位权,或系认为代位者与被代位者之间欠缺债权债务关系。就"庄献洲并无将未以自己名义取得之该地所有权,移转于被上诉人之义务"之点而言,委任人与受任人间显然欠缺债之关系;但就"庄献洲有将以自己名义取得之 B 部分土地买受权,移转于被上诉人之义务"之点而言,委任人与受任人间显然具有债之关系,何以委任人不得基于此种债之关系代位行使受任人以自己名义取得之权利,实属费解。

(4)或有认为所以作成上开判决,乃是因为委任人(被上诉人)在其诉之声明中,并未主张依第541条第2项规定,受任人应将其以自己名义为委任人取得之权利,应移转于委任人,而仅主张受任人应将其未以自己名义取得之该地所有权,移转于受任人。判决理由中,并未显示委任人仅主张此项在法律上不能发生之请求权,"最高法院"似亦未以此作为废弃原审判决之理由。

2. 代位权之构成要件

(1)委任人对于受任人有债权。代位权系为保全债权,由债权人代行债务人之权利,故代位者与被代位者之间须有债权债务关系之存在,否则即无行使代位权之可言(参阅1960年台上字第1274号判例)。在本案,受任人以自己名义为委任人购买土地,对出卖人有请求交付其物,并移转其所有权之权利(第348条),委任人得向受任人请求移转此项权利,当事人间有债之关系存在,自不待言。

委任人得请求受任人移转以其名义为委任人取得之权利,其请求权之消灭时效,未设特别规定,依第125条规定,应为15年。① 拟提出讨论者,系委任人之请求权罹于时效时,是否仍得行使代位权。关于此项问题,学说及判例迄未论及。值得注意的是,关于债权人之撤销权,1982年4月20日第七次民事庭会议曾提出如下之议案:"债权人之债权罹于消灭时效,经判决败诉确定,问:债权人是否仍能行使第244条之撤销权,有甲、乙二说。甲说认为,债权之请求权虽罹于时效,然债权自体并不随同消灭。甲为保全此项债权,仍得行使撤销权。乙说认为,第244条所定之撤销权,乃为保全债权之履行而设。甲对乙基于债权之请求权,既经判决确定不能行使,则甲之撤销权,显无由成立。"决议采乙说。基于代位权亦为保全债权之履行而设,基于同一之法律理由,关于代位权之行使,似应采取同样见解,认为债权人之债权罹于消灭时效,经判决败诉确定不能行

---

① 参见1963年台上字第188号判决:"被上诉人主张上诉人(三湾乡农会职员)因离职移交未清而请求给付之款项,除合于侵权行为,得行使损害赔偿请求权外,其基本之法律关系,乃为委任契约返还处理事务所收取金钱之请求权(第541条第1项),上诉人虽主张损害赔偿之请求权消灭时效已完成,而基于委任契约所生之上开请求权,显未逾第125条之时效期间。"

使,其代位权亦无由成立。

(2) 受任人(债务人)之权利堪为代位之客体。代位之客体为债务人之财产权,但并非债务人之财产权均适于代位行使,其不适于代位行使者,有专属于债务人之权利(例如人格权受侵害时之慰抚金请求权)及禁止扣押,不得强制执行之权利(例如养老金、退休金等)。在本案,委任人所代位行使者,系受任人对第三人之"所有权移转登记请求权"。此项权利,不具专属性,甚为代位之客体,向无疑问。

(3) 行使代位权之要件。代位权之行使,须以债权人有保全之必要,债务人怠于行使其权利及债务人已负迟延责任为要件。于此,须特别说明者,系保全债权之必要性。通说认为代位权制度旨在保全债权,如债务人之资力,足可满足债权,债权人尽可请求给付,如其不为给付,则可声请强制执行,无代位行使债务人权利之必要,故代位权之行使,须以债务人怠于行使其权利,而使其成为无资力,致债仅有不能受清偿时,方有保全之必要①,例如甲贷款予乙,乙向丙购屋,乙怠于向丙请求所有权移转登记,设乙之资力足以偿还借款时,甲无代位行使乙对丙权利的必要。

值得注意的是,通说认为对上述原则设有例外,即为保全特定债权②,不问债务人资力如何,均得行使之,其情形有二: ① 不动产所有权经辗转买卖,而未随同办理所有权移转登记,例如 A 售某地给 B,B 转售给 C,C 又转售给 D,均未办理登记。于此情形,不问当事人之资力如何,C 得行使 B 对 A 之权利(所有权移转登记请求权),D 亦得代位行使 C 之代位权。③ ② 承租人代位行使出租人之所有权,向无权占有租赁物之第三人请求排除其侵害。④

在本件案例,委任人之债权可否认为系属特定债权? 关于此点,本文采肯定说,认为委任处理之事务系购买土地,受任人对第三人(土地出卖人)所得主张之权利,系移转特定买卖标的物之所有权,而委任人对受任

---

① 王伯琦:《民法债编总论》,第 184 页;郑玉波:《民法债编总论》,第 314 页。
② 关于特定债权较详尽之讨论,参见孙森焱:《民法债编总论》,第 442 页;平井宜雄:《债权总论》,昭和 61 年,第 201 页。
③ 参见拙著:《代位权之代位》,载《民法学说与判例研究》(第五册),北京大学出版社 2009 年版,第 198 页。
④ 参见 1958 年台上字第 1815 号判例谓:"出租人有合于所约定使用收益之租赁物交付承租人之义务,租赁物为第三人不法占有时,并应向第三人行使其返还请求权,以备交付,其怠于行使此项权利者,承租人因保全自己债权得代位行使之,此观第 423 条及第 242 条之规定自明。"

人所得请求者，又系移转受任人对第三人之特定债权，就其利益状态观之，与不动产所有权辗转买卖，请求办理所有权移转登记，并无不同，故委任人之债权亦应解为系特定债权，委任人行使代位权，不以受任人无资力为要件。在本件情形，通常委任人向受任人请求移转其对第三人之权利，即可满足其利益。惟倘受任人拒不为移转，必须诉诸于法，而第三人（土地出卖人）有欲处分买卖标的物或其他债权人欲为强制执行之情况时，为免坐失时机，委任人代位行使受任人其对第三人之所有权移转登记请求权，具有重大实益。

四、结　　论

在1988年台上字第251号判决一案，甲委任乙买受不动产，乙以自己名义为甲向丙购地，乙怠于请求移转该地所有权，甲乃依第242条代位乙请求丙履行，将该地所有权移转登记予乙。"最高法院"认为，甲仅得请求乙移转以自己名义取得之土地买受权，但不得请求乙移转其未以自己名义取得之土地所有权，故甲无依第242条规定，代位乙请求丙将该土地所有权移转予乙之余地。采取此项见解，误用买受权之概念，理由构成未臻详密，推理过程之依据何在，不得而知。就实体法言，本文认为甲既有请求乙移转以自己名义为甲取得之权利（即乙对丙请求交付其物，并移转其所有权之权利），基于此项债权，于其他要件具备时，甲应得代位行使乙对丙之权利，请求丙将该地所有权移转登记于乙。于丙将该地登记于乙之后，甲得依第541条第2项规定，请求乙移转该地所有权。

通谋虚伪之第三人利益契约[*]

一、法律问题

通谋虚伪表示是实务上常见之问题,其典型情形为:债务人欲免其财产被强制执行,与第三人通谋而为虚伪意思表示,将其所有不动产之所有权移转于第三人,或为第三人设定抵押权。于此情形,认为债权人得本于侵权行为请求涂销所有权移转登记或抵押权设定登记(参阅1929年上字第2633号及1942年上字第891号判例)。此外,"最高法院"认为,债务人对于无效之所有权移转或设定抵押权行为,得请求恢复原状,故债权人欲保全其债权,可依第242条之规定,行使代位权,代位请求第三人涂销该项所有权移转登记或抵押权设定登记(参阅1978年5月23日,1978年度第五次民事庭会议决议)。[①]

值得注意的是,高等法院1983年度法律座谈会提出之法律问题:甲因债台高筑,为图脱产,与乙订立虚伪之买卖契约,将甲所有土地一笔出售予乙,并登记与乙指定之不知情之丙。甲之债权人丁发现,乃以甲、乙间买卖系虚伪意思表示为由,代位甲诉请涂销丙之所有权移转,丁之请求有无理由?[②]

二、研究意见

关于法律座谈会所提出之法律问题,讨论意见有甲、乙二说。甲说认

---

[*] 本文原载《万国法律杂志》第40期,第4页。

[①] 关于通谋虚伪表示之基本问题及实务见解,参见拙著:《民法总则》,北京大学出版社2009年版,第284页。

[②] 《民事法律问题研究汇编》,第2册,1984年,第10页。

为以契约订定向第三人为给付者,债务人得以由契约所生之一切抗辩,对抗受益之第三人,第270条定有明文。甲即得以其与乙间之买卖契约系虚伪意思表示对抗受益之丙,则丁自得代位甲行使权利,请求丙涂销所有权移转登记。乙说认为"土地法"第43条所谓依本法所为之登记有绝对效力,系为保护第三人起见,将登记事项赋予绝对真实之公信力。本件丙即系善意第三人,其信赖登记而办妥移转登记,依法应受保护,丁不得请求丙涂销登记。结论采甲说。

第一厅研究意见认为:为第三人利益之契约,第三人之受益系以契约有效为前提,虚伪意思表示依第87条第1项但书虽规定不得以其无效对抗善意第三人,惟此第三人并不包括第三人利益契约之受益人在内,故本件契约在当事人间即属无效,受益之第三人即令系善意,债务人仍得依第270条之规定以其无效对抗受益之第三人,研讨结论采甲说,核无不合。

上开讨论意见及研究意见涉及通谋虚伪表示与第三人利益契约之基本问题,具有启示性,特撰本文评释之。

三、分析检讨

(一) 第三人利益契约

实务上认定本案系属第三人利益契约,即甲与乙通谋虚伪为土地之买卖,但约定不知情之丙对甲有直接请求权(第269条)。本文以此为讨论之基础。

(1) 必须说明的是,第三人利益契约本身并不是一个固有的契约类型,而是某特定契约(基本契约,例如买卖、租赁、承揽)之当事人约定,使第三人得向债务人直接请求给付,取得债权人之地位。原则上于任何债权契约皆得为第三人利益之约定,甚至主债务人亦得与保证人订立保证契约,以债权人为受益之第三人。①

(2) 在第三人利益契约,有两个法律关系应予区别:① 补偿关系,即为使债务人(受约人)对第三人负担债务原因之债务人与要约人间之法律关系。② 对价关系,即要约人自己不受给付,而约使第三人取得权利

---

① 此为德国之通说,BGH WM 1966, 859; Palandt/Heinrichs, BGB, 46. Aufl. 1987, §328 Bem. Ⅰ. 不同意见:E. Schmidt, JZ 1971, 604.

之要约人与第三人间之原因关系。例如乙向甲购车,转售(或赠与)予丙,其后乙与甲约定,丙得向甲直接请求给付时,甲与乙间之买卖为补偿关系,乙与丙间之买卖(或赠与)为对价关系,此种类型之第三人利益契约,具有缩短给付之功能,即在通常情形系由甲对乙为给付,再由乙对丙为给付,当事人利用第三人利益契约,缩短其给付过程。又例如,乙与甲保险公司订立人寿保险契约,以其妻丙为受益人时,甲与乙间之保险契约为补偿关系,乙与丙间之关系为对价关系。

对价关系及补偿关系各自独立。当事人订立第三人利益契约时,不必表明对价关系,对价关系之不存在(不成立,无效或被撤销)不影响第三人利益契约之成立,受约人不得以对价关系不存在为理由拒绝给付。①又补偿关系之不存在对于对价关系亦不生影响。惟须注意的是,在第三人利益契约,受约人所以愿与要约人约定向第三人给付,乃基于补偿关系,第三人虽独立取得向受约人(债务人)请求给付之权利,但其权利究系基于债务人与要约人间之契约而来,故第270条规定,债务人得以由契约所生之一切抗辩,对抗受益之第三人。

在本件问题,甲与乙间之补偿关系为买卖,乙与丙间之对价关系未臻明确。甲与乙所订立之第三人利益契约系属通谋虚伪表示,依第87条第1项规定,应属无效。甲于丙向其请求给付时,得依第270条规定拒绝之。问题在于甲为给付后,究得对丙主张何种权利?第三人利益契约涉及三面关系,为便于观察,图示如下:

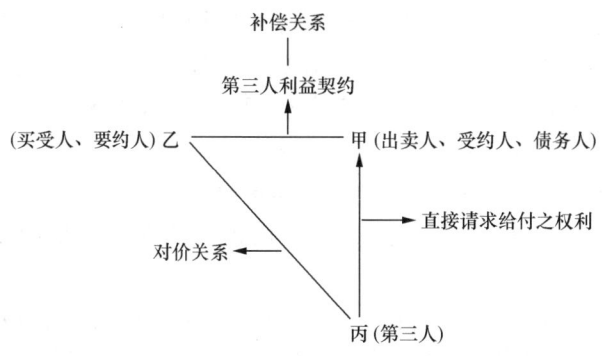

```
                      补偿关系
                         |
                      第三人利益契约
                         ↑
(买受人、要约人)乙 ────────── 甲(出卖人、受约人、债务人)
         \                    |
          \                   → 直接请求给付之权利
           \                  |
            对价关系 ←─────────
                         |
                       丙(第三人)
```

---

① 1969年台上字第3545号判例谓:"以使第三人取得给付请求权为标的之契约(利他契约),乃要约人与债务人间之契约,在要约人与第三人之间,因常有其原因关系(对价关系)之存在,然此原因契约与利他契约之成立,并不影响。第三人无须证明其原因关系之存在"。

(二) 第三人是否取得土地所有权

1. 物权变动

关于甲对丙之请求权基础,法律座谈会所提出讨论者,系得否请求涂销登记。涂销登记请求权系以登记名义人未取得土地所有权为前提[①],故本案之关键问题在于丙是否取得甲所移转之土地所有权。在讨论之前,有两个前提问题应先行说明:

(1) 通谋虚伪买卖关系上之物权变动。设有某甲为图脱产,通谋与乙订立虚伪之买卖契约,将其所有之土地出售于乙,并办理登记。其后乙将该地出售于不知情之丙,并办毕所有权移转登记。于此情形,甲与乙间之买卖契约及物权行为均因通谋虚伪意思表示而无效(第87条第1项);乙将该地出售予丙,系出卖他人之物,虽属有效,但移转该地所有权之物权行为,则属无权处分,丙因善意信赖登记,而取得其所有权(参阅"土地法"第43条)。

(2) 第三人利益契约上之物权变动。设甲出售某屋给乙,乙转售予丙,其后甲与乙约定丙对甲有直接请求给付之权利。于此情形甲依丙之请求办理所有权移转登记时,即发生一项疑问:物权行为如何作成,物权变动如何发生?第758条规定:"不动产物权,依法律行为而取得设定、丧失及变更者,非经登记,不生效力。"由此可知,不动产物权之变动须具备法律行为(物权行为)及登记双重要件。关于甲与丙间之物权变动,有多种解释可能性:① 甲与乙间、乙与丙间分别作成物权行为,而以丙之名义登记之;② 物权行为系在甲与乙间作成,但以丙之名义登记之;③ 物权行为系在甲与丙间作成,并以丙之名义登记之。就第758条规定及丙对甲有直接请求权之观点而言,应以第三说较为可采。

2. 乙说之检讨:丙善意取得土地所有权

法律座谈会讨论意见之乙说认为,丙系善意第三人,信赖登记而办理

[①] 涂销登记与移转登记之不同,在解除买卖契约之情形,1981年台上字第3790号判决要旨谓:"被上诉人系依解除两造买卖契约之关系而为请求,纵认两造买卖之债权契约已经解除,然对上诉人因之移转所有权登记之物权行为取得之所有权,并非随而无效,被上诉人自不得本于讼争房地之所有权而为请求……上诉人因买卖契约而取得讼争房地之所有权,亦仅负返还于被上诉人之义务,被上诉人亦仅得诉求上诉人将讼争房地之所有权移转登记予伊,以为返还,其请求涂销上诉人所有权登记,似乏依据。"参见《民刑事裁判选辑》第2卷,第4期,第101页。

登记,依"土地法"第 43 条规定,应受保护,而取得土地所有权。此项见解,在结论上肯定丙取得土地所有权,虽值赞同,但理由构成有待商榷。在本件情形,甲系土地所有人,有处分权,丙受让其所有权,不生善意取得之问题,无适用第 43 条规定之必要。丙之不知情,其意义并不在于表示其系自无权处分人善意受让所有权,而是在于表示其与甲并无通谋虚伪意思表示,其物权行为系属有效。

3. 甲说之检讨:丙不能取得土地所有权

第一厅研究意见采取法律座谈会之结论之甲说认为,甲得请求丙涂销登记,此当系以丙未能取得土地所有权为前提。至于丙为何不能取得土地所有权,"司法院"研究意见提出两点理由:① 第三人丙不能援用第 87 条第 1 项但书对抗债务人甲;② 债务人甲得依第 270 条规定对抗丙。兹分别论述之:

(1) 第 87 条第 1 项规定之适用。第 87 条第 1 项规定:"表意人与相对人通谋而为虚伪意思表示者,其意思表示无效。但不得以其无效,对抗善意第三人。"所谓善意第三人系指通谋虚伪表示之当事人及其概括承继人以外之第三人,就该表示之标的在法律上发生新利害关系之人。所谓新利害关系,系指其新取得之财产上权利因通谋虚伪而必受变动之谓。①例如甲与乙通谋虚伪让售某画所有权,而乙将该画设质于丙时,善意之丙得主张甲与乙间动产所有权之让与为有效,乙为有权处分,故其仍能取得动产质权。在此种情形,民法亦设有动产质权之善意取得制度(第 886 条、第 948 条),可资适用,故第 87 条第 1 项但书规定之主要实益在于民法未设善意取得之情形,例如甲与乙通谋虚伪为某债权之让与,乙将该债权再让与于不知情之丙时,丙虽不得主张善意取得(因民法并无关于债权善意取得之规定),但仍得主张甲与乙间之债权让与为有效,乙系有权处分,丙仍能取得该项债权。须注意如下之案例:甲与乙通谋虚伪某屋之买卖,并移转其所有权。其后乙以自己名义将该屋出租于善意之丙。于此情形,发生一项疑问:甲于请求涂销乙之所有权登记后,依第 767 条规定向丙请求返还房屋时,丙得否援用第 87 条第 1 项规定,主张甲不得以其通谋虚伪表示对抗善意之承租人?关于此点,似应采否定说,其主要理由为,乙与丙所订立者,系租赁契约,虽以他人之房屋为给付之标的,其租赁

---

① 洪逊欣:《民法总则》,1987 年修订初版,第 378 页。

契约本属有效①,并非就虚伪表示标的本身(房屋之所有权)而发生之新的法律关系(如受让其所有权或设定抵押权),其租赁契约之效力,并不因甲主张通谋虚伪表示受影响,故丙非属第87条第1项但书规定所称之第三人。

在本件问题,第一厅研究意见认为第87条第1项但书所称之第三人不包括第三人利益契约之受益人在内,似采史尚宽先生之见解:"为第三人之契约,假装的为之者,受益之第三人为善意时,虽有主张不得以无效对抗之,然第三人之受益以其契约有效为前提,故虚伪意思在当事人即为无效,受益之第三人虽为善意,约定人亦得以其无效对抗之"。② 此项见解在债务人对第三人未为给付之情形,或有所据,但在债务人对第三人为给付后,其所谓"得以其无效对抗之",若系指甲得否定丙之取得所有权,则难赞同。如前所述,关于土地所有权之移转,系于甲与丙间作成物权行为,并以丙之名义登记之,就甲而言,系属有权处分,在甲与丙间并无通谋虚伪表示,甲或有无欲为其意思表示所拘束之意,而为意思表示,但丙不知情,其意思表示,不因此而无效(第86条),故丙仍能依有效之物权行为取得土地所有权。易言之,丙之取得所有权系基于本身有效之物权行为,而非基于援用第87条第1项但书规定。又其因通谋虚伪表示而无效者,系利益第三人之买卖契约,以无效之债权行为对抗有效之物权行为,否定其效力,与民法之基本原则,似有未合。

(2) 第270条规定之适用。第一厅研究意见在推理上系以否定第87条第1项但书之适用,作为适用第270条规定之前提。此项见解似值商榷。在逻辑上,第270条之适用并不以否定第87条第1项但书之适用为前提。易言之,第87条第1项但书并不妨碍第270条之适用③,实则,若甲得以无效之通谋虚伪表示对抗丙,否定丙之取得土地所有权,则甲得径向丙请求举行涂销所有权移转登记,殆无适用第270条之必要。

---

① 参见拙著:《出租他人之物、负担行为与无权处分》,载《民法学说与判例研究》(第五册),北京大学出版社2009年版,第52页。
② 史尚宽:《民法总论》,第349页。
③ 孙森焱:《民法债编总论》,第613页,谓:"即使如第87条第1项或第98条第2项规定,无效或撤销不得对抗善意第三人者,债务人仍得以之对抗受益之第三人……"可供参考。

研究意见之主要疑问在于认为,第三人利益契约之债务人依第270条规定得以其契约之无效,对抗第三人时,即可据此而否定第三人之取得土地所有权,而请求涂销登记。"司法院"研究此项见解以债权契约之无效,否定有效之物权变动,在法理上实欠依据,与民法之基本原则似有未合。① 例如甲售 A 屋给乙,乙转售给丙,甲乙约定丙有直接请求权。甲于移转该屋所有权予丙之后,以意思表示错误为理由撤销买卖契约(或发现乙为禁治产人,主张第三人利益契约无效)。于此情形,试问甲得否以第270条为依据,否定丙之取得所有权,涂销丙之所有权移转登记?就基本原则及第270条之规范功能言,应采否定说,甚为显然。在甲与乙间之关系为通谋虚伪表示时,对丙而言,其利害关系并无不同。再举一例对照说明之,A 向 B 购地,B 委请 C 为保证人,其后发现 B 出售之土地非属其所有,不能移转其所有权,A 向 C 请求代负履行责任时,C 不知 A 与 B 间买卖契约无效,而以自己邻近之土地移转于 A。于此情形,C 系非债清偿,只能依不当得利请求 A 返还其无法律上原因所受之利益(土地所有权),而不能援用第742条:"主债务人所有之抗辩,保证人得主张之"之规定,否定 A 之取得所有权,请求 A 涂销所有权转移登记。

4. 结语:丙取得土地所有权

综据上述,在本件问题,甲与乙通谋虚伪买卖土地,其买卖契约无效,甲将土地所有权移转予不知情之丙,系属有权处分,丙取得其所有权,甲不能以补偿关系(或第三人利益契约)之无效,否认丙之取得所有权。因此,甲无请求涂销丙所有权移转登记之权利。

(三) 甲得主张之权利

在第三人利益契约,补偿关系不成立,无效或被撤销时,债务人依第270条规定,得提出债权未发生之抗辩(否认之抗辩),拒绝给付。债务人为给付后,不能以补偿关系不存在而否定物权变动,请求涂销所有权登

---

① 史尚宽:《债法总论》第604页,谓:"契约无效时,第三人之权利不发生,故约定人得以之对抗受益之第三人。其第三人为善意与否,在所不问。为第三人之契约,依约定人与受约人之虚伪表示而成立者,第三人虽为善意,约定人亦得以其无效对抗之。"史尚宽先生似未据此规定认为债务人于给付后,得否认第三人之取得所有权,而请求涂销第三人所有权移转登记。

记,仅能依不当得利之规定主张其权利。① 第三人利益契约涉及债务人(受约人),要约人及受益人之三面关系(三人关系或三角关系),因此债务人究得向何人请求返还无法律上原因所受之利益,颇有争议,综合言之,计有三说。②

(1) 向受益人请求说:此说认为债务人应向受益之第三人请求返还;其主要理由为,受益人因补偿关系不存在而丧失其向债务人请求给付之债权,受有利益,欠缺法律上原因,应成立不当得利。易言之,此说认为债务人既得以受益人无请求权而拒绝给付于前,则于给付之后,自得依不当得利规定请求返还之。

(2) 向要约人请求说:此说认为债务人与要约人间有补偿关系存在,债务人向第三人为给付,实际上系对要约人为给付,或免除要约人对第三人之债务,或使要约人对第三人取得债权,故债务人仅能向要约人请求返还其无法律上原因所受之利益。

(3) 区别说:此说认为应区别第三人利益契约之两个基本类型处理之:① 在所谓缩短给付之类型(例如甲出卖 A 物给乙,乙转售给丙,甲乙约定丙对甲有直接请求权),应认为于补偿关系不存在,债务人应向要约人请求返还。② 在人寿保险(或其他对价关系为无偿)之类型,债务人仅得向受益之第三人请求返还。

上开三说,各有所据,尚无定论,就不当得利之构成要件及利益衡量言,似以区别说较为可采。在缩短给付过程之类型,于通常情形,甲售某物给乙,乙转售给丙,甲对乙为给付,乙再对丙为给付后,发现甲与乙间之买卖契约无效时,甲仅能向乙请求返还其无法律上原因所受之利益,而不能向丙请求之,此在现行法上应属毫无争议之定论。设乙与甲约定,丙对甲有直接请求权,其目的乃在缩短给付过程,当事人间之利益状态并未改变,甲仍应向乙请求返还,而不能径向丙请求之。当事人约定丙对甲有直

---

① 在第三人利益契约,对价关系不存在时,要约人对于第三人得依不当得利规定请求其所受利益,系台湾学说一致之见解(参见胡长清:《民法债编总论》,第 408 页;梅仲协:《民法要义》,第 197 页;郑玉波:《民法债编总论》,第 396 页)。在补偿关系不存在时,债务人就其所为之给付,究得向何人主张不当得利请求权,台湾学者多未详细论述,但在德国法上争论甚多,参见 Hadding, Der Bereicherungsausgleich beim Vertrag zu Rechte Dritter, 1970; Reuter/Martinek, Ungerechtfertigte Bereicherung, 1983, S. 346.

② 参见 Soergel/Hadding, Kommentar zum BGB, 11. Aufl. 1983, §334 Rdnr. 18; MünchKomm/Gottwald, BGB, 1979, §334 Rdnr. 11.

接请求权,其目的乃在强化丙之地位,丙不应因此反而受到不利益,须对甲返还其本于对价关系所受之利益,丧失基于对价关系所生之抗辩。在人寿保险类型,约定第三人有直接请求权,不是在于简化给付过程,而是以第三人受有给付利益为其固有之目的,故于补偿关系不存在时,使受益人负返还之义务,与当事人间之利益较为符合。

在本件问题,甲与乙间之补偿关系为无效之通谋虚伪买卖,乙与丙间之对价关系被认定为有效,但究为何种法律关系,未臻明确。因此,甲究得向何人主张不当得利返还请求权,应参酌上开学说定之,在此难以论述。

四、结　　论

在第三人利益契约,补偿关系不成立,或因当事人无行为能力无效,或因意思表示错误被撤销时,债务人依第 270 条规定得拒绝给付;债务人于给付后,得依不当得利规定,向无法律上原因受有利益者请求返还。在通谋虚伪之第三人利益契约,其补偿关系无效时,亦应依上开原则处理之。① "司法院"研究意见认为:"本件契约在当事人间即属无效,受益之第三人即令系善意,债务人仍得依第 270 条之规定以其无效对抗受益之第三人",并据此进而肯定甲得否定丙之取得土地所有权,请求丙涂销所有权登记。此项见解,以债权行为之无效,否定有效之物权变动似难赞同。第 270 条依其规范功能,实不足以作为债务人得向受益人主张涂销所有权登记之请求权基础。② 在本件问题,假若甲得向丙有所主张,则甲所得主张者,究为否定丙之取得所有权,请求丙涂销所有权登记,抑或仅能依不当得利规定请求丙返还其无法律上原因所受之利益(土地之所有权),涉及物权与债权之区别及当事人利益,诚有究明之必要。

---

① 参见 Reuter/Martineck, Ungerechtfertigte Bereicherung S. 347.
② 研究意见所以产生疑义,似由于其未能以请求权基础(Anspruchsgrundlage)作为其思考或推论之出发点。关于请求权基础之意义、功能及其检查次序等问题,参见拙著:《基础理论》,载《民法实例研习丛书》(第一册),第 34 页以下。

五则法律问题
及"司法院"研究意见之检讨[*]

一、概　　说

1987年5月发行之《民事法律问题汇编》第5辑,关于民法部分共收集25则法律问题(总则1则,债编9则,物权编5则,亲属编8则,继承编2则)。此类问题均属实务上最具疑义之难题,先经高等法院暨所属法院每季法律座谈会讨论,作成结论,再由第一厅研究,历经审酌,所持见解多属稳妥,对于促进法律进步,具有贡献,自不待言。惟法律问题错综复杂,涉及抽象之概念体系、利益衡量及价值判断,第一厅之研究意见,有待斟酌者,自所难免,例如1984年及1986年两则研究意见均认为,第373条所称之"买卖标的物之利益",包括土地被征收之补偿费在内,即有商榷余地。[①] 鉴于第一厅研究意见在实务办案及法学研究上之重要性,特选择若干法律问题及研究意见,阐释其使用之法律基本概念,补充其理由构成,检讨其结论之妥当性,或附带为相关问题之说明,提供浅见,以供参考。[②]

---

[*] 本文原载《法学丛刊》第139期,第1页。
[①] 参见《出售之土地被征收时之危险负担、不当得利及代偿请求权》,载于本书,第76页。
[②] 《民事法律问题研究汇编》(五),第4则问题涉及"公路法"第64条规定(尤其是第2项)及:"汽车运输业行车事故损害赔偿金额及医疗费补助费发给办法之解释适用。"第5则问题涉及出卖土地被征收时补偿费之归属,参见本书。第9则问题涉及《基于契约关系之越界建筑与土地受让人之拆屋还地请求权》,载《民法学说与判例研究》(第五册),北京大学出版社2009年版。

二、"无权处分"行为，是否包括负担行为[①]

(一) 法律问题及研究意见

(1) 法律问题：第118条所谓"无权处分"行为，是否包括买卖、租赁等债权契约之负担行为在内？

(2) 讨论意见及结论：甲说（肯定说）：第118条第1项规定权利人得承认无权利人就标的物所为之处分，不以物权行为及准物权行为为限，买卖等债权契约亦包括在内（1980年台上字第3037号判决）。乙说（否定说）：所谓"处分行为"限指直接影响既存权利状态（例如使之移转、消灭、受有负担或因而改变其内容）之行为，第118条第1项，既系以无权利人就权利标的物所为之"处分"为其规范对象，因之，仅使行为人负特定给付之义务的债权负担行为，自不包括在内。结论：依1980年台上字第3037号判决释示，以及同条第3项所谓数处分有抵触时，以最初处分为有效之规定观之，以采甲说为当。

(3) 第一厅研究意见：按第118条所谓处分行为系指直接使权利移转、变更、增加负担及消灭之行为而言，以物权行为及准物权行为为限，至于一般负担行为（债权行为）因不涉及处分能力之问题，自不包括在内，为学者所采之通说。1950年台上字第105号判例，认上诉人之母虽无权处分出卖其房屋，但其母在上诉人提起诉讼前死亡，上诉人为其母之概括继承人，对其母之债务原负无限责任，以第118条第2项之规定类推解释，应认其母就该房屋与被上诉人订立之买卖契约为有效，上诉人仍负使被上诉人取得该房屋所有权之义务等语，亦系将处分行为与债权行为分开，与学说上之见解并无不同。至1980年度台上字第3037号民事判决，尚未经核定为判例，在未列为判例以前，其个案之法律上见解尚难就一般性事件拘束下级审法院。本件讨论意见以采乙说为当。

[①] 参见《民事法律问题研究汇编》（五），第1页。另参见拙著：《出卖他人之物与无权处分》，载《民法学说与判例研究》（第四册），北京大学出版社2009年版，第96页。

(二) 分析检讨

本则法律问题涉及最基本之概念，长期困扰实务界，殊值重视。1980年台上字第3037号判决认为第118条所称无权处分行为包括买卖等债权契约（负担行为），确属误会。第一厅研究意见明确表示第118条所称无权处分行为，仅指物权行为及准物权行为，而不包括买卖、租赁等负担行为（债权行为）在内，见解正确，实堪赞同。

有疑问者，系研究意见认为1950年台上字第105号判例，"亦系将处分行为与债权行为分开，与学说上之见解，并无不同。"此项见解，难以苟同。由所谓："上诉人之母虽无权处分出卖其房屋"，即可推知上开判例显然未能明确区别处分行为及负担行为此两个现行民法体系构成上之核心概念。倘无权处分行为不包括买卖契约在内，则此项"出卖他人之物"之法律行为，当属有效，根本不发生类推适用第118条第2项使该买卖契约发生效力之问题。第一厅所以采上开见解，或系基于判例之尊重，但就学理而言，则有澄清之必要。先有1950年台上字第105号判例，再有1980年台上字第3037号判决，并因而导致台中地方法院座谈会之结论，连续造成误会。为此，本文认为，"司法院"应召开判例变更会议，废弃1950年台上字第105号判例，期能正本清源，不致再发生疑义。[1]

三、领取互助会会金须有保证人之约定系附停止条件之法律行为[2]

(一) 法律问题及研究意见

1. 法律问题

甲会员参加以乙为会首之民间互助会，于会首发给之互助会簿约定，得标会员须由两名会员为连带保证人，始得领取会款。甲会员得标后，因由非会员之丙、丁为连带保证人，乙会首拒绝交付甲得标之会款，甲乃诉请乙给付会款，乙以甲未由两名会员为连带保证人抗辩。甲之诉有无

---

[1] 关于"处分行为"（Verfügungsgeschäft）与"负担行为"（Verpflichtungsgeschäft）之区别，参见拙著：《民法总则》，北京大学出版社2009年版，第211页以下。

[2] 参见《民事法律问题汇编》（五），第5页。

理由？

2. 讨论意见

甲说认为，按台湾地区民间互助会，于会员得标后，会首即有给付得标会款之义务，至于互助会名簿约定得标会员领取会款时，须由两名会员为连带保证人，乃得标会员应为之对待给付，故法院应为对待给付之判决。乙说认为，互助会簿上既约定，得标会员须由两名会员为连带保证人，始得领取会款，应认为系得标会员领取会款之停止条件，兹甲既未由两名会员为连带保证人，即属条件未成就，法院应驳回其诉。结论：台湾地区民间互助会及会首与会员间所订之契约，此种契约之内容，苟未违反公共秩序及善良风俗且未违反法令强制及禁止之规定，其约定应属有效。本件民间契约，即附有得标会员须由两名会员为连带保证人，始得领取会金之条件，则会员自有遵守之义务，在其未觅妥两名会员保证人之前，其领取会金之权利，因条件尚未成就，本题以采乙说为宜。

3. 第一厅研究意见

依 1960 年台上字第 1635 号、1974 年台上字第 1159 号判例意旨研讨结果，采乙说，核无不合。

(二) 分析检讨

在本则法律问题，第一厅研究意见同意座谈会结论（乙说），认为互助会簿上约定须有两位会员为连带保证人，始得领取会款，系得标会员领取会款之"停止条件"（注：引号为作者所加），在未觅妥两名会员保证人之前，其领取会金权利，因"条件尚未成就而未发生"（注：引号为作者所加）。此项见解是否妥适尚有研究余地。

如所周知，条件者，法律行为之附款也，即将法律行为效力之发生或消灭，系于将来成否未定之事实。附停止条件之法律行为，于条件成就时发生效力。附停止条件之法律行为，有为债权行为，例如："若考上司法官特考，赠汝'司法院'发行之民事法律问题研究汇编"；有为物权行为，例如："于价金全部清偿前，出卖人仍保留买卖标的物之所有权"。相对人因法律行为附条件而取得之法律上地位，学说称为期待权，或为债权期待权（债权行为附条件之情形），或为物权期待权（物权行为附条件之情形）。①

依照上开说明，关于第一厅研究意见，首先应该检讨者，系会首与得标会员间究竟作成何种法律行为，是否附有停止条件。兹分别论述之：

(1) 民间互助会系属一种债权契约，未附有条件，甚为显然，无待详论。②

(2) 会员标取会金，亦属一种法律行为，由得标者取得向会首请求给付会金权利。此项标取会金之法律行为亦未附有停止条件，亦甚显然。如果标会行为附有停止条件，则根本尚未发生请求给付会金之权利问题。

(3) 其附停止条件者，是否为领取标金之法律行为？对于此点，亦应否定之。就案例事实观之，会首与得标会员间显未作成清偿及支付会金之法律行为，自无附条件之可言；实际上，当事人通常亦不致就给付会金之法律行为附以条件，因不具实益也。

综据上述，在会首与得标会员间，就互助会契约之订立及标会行为均未附有停止条件。得标会员有请求会首给付会金之权利。须有两会员为连带保证后始得领取会款之约定虽可俗称领取会金之条件（或条款），但不能认为是民法上之停止条件，其领取会金之权利，因条件尚未成就而未发生。所谓条件、停止条件、条件成就或未成就，在民法上均有其固有专门之技术性意义，仅限于法律行为。准此以言，上开第一厅研究意见，认为须有两名会员为连带保证人，始得领取会款约定，系属得标会员领取会款之"停止条件"，在其未觅妥两名会员保证人之前，其领取会金之权利，因"条件尚未成就，而未发生"，就法律概念而言，是否妥适，似尚有研究余地。

---

① 关于期待权（Anwartschaftsrecht）之基本问题，参见拙著：《附条件买卖中买受人之期待权》，载《民法学说与判例研究》（第七册），北京大学出版社 2009 年版，第 177 页。

② 关于合会之法律性质，有两则判例，1960 年台上字第 1635 号判例谓："台湾合会性质乃会员与会首间缔结之契约，会员相互间除有特约外，不发生债权债务关系。"1974 年台上字第 1159 号判例谓："依台湾省民间合会习惯，合会系会首与会员间所订立之契约，会员与会员间并无法律关系之存在，合会定期开标，以标金（即所谓会息）最高者为得标，会员得标时应付出标金，此项标金为未得标会员所应得之利益，会首倒会应认为有损害未得标会员所应得利益之行为，对于未得标会员，除应给付原缴会款外，并应负给付标金义务。"可供参考。

四、以公法上之罚金作为私法上之损害[①]

(一) 法律问题及研究意见

1. 法律问题

甲要求乙签发支票借供使用,并言明届期由甲将票款存入乙账户内,岂料甲届期未将款存入,支票经人提示退票致乙因违反票据法而被科罚金,此项被科罚金之损害,得否依第231条第1项之规定向甲求偿?

2. 讨论意见

甲说(肯定说)认为,违反票据法罪行成立,以经执票人提示不获支付为要件,本件乙因违反票据法受罚之损害,全系因甲未能依约将票款存入账户内,经人提示所造成,两者间有相当因果关系存在,乙自得向甲求偿。乙说(否定说)认为,罚金系刑罚权之行使,乙被罚金之损害与甲未依约存入票款,并无必然之因果关系存在,自难向甲求偿,盖乙支付罚金系受刑罚之结果,而非由甲之债务不履行导致之损害。结论:题意既已言明,届期由甲将票款存入乙账户内,而甲届期未将款存入,似采甲说为当。

3. 第一厅研究意见

甲借用乙签发之支票未依约如期将票款存入乙账户致乙因支票退票被判处罚金,难谓非侵害乙之权利。惟迟延行为侵害乙之权利既有第231条第1项特别之规定,乙自可依该规定请求赔偿其损害(参阅1954年台上字第739号判例),本年研讨结论采甲说,核无不合。

(二) 分析检讨

本则案例涉及损害赔偿法之特殊问题,台湾地区之学说与判例迄未论及。票据法上之刑罚虽已废除,但在其他法律(例如税法、外汇管制法令),仍可能发生,实务及理论上均具有讨论之价值。

关于乙向甲主张损害赔偿之请求权基础(Anspruchsgrundlage),第一厅研究意见认为:"甲借用乙签发之支票未依约如期将票款存入乙账户致乙因支票退票被判处罚金,难谓非侵害乙之权利。"此之所谓"乙之权

[①] 参见《民事法律问题汇编》(五),第27页。

利",究指何而言,初视之下,不易了解,于阅读至:"惟迟延行为侵害乙之权利既有第231条第1项特别之规定,乙自可依该规定请求赔偿其损害(1954年台上字第639号判例参照)"时,始知其所谓乙之权利,系指债权而言。1954年台上字第639号判例谓:"给付迟延与侵权行为,性质上虽属相同,但因债务人之迟延行为侵害债权,在民法上既有特别规定,自无关于侵权行为之适用。"此项判例旨在说明债务不履行不适用侵权行为之规定。第一厅研究意见引用此项判例则在作为适用第231条第1项之依据,就法理言,应无必要。

第231条第1项规定:"债务人迟延者,债权人得请求赔偿因迟延而生之损害。"法律座谈会所争论者,系债务人(甲)之迟延,与债权人(乙)之损害,是否具有相当因果关系。第一厅研究意见采座谈会之结论肯定之,可资赞同,盖债务人未依约将票款存入债权人之账户,致被退票,衡诸一般情事,通常会使乙因违反票据法而被科罚金也。①

实则,真正之问题,不在于迟延与损害之间是否具有相当因果关系,而是在于缴纳罚金(或其他公法上之制裁)之义务,可否作为私法上之损害赔偿。易言之,即罚金是否具有损害之性质(Schadensqualität)。② 问题在于,承认罚金系私法上得请求赔偿之损害(ersatzfähiger Schaden)时,是否因而"转嫁"刑罚,致违背刑罚之目的。关于此点,基本上应采否定说,其主要理由有二:① 债权人因债务人债务不履行而受罚金之制裁,受有财产上之损失,就私法言,亦应有救济之道。② 罚金本身仍应由债权人缴纳之,刑罚之目的不致因债权人对债务人有损害赔偿请求权而受影响。

---

① 关于相当因果关系之认定,1987年台上字第158号判决作有如下之说明,可资参考:"因侵权行为所发生损害赔偿之债,固须损害之发生与侵权行为间有相当因果关系始能成立,惟所谓相当因果关系,系以行为人之行为所造成的客观存在事实,为观察的基础,并就此客观存在事实,依227一般人智识经验判断,通常均有发生同样损害结果之可能者,该行为人之行为与损害之间,即有因果关系。原审既认定陈荣辉驾驶之7612102号小客车,擦撞前车后,引起连环追撞,并因起火燃烧,相继波及3212787号、1711629号、7018655号(中兴号大客车)三车,中兴号大客车旅客下车后,又见火势猛烈,惟恐车身爆炸,遂将桥缝误认为安全岛纷纷跳下而造成伤亡。则依此客观存在之事实观察,如车身爆炸而不及时走避,其造成之伤亡将更为惨重,且当时又系夜晚,更易引起慌乱,在此紧急情况之下,欲求旅客保持冷静,安然离开现场,殆不可能,故依吾人一般智识经验,上述旅客在慌乱中跳落桥下伤亡,是否与陈荣辉驾车追撞而造成之上开车祸,无相当因果关系,非无研究余地。"此一判决理由虽系针对侵权行为而言,但其基本论点对债务不履行仍有适用余地。

② Staudinger/Medicus, §249 Rdnr. 12, Kommentar Zum BGB, 12. Aufl. 1980.

德国实务上亦采此见解,在 BGHZ 22, 222(德国联邦法院民事判例集,第22卷,第222页)一案,某 A 因 B 银行未尽告知义务,致违反外汇管制法规被处罚金,联邦法院(Bundesgerichtshof)亦基于上述理由,肯定 A 对 B 银行之损害赔偿请求权,可资参照。① 债权人对被科罚金具有过失时,应有第 217 条关于过失相抵规定之适用。倘债权人明知罚金之制裁可在私法上向债务人请求损害赔偿,而听任违法行为之发生者,更有第 217 条之适用,自不待言。

五、承揽契约定作人供给材料所有权之变动

(一) 法律问题及研究意见

1. 法律问题

某甲分批向某乙购买 A 型规格脚踏车,约定须使用 A 级轮胎。某乙于第五批脚踏车交付后,财务发生困难,无力自某丙继续购进 A 级轮胎以组合脚踏车,某甲为使某乙能顺利如期交货,遂向某丙订购 A 级轮胎一批,由某丙直接送交某乙,某甲与某乙约定将来交付之 A 型规格脚踏车之单价中不包括轮胎价值。试问某丙将该批轮胎送交某乙后,该批轮胎所有权属何人所有?

2. 讨论意见

甲说:该批轮胎所有权属某甲所有。理由:自某甲提供 A 级轮胎与某乙组合 A 型规格脚踏车起,某甲、某乙即成立承揽契约,某乙虽得以其自己所有同一种类、品质之 A 级轮胎代替某甲提供之 A 级轮胎,而并非将某甲提供之 A 级轮胎之所有权移转予某乙为内容,除有将该批轮胎之所有权移转予某乙之特约外,某甲仍对其所提供之该批轮胎保有所有权。

乙说:该批轮胎所有权应属某乙所有,理由则依采买卖关系见解,不规则承揽关系见解而有不同。采买卖关系见解认为某甲、某乙间自始即系订立买卖契约,只是于买卖契约履行中某乙发生财务困难,而某甲为使

---

① 参见 Staudinger/Medicus, §249 Rdnr. 12 认为,罚金之作为损害赔偿应限于单纯秩序违法(Ordnungswidrigkeit)及轻罪行为。

某乙能如期顺利交付买卖标的物,始由其向某丙购买部分材料,由某丙直接交付某乙组合买卖标的物,待某乙将买卖标的物交付某甲时,再由买卖价金之各单价中抵销某甲所提供 A 级轮胎之代价,某甲、某乙双方重在 A 型规格脚踏车所有权之移转,故虽由某甲提供 A 级轮胎,双方仍系买卖关系,应解释为某甲代某乙购买该批轮胎之代价,某甲由 A 型规格脚踏车各单价中——抵销之故,动产所有权之移转一般以交付为准,且该批轮胎所有权于某乙自某丙受领交付时,即取得所有权。另采不规则承揽关系见解者认为,某甲所提供之 A 级轮胎,系可代替性之物。某乙得以同种类、品质之 A 级轮胎组合 A 型规格脚踏车只须合乎某甲订购之规格品质即可,且动产所有权之移转一般以交付为准,故某乙自某丙受领交付该批轮胎时即取得所有权,自不得认某乙系以代某甲受领之意思而受领该批轮胎,难认其已取得所有权。

结论:A 级轮胎既系某甲向某丙购买,则买卖当事人为甲与丙,故甲支付价金,取得买卖标的物(即 A 级轮胎)之所有权,乃买卖契约之当然结果,虽然甲嘱丙将该买卖标的物交付予乙,但此际乙仅系甲之使用人或代理人之性质,故该轮胎之所有权不属于乙,而应属于甲,于此情形,采甲说。

3. 第一厅研究意见

同意研究结论。

(二) 分析检讨

本则法律问题涉及本人关系上之债权契约及物权变动,对于阐释法律概念及思考方式,深具启示性。为便于观察,先将其基本法律关系图示如下,再行论述:

关于甲与乙间之契约关系。第一厅研究意见采法律座谈会之结论认为,自甲与乙约定提供 A 级轮胎与乙组合 A 型规格脚踏车起,甲与乙即成立承揽契约。此项认定,符合当事人之真意及利益,应值赞同。

关于 A 级轮胎所有权之移转,第一厅研究意见亦采法律座谈会之结论,认为应由甲取得之。此项结论,虽可资赞同,但其理由构成,有待商榷。兹分两点说明之:

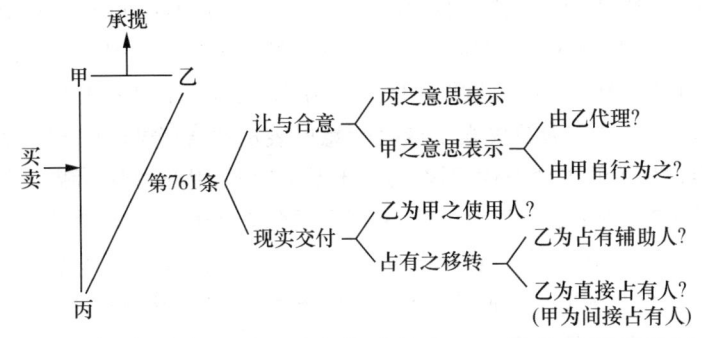

```
            承揽
             ↑
         甲 ── 乙                  ┌ 丙之意思表示 ─┬ 由乙代理?
     ↗       ╲      ┌ 让与合意 ──┤              └ 由甲自行为之?
   买卖       ╲     │            └ 甲之意思表示
     ╲      第761条 ┤                            ┌ 乙为甲之使用人?
      ╲           │                              │
       ╲          └ 现实交付 ── 占有之移转 ────┤ 乙为占有辅助人?
        丙                                       │
                                                 └ 乙为直接占有人?
                                                   (甲为间接占有人)
```

（1）第一厅研究意见采座谈会结论认为："A 级轮胎既系某甲向某丙购买，则买卖当事人为甲与丙，故甲支付价金，取得买卖标的物（即 A 级轮胎）之所有权，乃买卖契约之当然结果。"此项理由不足充分说明为何乙未取得 A 级轮胎所有权。依本文见解，乙之所以未取得 A 级轮胎所有权之主要理由，不是因为甲与丙为该轮胎买卖之当事人，而是甲与乙之间之法律关系为承揽契约，甲并无移转其向丙所购买 A 级轮胎所有权予乙之意思。倘甲与乙间之法律关系为 A 级轮胎之买卖契约，则在通常情形，于丙将 A 级轮胎交付予乙时，应认为在甲与丙间、甲与乙间各作成物权行为，该 A 级轮胎所有权，经由甲而由乙取得之。①

（2）又第一厅研究意见采座谈会结论认为，"虽然甲嘱丙将买卖标的物交付予乙，但此际乙仅系甲之使用人或代理人之性质，故该轮胎之所有权不属于乙，而应属于甲。"此段意见旨在说明丙与甲之物权变更，亦有检讨余地。第 761 条第 1 项规定："动产物权之让与，非将动产交付，不生效力，但受让人已占有动产者，于让与合意时，即生效力。"由此观之，动产物权之让与之要件有二：① 让与合意；② 交付（现实交付或观念交付）。②兹分别讨论之：

---

① 甲向乙购 A 物（动产），转售于丙，嘱乙交付予丙。于此情形，通常应认为乙与甲作成让与 A 物所有权之合意，并依甲之指示（Geheiß）将该物交付予丙；甲与丙作成让与合意，而由乙依甲之指示对丙为交付。德国学者称之为双重指示取得（doppelter Geheißerwerb），可供参考。参见 Baur, Sachenrecht, 1981, 11. Aufl., S. 433；Medicus. Bürgerliches Recht, 12. Aufl. 1984, Rdnr. 671. 此之所谓指示（Geheiß）与第 761 条第 3 项所称之指示交付（返还请求权之让与）不同，应请注意。

② 关于第 761 条之解释适用，尤其是现实交付及观念交付之区别，参见郑玉波：《民法物权》，第 40 页。

① 所谓"让与合意",德国法上称为 dingliche Einigung,乃物权之合意。① 在本件案例,丙有让与 A 级轮胎所有权于甲之意思,甲亦有受让其所有权之意思。第一厅研究意见采座谈会结论,认为乙系甲之代理人,当系指乙系以甲之名义代为意思表示或代受意思表示而言(第 103 条)。就本案例事实观之,甲并未授予代理权予乙;于通常情形,甲亦不致授权予乙,以其名义为物权行为上之意思表示,因实际上无此必要也。因此,在本件案例应认为让与轮胎所有权之合意系由甲与丙作成,甲并未以乙为其代理人。

② 第 761 条第 1 项所称之"交付",系指事实的交付而言,即让与人将其对于动产之现实的直接管领力,移转予受让人之谓。第一厅研究意见采座谈会结论,认为乙系甲之使用人,当系指交付而言。须强调的是,所谓"使用人"乃债务不履行上之概念(第 224 条)。在物权法上,尤其就"占有"而言,所谓"使用人",其意义颇为模糊,究竟指何而言,难以定位,不易了解。第 942 条规定:"雇用人、学徒或基于其他类似之关系,受他人之指示,而对于物有管领之力者,仅该他人为占有人。"在本件案例,甲与乙之关系为承揽,承揽人不受他人之指示,而对于他人之物为管领,故乙不是甲之占有辅助人。第 941 条规定:"质权人、承租人、受寄人或基于其他类似之法律关系,对于他人之物为占有者,该他人为间接占有人。"所谓其他类似关系包括承揽在内,故乙基于承揽之法律关系,对于甲之物为占有,为直接占有人,而以甲为间接占有人。②

据上所述,自甲与乙约定由甲提供 A 级轮胎与乙组合 A 型规格脚踏车之时起,成立承揽契约。甲向丙订购 A 级轮胎一批,嘱丙直接送交于乙。此际,在丙与甲作成让与合意,乙系基于承揽契约直接占有甲嘱丙交付之轮胎(直接占有人);甲为间接占有人,因丙之交付而取得其所有权。

最后须附带说明者,系承揽人乙将定作人甲供给之 A 级轮胎组合为脚踏车时,其所有权之归属问题。因承揽契约而完成之动产,如该动产系由定作人供给材料,而承揽人仅负有工作之义务时,则除有特约外,承揽人为履行承揽之工作,无论其为既成品之加工或为新品之制作,其所有权均归属于供给材料之定作人(参阅 1965 年台上字第 321 号判例)。在材

---

① 参见拙著:《总则编关于法律行为之规定对物权行为适用之基本问题》,载《民法学说与判例研究》(第五册),北京大学出版社 2009 年版,第 3 页以下。

② 参见史尚宽:《物权法论》,第 484 页。

料由定作人及承揽人共同供给时,制作物所有权之归属,除当事人有特约外,学说上认为应分别以三种情形定之:① 材料之主要部分由定作人供给者,则制作物之所有权,应归定作人取得。② 材料之主要部分由承揽人供给者,则制作物之所有权,应先归承揽人取得,而后移转于定作人。③ 材料由定作人及承揽人供给而不能区别主要部分时,其制成物所有权,应依附合或加工之规定决之。① 在本件情形,承揽人乙以定作人甲供给之轮胎组合为脚踏车,既非就他人之动产加以制作或改造,使成新物,非属第814条之加工;而轮胎与车身又非非毁损不能分离,或分离需费过巨,亦不成立第812条之动产上之附合。故甲对轮胎之所有权不因其组合为脚踏车而受影响。此在承揽人乙财务发生困难,被其债权人强制执行,或破产时,具有重大实益。

六、承揽契约之解除时保证人之责任②

(一) 法律问题及研究意见

1. 法律问题

定作人某甲,与承揽人某乙,订立公寓房屋建筑工程合约,由非营造厂商之某丙,为连带保证人,并无对连带保证有特别约定,建造房屋工程进行中,于大部分工程尚未完成前,某乙倒闭,经某甲通知解除契约,某丙表示,愿设法另觅营造厂商,负责代为履行,某甲以某丙非营造厂商,无代为履行能力,予以拒绝,另行发包,致工程费用超过原发包价格60万元,某甲诉请某丙赔偿,某丙以如由其代为履行,必不致有此差额,为拒绝赔偿之抗辩。其抗辩是否有理由?

2. 讨论意见

甲说:承揽契约既已解除,某甲对连带保证人某丙,依法可请求其代为履行,亦可请求损害赔偿,有选择权,某丙抗辩,为无理由。乙说:某丙为连带保证人,合约对连带保证,既无特定约定,且此项承揽房屋建筑工程,并无专属性,某丙请求代为履行,并不以本人履行为必要,由其另觅营

---

① 参见郑玉波:《民法债编各论》,第360页。
② 参见《民事法律问题汇编》(五),第47页。

造厂商,负责继续完成,自非法所不许,定作为某甲竟予拒绝,另行发包,此项差价之发生,系可归责于某甲之事由所致,应由某甲负责,某丙抗辩,应认为有理由。结论:契约既已解除,宜采甲说。

3. 第一厅研究意见

保证范围未经约定者,则关于主债务之本金、利息及因主债务人不履行债务所生之损害,与夫附属于主债务之负担,均负有保证偿还之责任(参阅1929年上字第824号判例)。再契约经解除者,溯及订约时失其效力,与自始未订契约同。又查第260条规定解除权之行使,不妨碍损害赔偿之请求。其所规定损害赔偿之请求,系专指因债务不履行所生之旧赔偿请求权,至因契约消灭所生之损害,并不包括在内(参阅1966年台上字第1188号、第2727号判例)。本件公寓屋建筑工程合约既经甲解除,则连带保证人丙已无法代为履行,倘甲另行发包所超支之60万元,可认为系乙债务不履行所生之损害,依第740条之规定,甲自可请求丙赔偿。

(二) 分析研讨

在本则问题,特别值得注意的是,第一厅研究意见不采取法律座谈会甲、乙二说及结论(甲说),另创一说,认为承揽契约解除时,定作人得向保证人请求债务不履行之损害赔偿,但不得请求代为履行,继续完成工作,保证人亦不得为代为履行之主张。此项研究意见原则上可资赞同。由于台中分院意见分歧,可知关于契约解除时保证人之责任,尚有疑义,有待澄清。在论述之前,先将基本法律关系列表如下:

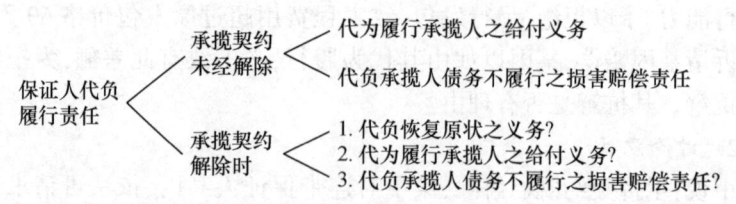

保证人代负履行责任
├─ 承揽契约未经解除
│   ├─ 代为履行承揽人之给付义务
│   └─ 代负承揽人债务不履行之损害赔偿责任
└─ 承揽契约解除时
    ├─ 1. 代负恢复原状之义务?
    ├─ 2. 代为履行承揽人之给付义务?
    └─ 3. 代负承揽人债务不履行之损害赔偿责任?

第739条规定:"称保证者,谓当事人约定,一方于他方之债务人不履行债务时,由其代负履行责任之契约。"应先行说明者,系代负履行责任之意义。通说认为所谓代负履行责任,不是指负代为履行之债务,而是指就债务人债务之履行或不履行代负其责之意。[①] 此项见解,应值赞同。其

---

① 史尚宽:《债法各论》,第827页;郑玉波:《民法债编各论》,第819页。

理由有二：① 使专属性之债务，亦得作为保证之对象。② 第 740 条规定："保证债务，除契约另有订定外，包括主债务之利息、违约金、损害赔偿及其他从属于主债务之负担。"可知代负履行责任亦及于损害赔偿。例如，某甲与画家某乙订立绘画人像之契约，乙委请某丙保证之，其主债务虽属专属性，但仍得为保证之标的。因可归责于乙之事由，致给付不能时，甲得请求保证人丙就乙债务不履行所生之损害，代负赔偿责任。

据上所述，关于承揽契约未解除时保证人之责任，可分两点言之：① 承揽人（主债务人）能给付而不为给付，而承揽工作无专属性者，定作人得请求保证人代为履行。因可归责于承揽人之事由致给付迟延时，定作人除得请求保证人代为履行外，就因迟延给付所生之损害，亦得请求保证人代负赔偿责任。② 因不可归责于承揽人之事由致给付不能时（例如，基地因地震下陷不能建筑），承揽人免为给付义务（第 225 条第 1 项），主债务消灭，保证债务亦因而消灭（保证债务之附从性）。① 因可归责于承揽人之事由致给付不能时，承揽人应负损害赔偿责任（第 226 条），保证债务随同变更，保证人亦应代负赔偿责任。惟承揽房屋建筑工程，通常并无专属性，故定作人亦不得请求给付不能之损害赔偿，而对保证人请求原债务之履行。

承揽契约解除后，保证人究应代负何种责任，首须提出讨论者，系债务人恢复原状之义务。承揽契约解除时，承揽人就其所受领之报酬，应附加自受领时起之利息返还之（第 259 条第 2 款）。对于此项因契约解除而产生之恢复原状义务，保证人应否代负履行责任，台湾学者史尚宽先生采否定说，认为："因契约解除原状恢复义务，与契约上之债务无同一性，又非主债务之从债务，不包括于保证债务范围之内，殆无疑义。"②德国实务亦采同样见解③，但亦有学者认为，解除契约之效力，不在于使契约溯及既往消灭，而在于产生一种以恢复原状为目的之结算关系（Abwicklungsverhältnis），债之同一性不因此而受影响④，故保证人对于主债务人恢复原状之义务，

---

① 史尚宽：《债法各论》，第 849 页；Palandt/Thomas, Anm. 3 zu §765, Kommentar zum BGB, 46. Aufl. 1987.
② 史尚宽：《债法各论》，第 852 页。
③ Palandt/Thomas, Anm. 2c zu §676; OLG Hamburg MDR 64, 324.
④ 关于解除契约的法律性质基本理论之发展，参见李传莹：《解除契约权性质之再检讨》，1984 年度台大硕士论文。Leser, Der Rücktritt vom Vertrag, 1975, S.150f.

亦应代负履行责任。① 此项见解亦可供参考。

承揽契约解除后，保证人应否负代为履行之责任？关于此点，座谈会甲、乙二说均予肯定。惟诚如第一厅研究意见所云，此项见解，实难赞同。承揽契约既已解除，承揽人未履行之给付义务，归于消灭。基于保证契约之附从性，主债务既经消灭，保证债务亦应同其命运。保证人不负代为履行之义务，甚为显然。设定作人于解除契约后仍得请求保证人代为履行（或保证人得主张代为履行），则其是否负有支付报酬之义务？倘定作人不负给付报酬义务，显失事理之平；倘定作人应支付报酬，则究应支付于承揽人，抑保证人？承揽契约既经解除，其法律依据何在？

在本件问题，于大部分工程尚未完成前，承揽人倒闭，应属给付不能。第226条规定："因可归责于债务人之事由，致给付不能者，应负损害赔偿责任。"依第260条规定："解除权之行使，不妨害损害赔偿之请求。"1966年台上字第2727号判例谓："第260条规定解除权之行使，不妨碍损害赔偿之请求，并非积极地认有新赔偿请求权发生，不过规定因其他原因之赔偿请求权，不因解除权之行使而受妨碍。故因契约消灭所生之损害，并不包括在内，因此该条所规定之损害赔偿请求权，系指因债务不履行之损害赔偿而言。"契约之解除既然不影响原已发生之债务不履行损害赔偿，而保证债务又及于损害赔偿（第740条），故保证人对此项债务不履行之损害赔偿应代负履行责任。

债务不履行之损害赔偿，系指履行利益，包括所受损害及所失利益（第216条）。债权人所得主张者，除债务人适时为完全给付时可取得之利益外，尚包括依其他方法满足给付利益所必须支出之费用。② 本件案例之问题，在于此项损害赔偿是否包括定作人另行发包所超支之费用？第一厅研究意见认为："本件公寓房屋建筑工程合约既经解除，则连带保证人丙已无法代为履行，倘甲另行发包所超支之60万元，可认为系乙债务不履行所生之损害，依第740条之规定，甲自可请求丙赔偿。"似采假设之命题。本文认为应采肯定之见解。定作人于发包工程具有过失时，应依第217条规定减少赔偿金额，双方当事人之利益因此而获得适当之平衡。

---

① Erman/Seiler, Kommentar zum BGB, 6. Aufl. 1981, §767 Rdnr. 10.
② 关于债务不履行损害赔偿之基本问题，参见曾隆兴：《现代损害赔偿法论》，1985年再版，第616页以下。Hezmann Lange, Schadensersatz, 1979, S. 143f.; Larenz, Schuldrecht, I, Allgemeiner Teil, 14. Aufl. 1987, S. 430f.

无扶养义务而为扶养时之请求权基础[*]

一、问题之说明

扶养系亲属法上之基本制度[①],实务上常有无扶养义务而为扶养之情事,因而发生为扶养之人,得向何人、依据何种法律关系,请求返还其所支出扶养费之问题(请求权基础)。[②] 其主要案例类型有五:① 殡葬费之支出。② 误认他人为生父。③ 童养媳契约无效。④ 生父认领非婚生子女。⑤ 婚生子女之否认。就事实言,尽是人生之悲欢离合;就性质言,介乎身份与财产之间;就法理言,涉及法律与道德之分际。

二、殡葬费之支出

(一) 法律问题

1984年度法律座谈会曾提出如下之法律问题:甲死亡时,在台湾无亲人,甲之友乙为之支出殡葬费用20万元,嗣甲之配偶及子女返台,乙可否向甲之配偶及子女求偿? 讨论意见有三说:

甲说(否定说)认为,民法并无配偶及子女应负担夫或母殡葬费用之规定,且揆诸台湾省目前情形,死亡者之殡葬费用,由遗产中支付者有之,由配偶单独支付者有之,由子女或亲友筹资共同支付者有之,其方式不一

---

[*] 本文原载《辅仁法学》第8期。
[①] 参见史尚宽:《亲属法论》,第676页;戴炎辉、戴东雄(以下简称戴著):《亲属法》,1986年修订第1版,第432页;陈棋炎、黄宗乐、郭振恭(以下简称陈著):《民法亲属新论》,第423页。
[②] 关于请求权基础(Anspruchsgrundlage)之意义、概念及功能,请参见拙著:《基础理论》,载《民法实例研习丛书》(第一册)。

而足,端视感情深浅及经济能力而定,并无一定之通例可循,尚难谓有此习惯法存在,从而乙向甲之配偶及子女求偿支出之殡葬费用,并无依据,自难准许。

乙说(肯定说)认为,乙应向甲之配偶求偿,依现行民法扶养制度所由设之社会及伦理精神价值而观,扶养内容之范围,不仅包括维持日常生活衣、食、住、行之费用,而且包括幼少者之教育费及死亡者之殡葬费用(参阅1915年上字第116号判例),且配偶为终身共同生活之亲属,为家庭生产之基础成员,故夫妻间互负扶养义务为当然之解释。此外,观之第1026条规定:家庭生活费用,夫无支付能力时,由妻就其全部财产负担之精神及前述配偶间之密切关系,堪认配偶间,扶养义务之顺序,应在第1115条所定各款义务之先,则配偶既有最先扶养之义务,某乙为之代为支付殡葬费用,自得依无因管理之规定,向甲之配偶请求返还。

丙说(肯定说)认为,乙应向甲之子女求偿,殡葬费用既属于扶养内容之范围,则依第1115条之规定,甲之子女为直系血亲卑亲属,自有最先履行之义务。则某乙为其代垫殡葬费用,自得依无因管理之法律关系,诉请甲之子女偿还。审查意见拟采乙说。

研讨结论:① 修正乙说于末四行:"扶养义务之顺序……请求返还"修正为:"互负扶养义务,且依第1115条之规定,甲之子女为甲之直系血亲卑亲属,自亦有履行扶养之义务,某乙为之代为支付殡葬费用,自均得依无因管理之规定,向甲之配偶及其子女请求返还。"② 照修正之审查意见通过。第一厅研究意见:同意研讨结论。①

(二) 分析讨论

本件问题,不在于夫妻间是否互负扶养义务,"民法"修正前因法无明文,产生争议,但应采肯定说。1985年6月3日公布之修正亲属编增列第1116条之1,明定:"夫妻互负扶养之义务,其负扶养义务之顺序与卑亲属同,其受扶养权利之顺序与直系血亲尊亲属同。"问题的争点在于,扶养费之内容是否包括殡葬费用。

查草案第1143条规定:"扶养之权利义务,因受扶养权利人或负扶养义务人之死亡而消灭。受扶养权利人死亡时,其继承人不能支付丧葬费

---

① 参见《民事法律问题研究汇编》(民事实体法),1988年,第866页。

者,由扶养义务者任之。"立法理由略谓:"本条系规定扶养权利义务之消灭。盖消灭与停止不同。如受扶养权利者,由贫而富,负扶养之权利义务停止,若两方有一死亡,则权利义务因之消灭。例如兄弟两人,兄为受扶养之权利者,弟为负扶养之义务者,兄死亡则权利消灭,兄之子不能继承其父受扶养之权利。弟死亡则义务消灭,弟之子亦不须继承其父扶养之义务。对于以上所举之原因,尚有一例外,即受扶养权利者死亡之丧葬费是也。此项丧葬费由负扶养义务者任之,并不得以死亡人之权利消灭为借口。然苟死亡者之继承人能措办此费用,则负扶养义务者无任此费用之责。"[1]此项规定系仿自《德国民法》第1968条及第1615条第2项。[2]台湾地区"民法"未采此条文,致产生法律适用之问题。第1条规定:"民事,法律未规定者,依习惯,无习惯者,依法理。"讨论意见之甲说认为,"民法"关于殡葬费未设规定,且无习惯法,故支出殡葬费者无请求权基础。乙说(肯定说)则强调,"民法"所定扶养内容之范围,应解为包括死亡者之殡葬费用在内。本文认为,将扶养内容解释为包括对死者(丧失权利能力)之殡葬费,似有超越法律文义之处,而且由有扶养义务之人负担殡葬费是否合乎情理(扶养义务人非必为继承遗产人),似有斟酌的余地。"民法"既未设规定,若无习惯,似可适用法理,原则上应先由遗产继承人负担殡葬费用。[3]

三、误认他人为生父

(一) 法律问题及研究意见

花莲高分院1979年9月份司法座谈会曾提出如下之法律问题:"乙自幼离开生父,1949年抵台后,误以甲为其生父,且又发觉甲年已80,多

---

[1] 参见《民法制定史料汇编》(上),1976年,第938页。
[2] 《奥地利民法》第549条亦规定殡葬费用由遗产支付。《日本民法》第309条第1项规定,葬式费用之先取特权就债务人(死者)身份相当之葬式费用而存在,此项先取特权系存在于死者之总财产(遗产)之上,参见林良平编:《物权法》,1986年,第207页。此种比较法上之共通规定可作为适用法理之参考。参见拙著:《比较法与法律之解释适用》,载《民法学说与判例研究》(第二册),北京大学出版社2009年版,第1页。
[3] 遗产及赠与"税法"第17条第9款规定被继承人之丧葬费用,以40万元计算,应自遗产总额中扣除,免征遗产税,可供参考。

病,而予以扶养,乙能否请求甲返还?"讨论意见有两种见解。甲说:乙既系误以甲为生父,纵令发觉甲年老多病,而予以扶养,即系并非明知无扶养义务,仅误信有此义务而已,乙得请求返还。乙说:乙虽系误以甲为生父,且又发觉甲年老多病,而予以扶养,显系基于道德上之良心,纵系误信,乙不得请求甲返还。结论:同意甲说。因与第180条第1款履行道德上之义务无关,是为意思表示内容错误,得依第80条、第90条规定撤销其意思表示,并得依第179条不当得利之规定请求返还其利益。此系就甲为路人而言,但如系对于无扶养义务之亲属误为有扶养义务而给付扶养者,则系第180条第1款给付系履行道德上之义务情形,不得请求返还。研究结果以甲说为是,惟原结论所叙,第80条系第88条之误,并予指正。①

(二) 分析检讨

1. 不当得利请求权之成立

关于本件法律问题,研究结论采取两点法律见解:① 扶养系属意思表示(法律行为),误认他人为生父而扶养构成意思表示内容错误。② 不当得利之成立,以撤销此项内容错误之意思表示(法律行为)为前提。② 此两项法律见解似均有研究余地。

扶养系指一定亲属间有扶养能力者,对有扶养必要者应为维持其生活之制度。必须特别强调的是,扶养虽规定于民法亲属编,但就其法律性质言,乃是基于一定亲属关系而生的债之关系,民法不以之规定于债编,而规定于亲属编,纯基于立法技术上之方便。③ 扶养既属债之关系,扶养之供给乃债务之履行。扶养之程度,应按受扶养权利者之需要,与负扶养者之经济能力及身份定之(第1119条)。扶养之方法,由当事人协议定之,不能协议时,由亲属会议定之(第1120条)。至于扶养债务之履行是否涉及意思表示(法律行为)应视扶养方法而定。迎养在家,直接供给食宿之情形,基本上不能认为当事人间有债权行为或物权行为。在供给金钱或生活物品而为扶养之情形,得认为当事人间有法律行为,惟此种法律行为基本上系属物权行为,即将金钱或生活物品之所有权移转予受扶养

---

① 参见陈纪纲等主编:《综合六法审判实务·民法》(一),第647页。
② 就文义言,研究结论似采此见解,否则无提出意思表示内容错误及其撤销之必要。此点虽未尽明确,拟以此作为讨论之出发点,以突显相关之法律问题。
③ 参见胡长清:《民法债编总论》,第15页。

者,供其使用或处分。此种为扶养而供给金钱或物品系为履行债务,当事人间并不因此成立赠与等债权关系。扶养义务之履行与赠与系属不同之法律关系,不能并为一谈。

应进一步说明者,系法律行为(意思表示)错误之问题。意思表示内容之错误通常多发生于债权行为,例如误 A 马为 B 马而出卖,误张三为李四而赠与,误租赁为使用借贷而订立契约。[①] 物权行为错误虽属少见,但亦有之,例如甲有 A、B 两表,A 表为瑞士原装,B 表为台湾地区仿造品,二者难以分辨,甲欲丢弃 B 表误取 A 表丢弃时,即属物权行为之错误。误认他人为生父而供给金钱物品,乃误以为对他人负有债务而为给付,属于非债清偿,似可认为系物权行为意思表示内容错误(当事人错误,第 88 条第 1 项)。

关于法律行为错误与不当得利之关系,常引起误会,兹分债权行为错误及物权行为错误两种情形讨论之:

(1) 债权行为错误:在债权行为错误之情形,例如甲售 A 物予乙,非因过失误书价金,甲于依让与合意交付 A 物后,发现其事时,得以意思表示错误而撤销买卖契约。在甲撤销买卖契约以前,乙因物权行为受有其利益(A 物所有权),具有法律上原因,不成立不当得利。在甲撤销之后,法律原因不存在,乙应负返还之义务。

(2) 物权行为错误:在物权行为错误之情形,例如甲售 A 地给乙,非因过失甲将 B 地一并移转登记给乙时,得以意思表示错误撤销该物权行为。在甲撤销该物权行为以前,乙受有利益(B 地所有权),欠缺法律上原因(买卖标的物不包括 B 地),应成立不当得利,甲得请求乙移转其无法律上原因所取得之 B 地所有权。在甲撤销移转 B 地之物权行为时,乙不能取得该所有权,甲得请求涂销登记。

准据上述,误他人为生父而为扶养,系属非偿清偿。倘涉及法律行为,而此法律行为又属物权行为,若认定其意思表示内容有错误时,扶养者得依第 88 条及第 90 条规定撤销之。在撤销以后,得主张所有物返还请求权;在撤销以前,则得主张不当得利。易言之,不当得利请求权之发

[①] 关于意思表示错误之基本问题,参见洪逊欣:《民法总则》,1987 年修订版,第 384 页以下。关于"物权行为错误与不当得利"之基本问题,参见拙著:《民法学说与判例研究》(第五册),北京大学出版社 2009 年版,第 85 页。

生，不以撤销错误之物权行为为必要。①

2. 不当得利请求权之排除

依第180条第1款规定，给付系履行道德上义务者，不得请求返还。讨论意见乙说认为："乙虽误以甲为生父，且发觉甲年老多病，而予以扶养，显系基于道德上之良心，纵系误信，乙不得请求甲返还。"此项见解将应客观认定之道德上义务，予以主观化，代之以道德上之良心，似值商榷。通说认为，对于无扶养义务之亲属，误为有扶养义务而予以扶养（侄子女对叔伯父，子妇对不同居之翁姑），虽可认为系履行道德上义务，但路人则不包括在内②，研究结果亦采此见解，可资赞同。

3. 不当得利返还之范围

如前所述，非为生父而误被扶养者，应依不当得利之规定返还其所受之利益。不当得利之受领人，除返还所受利益外，如本于该利益更有所取得者，并应返还。扶养之利益依其性质（如住宿）或其他情形（食物之消耗）不能返还者，应偿还其价额（第181条）。受扶养者于受领时知其非为扶养者之生父或其后知之时，应将受领时所得之利益，或知无法律上之原因时所现存之利益，附加利息，一并偿还，如有损害，并应赔偿（第182条第2项）。受扶养者不知其非为扶养者生父时，得主张所受利益已不存在，免负返还责任。1952年台上字第637号判例谓："第182条所谓其所受之利益已不存在者，非指所受利益之原形不存在者而言，原形虽不存在，而实际上受领人所获财产总额之增加现尚存在时，不得谓利益已不存在。"准此以言，衣食住行等基本生活费用，在受扶养人能负担，但因他人

---

① 实务上曾发生如下法律问题：甲于1961年将其所有之A土地出售给乙，于办理所有权移转登记时，因委托之代书丙之过失，致将甲所有之B土地亦连同A土地移转予乙，1978年甲发现代书登记错误，遂请求涂销乙对于B土地之所有权并返还B土地，应否准许？第一厅研究意见认为："甲于1961年将其所有之A土地出售予乙，于办理所有权移转登记时，因委托之代书丙之过失，致将甲之B土地亦连同A土地移转予乙，则B土地自始不在买卖契约范围之内，自不生移转登记是否无效之问题，惟物权行为亦属法律行为之一种，因甲所委托代书之过失，致效果意思与表示行为不一致，误将甲所有之B土地亦连同A土地移转予乙，其错误系由表意人自己之过失所致，依第105条、第88条第1项但书规定，尚不能根据错误之法理撤销其意思表示，并请求涂销B土地之所有权移转登记。惟B土地既不在甲、乙买卖契约范围之内，系因甲代理人丙之过失，将B土地所有权移转登记与乙所有，乙系无法律上之原因而受利益，致甲受损害，自属不当得利，依第179条规定，乙应负返还其利益之义务，此际应属甲能否依不当得利请求乙移转B土地所有权登记，并将土地返还之问题（应视乙有无为时效抗辩而定），殊不发生涂销登记问题。"[《民事法律问题研究汇编》（民事实体法），1988年，第82页。]

② 参见郑玉波：《民法债编总论》，第117页。

误为扶养而免于支出之范围内,应认为所受利益尚属存在,受扶养人虽属善意,仍应负返还义务。①

四、童养媳契约无效

(一) 实务上之问题及见解

台湾固有所谓之童养媳系以将来与某家男子匹配为目的,由两家主婚人订立婚约,自幼养于男家之幼女。在法律性质上,童养媳应解为系男家同居定婚女,为男家之同宗,称男家的姓,为男家之家属。② 民法关于婚约系当事人自主原则,不承认童养媳制度,现行"民法"施行前已经成立之童养媳契约,其效力究属如何,"司法院"院字第1151号认为:"童养媳于成年后诉经法院判决婚约无效,则以前所付之扶养费,因其法律上之原因已不存在,自得向原订约人请求返还,但童养媳如服有劳务,亦得请求为报酬之给付。"③此在当时应属社会关心之问题,虽属法制史上之旧事,在理论上似仍有讨论之价值。

(二) 分析讨论

1. 不当得利之适用

因扶养而受利益者,为童养媳本人,惟"司法院"认为,应向原订约人(通常为童养媳之父母)请求返还,衡诸传统制度系以父母为童养媳契约之当事人,而以子女为契约之客体,其见解,自有其法制之基础及社会现实。

童养媳制度具有各种不同之社会经济目的,提供劳动力为其中之一,童养媳为男家服劳务,殆无例外。④ "司法院"认为:"童养媳如服有劳务,亦得请求为报酬之给付",但未明确指出其请求权基础。当事人间原无雇佣契约,提供劳务系基于童养媳契约而生之家属关系,童养媳契约无效

---

① 关于"不当得利法上所受利益不存在",参见许惠祐,政大1980年度硕士论文。
② 关于童养媳之沿革及基本问题,参见施绮云:《近代童养媳之法律学的研究》,载《台大法学院社会科学丛书》,第6辑。并请参见戴著:《继承法》,第285页。
③ 《解释汇编》,1972年,第3册,第920页。
④ 林耀华:《金翅——传统社会化过程》,宋和译,载《桂冠社会学丛书》(17)。此文对童养媳之劳务有生动深刻的叙述(第21页、第24页、第283页),可供参照。

时,家属关系无所附着,似可成立不当得利,准此以言,童养媳所得请求者,不是报酬之给付,而是劳务,但此项利益,依其性质不能返还,应偿还其价额(相当于雇佣之报酬)。

2. 适用不当得利之困难

依不当得利之规定处理童养媳契约所生之财产问题,就法律概念言,自有所据。惟须注意的是,以不当得利处理因继续性契约关系无效(不成立或被撤销)所生财产返还问题,常有困难,故关于雇佣契约或合伙契约之无效,学说上有采事实上契约关系之理论,以限制不当得利请求权之适用。[①] 在童养媳契约无效之情形,童养媳在男家同居生活,具有家属关系,长达十余年(或二十余年),一方为扶养,他方服劳务,二者交错一起,得利多少,是否存在,诚难计算。"司法院"所以认为童养媳于成年后得诉请法院判决无效,其目的无非在于使童养媳得自主决定其婚约关系,不必受其父母意思之约束。为达此目的,宣告童养媳契约无效即为已足,不必使其发生溯及力。童养媳契约之无效倘不具溯及力,则男家之扶养,童养媳之劳务具有法律上原因,均不成立不当得利。以此方式处理新旧民法交替时期之传统制度,或较妥适,亦未可知。

五、生父认领非婚生子女

(一)学说上见解

非婚生子女经生父认领者,视为婚生子女(第1065条第1项),取得与婚生子女同一之身份,生父溯及地负有抚养义务,因而发生对非婚生子女曾为抚养之人,得否向生父主张何种权利之问题。学者有认为:在民法既明定认领溯及于子女出生时发生效力,则生父母自亦应溯及于子女出生之时,按其经济能力,共同负担给养义务(第1115条第3项);如生母或其他有抚养义务之人已为抚养者,对于应负担抚养之人,得就其应负担部分为求偿(但养父母除外),无抚养义务之人已为抚养者,适用无因管理之规定。[②] 亦有认为由生母抚养者,生父与生母均为该子女之直系血亲

[①] 参见拙著:《事实上之契约关系》,载《民法学说与判例研究》(第一册),北京大学出版社2009年版,第83页。

[②] 史尚宽:《亲属法论》,第520页;陈著:《亲属法新论》,第290页。

尊亲属,均有抚养义务,应依经济能力分担义务(第1115条);在认领之前已由生母负担抚养者,生母可对生父请求其已付抚养费中生父应负担之部分,盖生父为不当得利之故。准婚生子女由生母之外之人抚养者,若该人并无抚养义务(第1114条),或虽有之,但其顺位比生父母为后者(第1115条),则可对父母请求已支付之抚养费。①

(二) 分析讨论

关于生父认领非婚生子女时,抚养之人究应如何主张其权利,学者针对不同情形,分别适用无因管理或不当得利。此涉及无因管理或不当得利适用之基本问题,有进一步讨论之必要。

无因管理与不当得利两种请求权不能发生竞合并存关系,其主要理由系无因管理为受有利益之法律上原因,例如为他人修缮遭地震毁损之墙壁,仅得主张无因管理,不成立不当得利。②

扶养义务系属一种债务,前已论及,由他人履行扶养义务,基本上系属第三人清偿。在第三人清偿之情形,关于其求偿关系,当事人间有契约者(例如委任),依该契约之规定(第546条);无契约时,倘第三人清偿系出于为他人管理事务者,应适用无因管理之规定(第172条、第174条第2项、第176条)。此外第三人清偿亦可成立不当得利,学说上称为求偿不当得利请求权(Rückgriffskondiktion)。③ 其要件有三:① 须为他人清偿债务,否则债务人不能免责。② 债务须存在。③ 无其他求偿方式之特别规定(例如无因管理等)。准据上述,关于生父认领非婚生子女时所生抚养费之偿返问题,应说明者有两点:

(1) 第三人清偿,须有为他人清偿债务之意思。第三人对非婚生子女为抚养时,生父虽尚无抚养义务,但抚养义务得因生父认领而溯及地发生,因此在解释上宜从宽认为对某非婚生子女为抚养者,于生父认领时,成立第三人清偿。

---

① 参见戴著:《亲属法》,第318页。
② 参见拙著:《债编总论》,第1卷,第60页。
③ 关于所谓之 Rückgriffskondiktion,参见 von Caemmerer, Bereicherung und Uunerlaubte Handlung, FS Rabel Ⅰ(1954), S. 332, 361f.; Medicus, Schuldrecht Ⅱ, Besonderer Teil, 1983, S. 298; BGH 70, 396. 关于第三人清偿之问题,参见史尚宽:《债法总论》,第741页;Wittmann, Begriff und Funktion der Geschäftsführung ohne Auftrag, 1981, S.114f.

（2）根本无抚养义务之第三人（所谓之路人），对非婚生子女为抚养者，可认为具有为生父管理事务之意思时，应适用无因管理之规定。生母抚养非婚生子女，系尽其法定义务，不成立无因管理，但超过其应负担部分，则可认为兼有为生父抚养之意思而成立不当得利。顺位在后之抚养义务人对非婚生子女抚养者，颇为常见，例如甲与乙女同居生丙，乙死亡，由乙女之母丁抚养之。于此情形，惟究应适用无因管理或不当得利，不无疑问，鉴于为抚养之人于生父认领非婚生子时溯及地根本不负抚养义务，与生母为抚养之情形不同，似可适用无因管理之规定。在比较法上值得注意的是，《德国民法》明定生父对非婚生子女负有抚养义务（《德国民法》第1615条a）。其他抚养义务人、生母之婚夫（Ehemann der Mutter）或其他第三人替生父对非婚生子女为抚养者，该子女对其生父之抚养请求权移转于该为抚养之人（《德国民法》第1615条b）。此项立法例可供参考。[①]

六、婚生子女之否认

（一）第1063条规定

新修正"民法"第1063条规定："妻之受胎，系在婚姻关系存续中者，推定其所生之子女为婚生子女。前项推定，如夫妻之一方能证明非自夫受胎者，得提起否认之诉。但应于知悉子女出生之时，1年内为之。"依旧法之规定，得否认婚生者，仅限于夫，依新法之规定，夫或妻均得为之，子女本身不得为之，其他第三人更不待言，以避免第三人滥行认领夫妻所生之子女，或公然诽谤该子女之生母与他人通奸。提起否认之诉之期间为法定期间，而非时效期间，旨在早日确定子女之身份。此项期间系自知悉子女出生之时起算，故设有某渔民遭遇海难，10年后归来，发现其妻与他人生有子女者，否认之诉权仍未消灭。在民法，夫妻同居之事实，并非婚生推定之积极要件，仅为夫或妻否认婚生子女时之消极要件而已。[②]

[①] Beitzke, Familienrecht, 24. Aufl. 1985, S. 217f.; Palandt/Diederichsen, Bürgerliches Gesetzbuch, 46. Aufl., 1987, §1615a, 1615b.

[②] 关于婚生子女否认之基本问题，参见戴著：《亲属法》，第298页；陈著：《民法亲属新论》，第259页。

（二）对被否定为婚生子女之请求权

夫提起否认之诉判决确定时,其妻所生子女之"婚生推定",即溯及地被推翻,该子女不再为夫之子女,抚养义务自始不存在,故该子女受有抚养利益,欠缺法律上之原因,应成立不当得利,由该子女负返还之义务。① 受抚养之子女在被否认为婚生之前,不知其非为抚养者之子女时,对法律上原因不存在,系属善意,得主张所受利益不存在,而免负返还义务(第182条第1项)。

（三）对生父之请求权

在民法,生父对非婚生子女并无抚养义务。在生父认领该被他人否认为婚生之子女以前,固无成立无因管理或不当得利之余地。生父认领该非婚生子女时,虽溯及地负有抚养义务,但提出否认婚生子女之诉之人,在对该子女为抚养之际,并无为其生父清偿债务之意思,亦不成立无因管理或不当得利。② 解决之道,应求诸于侵权行为法之规定。与有夫之妇通奸,系故意不法侵害夫之权利或故意以悖于善良风俗之方法加损害于他人,就所生之损害,应负损害赔偿责任。此项损害赔偿,除抚养费外,尚应包括提起否认婚生子女之诉的费用。③

（四）对配偶之请求权

夫抚养其妻与他人通奸所生子女,对其妻而言,亦不成立无因管理或不当得利。问题在于夫得否依侵权行为规定,请求损害赔偿？实务上尚未见相关案例,此涉及家庭亲属间侵权行为之问题,在此不拟详论。④ 须说明的是,1966年台上字第2053号判例谓:"第184条第1项前段规定,以权利之侵害为侵权行为要件之一,故有谓非侵害既存法律体系所明认之权利,不构成侵权行为。惟同法条后段规定,故意以悖于善良风俗之方

---

① 德国通说亦采此见解,Beitzke, Flamilienrecht, S.199, 205f.

② 德国通说亦采此见解,Beitzke, Flamilienrecht, S.205.

③ 夫因妻与人通奸其被侵害者,究属何种权利,主要涉及非财产损害赔偿金钱赔偿问题(慰抚金),参见拙著：《干扰婚姻关系之侵权责任》,载《民法学说与判例研究》(第一册),北京大学出版社2009年版,第183页;并参见曾世雄：《非财产损害赔偿》,1988年初版。

④ Jayme, Die Familie im Recht der unerlaubten Handlung, 1971, S.223f.

法加害于他人者,亦同,则侵权行为系指违法以及不当加损害于他人之行为而言,至于侵害系何权利,要非所问,而所谓违法以及不当,不仅限于侵害法律明定之权利,即违反保护个人法益之法规,或广泛悖反规律社会生活之根本原理的公序良俗者,亦同。通奸之足以破坏夫妻间之共同生活而非法之所许,此从公序良俗之观点可得断言,不问所侵害系何权利,对于配偶之他方应构成共同侵权行为,婚姻系以夫妻之共同生活为其目的,配偶应互相协力保持其共同生活之圆满、安全及幸福,而夫妻互守诚实,系为确保其共同生活之圆满、安全及幸福之必要条件,故应解为配偶因婚姻契约而互负诚实之义务,配偶之一方行为不诚实,破坏共同生活之圆满、安全及幸福者,即为违反因婚姻契约之义务而侵害他方之权利。"此一判例虽系针对夫请求非财产上损害之金钱赔偿(慰抚金)之情形而言,但其基本论点对请求支出抚养费用之损害赔偿,亦应有适用余地。此项判例在比较法上①,具有三点特色:① 肯定夫妻间之关系系一种排他性权利。② 配偶与其相奸者应构成共同侵权行为。③ 在婚姻关系存续间仍得对配偶行使侵权行为损害赔偿请求权。易言之,配偶间之侵权行为损害赔偿请求权之行使,不因婚姻关系之存在而受影响。

七、结　论

扶养义务系基于一定亲属关系而发生,在法律性质上属于一种债之关系。如何认定无扶养义务而为扶养时之请求权基础,实务上若干基本案例,可资研究,综合说明如下:

(1) 第三人为死者支出殡葬费时,对"负有支出殡葬费之义务人",得构成无因管理。有疑问的是,谁负有支出殡葬费之义务？实务上有认为扶养内容之范围包括死者之殡葬费。此项解释稍嫌勉强。殡葬费由谁负担,法律未设规定,应依习惯,无习惯时,依法理,原则上应由遗产继承人负担之。

(2) 实务上认为误他人为生父而扶养,系意思表示内容错误,得依第88条、第90条之规定撤销其意思表示,并得依第179条不当得利之规定请求返还其利益。实则,扶养多不涉及意思表示(法律行为),其涉及法

---

① Jayme, S. 223f. 在比较法上有详尽之论述,可资参阅。

律行为者,通常系属物权行为,此项物权行为是否内容有错误,颇值研究,若认为其意思表示内容有错误,亦属非债清偿,不当得利请求权之成立不以撤销其意思表示为必要。

（3）在传统法制上之童养媳契约,童养媳成年后诉经法院判决婚约无效时,实务上认为就抚养费之支出,应成立不当得利,虽有所据,惟鉴于童养媳契约在固有法制上本为有效,扶养与劳务又交错一起,为尊重此项传统制度之事实规范性,似应排除无效之溯及力,不使发生不当得利请求权,较为合理。

（4）生父认领非婚生子女时,原则上溯及负有抚养义务。对非婚生子为抚养之人,应解为有为生父清偿债务之意思,分别情形适用无因管理或不当得利之规定。

（5）在否认婚生子女之情形,为抚养之人得依不当得利之规定向被抚养者(被否认为婚生之子女)请求返还其所受利益。对该被否认为婚生子女之生父虽无不当得利或无因管理上之请求权,但得依侵权行为之规定请求赔偿其所支出之抚养费。

《中华人民共和国民法通则》之侵权责任：比较法的分析*

一、绪　说

中华人民共和国在 1986 年制定《民法通则》，并自 1987 年 1 月 1 日起施行。无疑，这是社会主义法制建设的一件大事，并且受到国际法学界的重视。[①] 它直接反映着社会和经济生活基本要求的改变，希望以社会主义公有制为基础，建立商品交换秩序，搞活经济，对外开放，促进科技发展，保障公民（自然人）、法人的权益，并促进物质及文明的建设。[②]

《中华人民共和国民法通则》（以下简称《民法通则》）共分为 9 章，156 个条文，以民事权利（财产所有权及债权）和法律行为[③]作为核心，在概念形成和体系构成上深受《德国民法》（1896 年制定、1900 年施行、现

---

* 本文系作者在香港中文大学主办之"中华人民共和国民法通则比较讨论会"（1988 年 3 月 23 日至 29 日）所发表之论文，参加此次讨论会者有（谢怀栻、佟柔、江平、高程德及香港、德国、美国、加拿大、法国、日本、韩国、南斯拉夫、匈牙利等国和地区民法学者 20 余人。）

① 野村好弘、浅野直人编著：《中国民法の研究》，1987 年；William C. Jones, Some Questions Regarding the Significance of the General Provisions of Civil Law of the People's Republic of China, Harvard International Law Journal, vol. 28, 1987, pp. 309-331; Heuser/Hang Zhao, Die Rechtsanwendungsnormen in den "Allgemeinen Regeln des Zivilrechts der Volksrepublik China", RIW, 1986, 766; Süss, Zu den Kollisionsrechtlichen "Lücken" in den "Allgemeinen Regeln des Zivilrechts der Volksrepublik China", RIW 1987, 392; Heuerl Weichert, Entwicklung des Rechts in der VR China, NJ (eine Zeitschrift der DDR), 1988, 25.

② 王家福：《一部具有中国特色的民法通则》，载《法学研究》1987 年第 3 期，第 7—11 页。

③ 在法学理论上值得注意的是，民法通则虽然接受德国民事法律行为（Rechtsgeschäft）的概念，但扬弃了构成德国民法特色的"物权行为无因性"理论（Die Lehre vom "abstrak dinglichen Vertrag"），殊值重视，参见崔建远：《不当得利之研究》，载《法学研究》1987 年第 4 期，第 58—64 页。

仅适用于西德,以下简称《西德民法》)的影响。① 制定《民法通则》的主要目的在于宣示民事活动的基本原则,对于许多重要问题,多未设具体可行的规定,法律没有规定的,应当遵国家政策(《民法通则》第6条)。②

关于财产所有权,《民法通则》主要在于重申《中华人民共和国宪法》的规定,而以经营权为规律的重点。《民法通则》对高度抽象化的法律行为虽设有若干规定,但关于契约(合同)成立等基本问题,则乏明文。从法学的观点而言,第6章关于民事责任的规定,最值重视。③ 其中又以侵权的民事责任较为详尽,直接设有规定的,共有17个条文,连其他相关规定,约占《民法通则》全部条文1/6,由此可知侵权行为法的重要性。

在以比较法的观点分析《民法通则》侵权责任的基本问题之前,首先应该简单说明比较法学上一个有趣的问题,即社会主义和资本主义的法律是否可以比较? 如何加以比较? 其比较具有何种实益? 现在大部分的比较法学者原则上都肯定比较的可能性,并且应用功能的比较方法。至于比较的实益,除认为有助于认识彼此的差异外,对法律解释、立法继受或法律统一方面的功用,尚持保守的态度。④

中国目前似尚无比较法的专门著作,民法学者虽然时常强调社会主义法制的优越性,但是值得注意的是,在侵权行为方面,相当重视西方国家法律及法学的研究,不但以比较法作为一种解释的方法⑤,而且也作为立法上的借鉴。特举数例如下:杨立新在其《试论共同危险行为》一文中,基于对《西德民法》第803条的研究,肯定《民法通则》具有漏洞,应由

---

① 关于民法在台湾的发展,参见郑玉波:《民法50年》,载《法学丛刊》1985年第117期,第11—14页。

② 江平:《民法通则的适用范围及其效力》,载《法学研究》1987年第3期,第1—6页。

③ 苏俄的Paschtschenko和东德的Töpfer亦采此种看法,认为:"Der juristisch interessanteste Teil der neuen chinesischen Zivilrechtkodifikation ist die Verantwortlichkeit",可供参考,见Paschtschenko/Töpfer, Neue zivilrechtliche Vorschriften in der Volksrepublik China, NJ, 1987, 496 (498).

④ 关于不同经济体制法律比较研究方法论上的问题,参见 Loeber, Rechtsvergleichung zwischen Ländern mit verschiedener Wirtschaftsordnung, RabelsZ(1961)201-229; Knapp, Verträge im tschechoslowakischen Recht, RabelsZ(1962/93)495; Bartels, Rechtsvereinheitlichung zwischen unterschiedlichen Gesellschaftsordnung, RabelsZ(1981)106-123; Drobnig. Rechtvergleichung zwischen Rechtsordnungen verschiedener Wirtschaftssysteme, RabelsZ(1984)233; A Socialist Approach to Comparative Law, edited by I. Szabo and Z. Peteri, 1977.

⑤ 关于以比较法作为本国法律解释的基本问题,参见 Zweigert, Rechtsvergleichung als universale Interpretationsmethode, RabelsZ(1945/50)19.

司法解释等方法加以补充[1]；马凌在其《谈谈建立我国的现代产品责任制度》一文中，曾分析美国、西德相关法律和 1979 年欧洲共同体通过的"关于产品责任的指令草案"，而提出制定产品责任法的问题[2]；罗典荣、刘玉明在《略论环境保护法律制定中的损害赔偿责任》一文中，曾讨论日本的公害法规及案例，肯定应以日本学者所提出盖然说的理论，来处理公害的因果关系。[3] 学者如此重视西方国家的立法例与判例学说，有四个重要理由：① 在产品责任和公害等方面，西方国家的法制较为周全。② 侵权行为法的"体系关联性"较弱。[4] ③ 目前强调向西方学习的政策。④ "洋为中用"的传统观念。[5] 鉴于学者采取此种比较法实用主义，我们以比较法的观点来分析、探讨《民法通则》的基本问题，实在具有特殊的意义。德国法学家耶林（Rudolf von Jhering）在其名著《罗马法的精神》一书中曾说："外国法制的继受与国家主义无关，仅是合乎目的性和需要的问题而已。如果自家所有的，同属完善或更佳，自然不必远求。惟若有人以奎宁皮药草并不是长在自己的庭院而拒绝使用，诚非智举"。[6]

二、规范功能

要了解《民法通则》关于侵权行为之规定，首先必须掌握它的立法目的和社会功能。各国和地区侵权行为法在其发展的过程中担负着不同的任务，《民法通则》关于侵权行为之规定反映现阶段的政治社会政策，在某种程度上，我们可以将它所要实践的目的，依其重要性试作如下的排列：① 保护合法的民事权利；② 填补损害；③ 教育和惩罚；④ 分散损害。

（一）保护合法民事权利

制定《中华人民共和国民法通则》最主要的目的在于保障公民、法人

---

[1] 参见《法学研究》1987 年第 5 期，第 52—55 页。
[2] 参见《法学研究》1985 年第 2 期，第 45—53 页。
[3] 参见《法学研究》1986 年第 2 期，第 61—66 页。
[4] 关于不同经济体制国家法律比较研究方法论上"体系关联"（systembezogen）和"体系中立"（systemneutral）的问题，参见 Loeber, S. 226.
[5] 罗辉仪：《关于环境法制上的"无过失责任"问题》，载《法学杂志》1984 年第 4 期，第 6—8 页。
[6] Rudolf v. Jhering, Geist des römischen Rechts, Erster Teil, 8. Aufl. 1955, S. 8f.

的合法民事权利(《民法通则》第 1 条)。在西方国家的民法,此为当然自明之理,无待明文规定,《民法通则》约有二十几个条文①一再重复、强调合法民事权利的保护,自有其历史背景。

(二) 填补损害

填补损害是各国侵权行为法的共同目的。《民法通则》基本上是采取全部赔偿原则,即侵权责任的构成要件一旦具备,加害人应对所生的损害,负全部赔偿责任,不因加害人的故意或过失而异其赔偿范围。财产上的损害,除恢复原状外,亦得以金钱加以赔偿。关于精神损害的金钱赔偿,是民法学上一项重大争论问题。

(三) 教育和惩罚

社会主义国家特别重视法律的教育功能,一切法律责任都有这种作用,侵权行为法自不例外,希望"运用民事责任制度同违反民事法规的行为作斗争时,对广大群众也起着法制教育的作用,通过法制教育,使人们更加自觉地遵守法律,维护法律,从而使社会主义法制得到进一步加强",以达到"处理一案,教育一片"的作用。②

教育与惩罚具有密切的关系,侵权行为法亦具有惩罚的功能。《民法通则》第 134 条设有 10 种民事责任的主要方式,可以单独适用,也可以合并适用。法院审理民事案件,还可以与以训诫,令具结悔过。法院在作上述处置时,当然要考虑加害人的故意或过失,带有惩罚的功能,甚为显然。③

值得注意的是,《民法通则》第 110 条规定:"对承担民事责任的公民、法人需要追究行政责任的,应当追究行政责任;构成犯罪的,对公民、法人的法定代表人应当依法追究刑事责任。"有学者认为,民法不是私法,而是公法④,因此上开条文出现在《民法通则》,不值惊奇。这个规定的主要目的在于强调以各种途径强化对合法民事权益的保护,但是似乎也在

---

① 参见《中华人民共和国民法通则》第 1 条、第 2 条、第 18 条、第 28 条、第 73 条、第 74 条第 3 项、第 75 条第 2 项、第 76 条、第 82 条、第 85 条、第 90 条、第 96 条、第 98 条至第 105 条等。
② 王作堂等编:《民法教程》,1983 年,第 111、121 页。
③ 魏振瀛、王小能:《论构成民事责任条件中的过错》,载《中国法学》1986 年,第 23 页。
④ 江平:《民法通则的适用范围及其效力》,载《法学研究》1987 年第 3 期,第 1—6 页。

暗示民法与刑法的共同功能：对违反法律者的制裁。

(四) 分散损失

现代西方国家侵权行为法的功能已经逐渐由"损失的移转"，发展为"损失的分散"。立法者或法院在决定何人应该负担侵权责任时，政策上所考虑的，不是加害人的行为在道德上是否可资非难，而是他是否能够依市场上的价格机能和责任保险制度，将损失分散给社会大众，由大家共同承担。① 中华人民共和国目前正在加强社会主义经济体制的市场机能，并开始建立责任保险制度(1985年保险企业条例)，当有助于促进侵权行为法发挥分散损失的作用。

西方国家的侵权行为虽亦有不同的功能，但以填补损害最为重要，主导着侵权行为法的发展。必须强调的是，社会主义的侵权行为法具有多种目的，以不同的程度一方面互相协力，另一方面亦互相限制，其彼此间的协力和限制关系，不但决定了侵权行为法的基本内容，而且也将影响将来法律的解释适用，例如过失应依何种标准判断②，因果关系如何认定③，与有配偶之人通奸是否应负侵权责任④，对精神损害得否请求金钱赔偿等。

三、受保护的利益

(一) 现行规定

侵权行为法的主要目的在于保护利益。利益的种类繁多，轻重不同，无论是为了适当限制行为人的责任，或为公共利益，诚难对一切利益都给予同等保护。因此侵权行为法在何种要件下，以何种方式，对何种利益加

---

① 关于损失移转和损失分散的一般问题，参见 John G. Fleming, Introduction to the Law of Torts, 1969, pp. 8-13; P. S. Atiyah, Accidents, Compensation and the Law, Third Edition, 1980, pp. 540-549.
② 魏振瀛、王小能，前揭文，第18—25页。
③ 魏振瀛：《论构成民事责任条件的因果关系》，载《北京大学学报》(社会科学版)1987年第3期，第94—100页。
④ 张玉梅：《试论第三者插足的民事责任》，载《法学杂志》1987年第1期，第20—21页。

以保护,常可显示一个社会的价值观念。①

如所周知,《法国民法》第 1382 条规定因过咎侵害他人的,应负赔偿责任,对所保护的利益,未加限制。② 西德民法区别受保护的利益,而异其主观的构成要件,即因故意或过失不法侵害他人生命、身体、健康、自由、所有权或其他权利的,应负损害赔偿责任(第 823 条第 1 项);反之,倘若被侵害的是一般财产上的利益,则须加害人系故意出于以悖于善良风俗的方法致加损害,或违反保护他人的法律,被害人始得请求损害赔偿(第 826 条,第 823 条第 2 项)。③ 英美法上的侵权行为(Torts)依其所侵害的利益,而有不同的构成要件、救济方法和抗辩,过失侵权行为(Negligence)的出现及发展,扩张了侵权行为法所保护的范畴。④

关于侵权行为法所保护的利益,《民法通则》在第 117 条至 120 条设有规定。为了观察的方便,依条文的次序,列表如下:

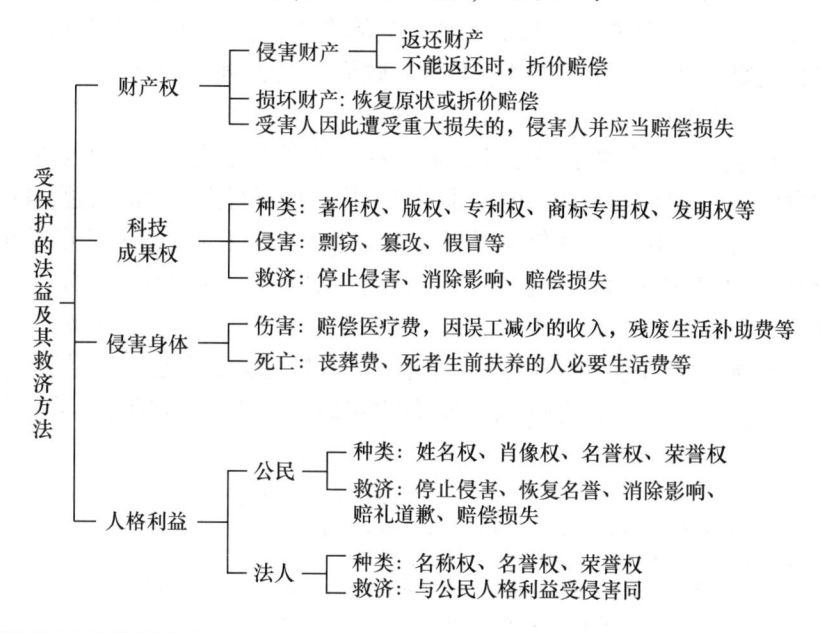

受保护的法益及其救济方法
- 财产权
  - 侵害财产
    - 返还财产
    - 不能返还时,折价赔偿
  - 损坏财产:恢复原状或折价赔偿
  - 受害人因此遭受重大损失的,侵害人并应当赔偿损失
- 科技成果权
  - 种类:著作权、版权、专利权、商标专用权、发明权等
  - 侵害:剽窃、篡改、假冒等
  - 救济:停止侵害、消除影响、赔偿损失
- 侵害身体
  - 伤害:赔偿医疗费,因误工减少的收入,残废生活补助费等
  - 死亡:丧葬费、死者生前扶养的人必要生活费等
- 人格利益
  - 公民
    - 种类:姓名权、肖像权、名誉权、荣誉权
    - 救济:停止侵害、恢复名誉、消除影响、赔礼道歉、赔偿损失
  - 法人
    - 种类:名称权、名誉权、荣誉权
    - 救济:与公民人格利益受侵害同

---

① 比较法的研究,参见 Lipstein, Protected Interests in the Law of Torts, Cambridge law Journal, 1963, p.85.

② 参见 Zweigert/Kötz, Einführung in die Rechtsvergleichung, Bd. II, 1969, S.336-343.

③ 参见 Kötz, Deliktsrecht, 3. Aufl. 1983, S.36f., 83f., 90f.

④ 参见 Winfield and Jolowicz on Tort, Tenth edition, 1975, pp.23-30; Fleming, The Law of Torts, Sixth Edition, 1983, pp.13-14; Dias/Markesinis, Tort Law, 1984, pp.15-22.

(二) 人格权的保护

《民法通则》区别受侵害的利益为四类,赋予不同的救济方法,在比较法具有特色。如果法条的排列次序可以表现价值判断的话,《民法通则》特别重视财产权,尤其是科技成果权。这当然与目前大力发展科技,具有密切的关系。

关于人格利益的保护,系采列举主义,除身体和生命外,仅承认姓名权、肖像权、名誉权和荣誉权。自由权并不包括在内,与西方国家法律的发展显有不同。在大陆法系国家,《瑞士民法》最早肯定一般人格利益的保护[1];《西德民法》关于人格利益的保护,虽采列举主义,但已经由判例学说加以突破,创设了一般人格权;[2]《日本民法》对人格利益的保护亦未设限制。[3] 英美侵权行为法特别重视"隐私权"(Privacy)的保护,[4]就比较法言,《民法通则》对人格权的保护较欠周全。在自由、贞操或隐私等人格利益遭受侵害时,法院是否会依国家政策(《民法通则》第6条)扩张解释名誉权或加以类推适用,甚至创设一般人格权,实值注意。

其他值得注意的是,身份上的权利亦未被列入受保护利益的范畴,因此发生一项疑问:与有配偶的人通奸是否构成侵权行为? 对此问题,各国规定不同。英国在1970年经国会立法废除普通法上的通奸损害赔偿请求权。[5] 西德法上甚有争论。[6] 日本判例及学说以侵害身份权肯定之。[7] 最近有人主张,插足他人婚姻关系是一种侵权行为,违反法定义务,应承担赔偿损失(包括抚慰金)的民事责任,以保护受害者合法权益,维护婚姻道德。[8] 鉴于《民法通则》第104条规定婚姻受法律的保护,此项见解

---

[1] Kaestlin, Der Persönlichkeitsschutz nach schweizerischem Recht, NJW 1956, 1009.

[2] 参见 v. Caemmerer, Der privatrechtliche Persönlichkeitsschutz nach deutschen Recht: Festschrift für Hippel, 1967, 27f.; Kötz, aaO., S. 275f.

[3] 前田明达:《不法行为法》,现代法律学讲座14,民法Ⅵ2,1983年,第86—106页。

[4] 参见 Warren and Brandeis, The Right to Privacy, 4 Havard law Review (1890)193; Prosser, Privacy, 48 California Law Review (1960)383; Brittan, The Right of privacy in England and the United States, 37 Tulane Law Review(1963)235.

[5] 参见 The Law Reform (Miscellaneous Provisions) Act 1970, S. 4; Fleming, The Law of Torts, pp.614-616.

[6] E. v. Hippel, Schadensersatz bei Ehestörung NJW 1965, 664.

[7] 川井健:《不法行为法》,1983年,第85—86页。

[8] 张玉梅,前揭文,第20—21页。

具有相当的理由,但请求抚慰金的实体法依据何在,尚值研究。

(三) 经济上损失

最后尚须讨论的是纯粹经济上损失(pure economic loss, reines Vermögensschaden)。此为目前西方国家侵权行为法的重要课题。①《民法通则》的规定如何,实有比较研究的价值。

《民法通则》第111条规定,当事人一方不履行合同义务或履行合同义务不符合约定条件的,另一方有权请求赔偿损失。此之所谓"赔偿损失"基本上是指经济上损失而言。依《民法通则》第61条第1项规定,民事行为被确认为无效或者被撤销后,有过错的一方应当赔偿他方因此所受的损失,双方都有过错的,应当各自承担相应的责任。此项规定相当于德国法上缔约过失制度(culpa in contrahendo)②,其所谓的"损失",也是指经济上的损失而言。又代理人不履行职责而给被代理人造成损害的,应当承担民事责任。代理人与第三人串通,损害被代理人的利益的,由代理人和第三人负连带责任。第三人知道行为人没有代理权、超越代理权,或者代理权已终止,还与行为人实施民事行为给他人造成损害的,由第三人和行为人负连带责任(第66条),亦均指经济上损失而言。

关于经济上的损失,《民法通则》明文规定可以依侵权行为请求损害赔偿的,有两种情形:① 受害人因其财产(财产所有权)受侵害而遭受重大损失(第117条第3项)。② 侵害公民的身体造成伤害因之误工而减少的收入;造成死亡的,其丧葬费和死者生前扶养的人的必要生活费(第119条)。由此可知,《民法通则》对纯粹经济上损失是采取不赔偿的原则。西方国家的法律也采取相同的立场,其主要的理由是在价值判断和利益衡量上,认为财富保护的必要性低于人身和财产权,并为避免过分加重侵害人的负担,引起不必要的诉讼。例如甲损毁乙电力公司的电缆,致

---

① 关于经济上损失在比较法的基本问题和政策分析,见 Lawson and Markesinis, Tortious Liability for Unintentional Harm in the Common Law and the Civil Law Ⅰ, 1982, pp.80-93.

② 缔约过失(culpa in contrahendo)是德国法学家 Rudolf v. Ihering 所创设之理论,见 Jherings Jahrsbücher für die Dogmatik des Bürgerlichen Rechts, 4, S.1.关于此项重要制度的发展现况,见 Larenz, Lehrbuch des Schuldrechts, Band Ⅰ, Allgemeiner Teil, 14. Aufl. 1987, S.106ff.;法学界亦有文章讨论此一问题,参见庄穆:《试论缔约上的过失责任》,载《法学与实践》,1987年,第7—9页(注:本文笔者未曾阅读)。

电源中断,丙因而受到所有权的损害时(例如孵卵器上的小鸡死亡,或炼钢炉中的生铁变成废物),虽可请求损害赔偿,但不能营业而遭受的不利益,则不得请求损害赔偿。①

值得注意的是,关于纯粹经济上损失不赔偿的原则,在西方国家正由判例学说创设案例类型加以突破,例如在英美法上,干扰他人契约关系(inteference with contract)应构成侵权行为;在《西德民法》上,故意以悖于善良风俗引诱他人违约致加损害于他人时,亦应依《西德民法》第826条规定负赔偿责任。关于专门职业人员过失不实陈述(negligent misrepresentation)所生经济上损失的赔偿问题,在西方国家侵权行为法上正引起热烈的争论。② 在实务上,企业或个体户不愿意将经济上损失认为是营业上应该承担的危险时,在政策和法律技术上如何处理,势将成为实务上的重要问题。

四、归责原则

(一) 过失责任

依《民法通则》的规定,公民、法人侵害国家的、集体的财产,侵害他人财产、人身的,应当承担民事责任时,须以具有过错为要件(第106条第2项),没有过错,但法律规定应当承担民事责任的,应当承担民事责任(第106条第3项)。

在西方国家,现代侵权行为法归责原则的发展,是由过失责任主义趋向无过失责任。但是在社会主义国家,则由无过失责任逐渐改采过失责任主义。苏俄1922年民法系采无过失责任(原因责任或结果责任),1964年的《苏俄民法》第444条第1项虽采过失责任,但第2项明定加害人须

---

① 英国判例参见 Spartan Steel and Alloys Ltd. v. Martin and Co. (Contractors) Ltd., (1973) 1Q. B. 27;德国判例参见 BGHZ 29, 65.; 41, 123;深入的比较法研究,参见 Hilgenfeldt, Der Ersatz von Vermögensschaden bei der Unterbrechung von Versorgungsleitungen, 1981.

② Dias and Markesinis, op. cit., pp. 42-51; Bell, Policy Arguments in Judicial Decisions, 1983, pp. 57-60; Lorenz, Das Problem der Haftung für primäre Vermögensschaden bei der Erteilung einer unrichtigen Auskunft, in:Festschrift für K. Larenz, 1973, S, 575, 584; Lammel, Zur Auskunftshaftung, AcP 1976, 337; v. Bär, Verkehrspflichten, 1980, S.204f.

证明损害的发生不是由于他的过失,才可以免负赔偿责任。① 1975 年《东德民法》第 333 条亦采过失责任,惟加害人亦须证明没有过失,始能免责。《民法通则》完全恢复过失责任主义,被害人对加害人的过失,原则上应负举证责任。《民法通则》采取过失责任的主要理由,是在强调侵权行为法的教育功能,并因而影响到过失的判断标准。有学者认为,判断过错应以客观标准为基础兼采主观标准,而不能单独采用主观标准,因为"如果采用主观标准,只看到行为人个人的预见能力而不讲应当预见的范围,不利于教育人们提高道德观念,不利于保护国家、集体和公民的利益。"②

关于特殊侵权行为,属于过失责任的,有《民法通则》第 121 条所规定的国家赔偿责任:"国家机关或者国家机关工作人员在执行职务中,侵犯公民、法人的合法权益造成损害的,应当承担民事责任。"国家赔偿责任在民法中加以规定,可以直接适用民法,由普通法院审理,依照民诉程序进行,自有其特色。③

《民法通则》第 125 条规定的施工人责任,亦属过失责任,即:"在公共场所、道旁或者通道上挖坑、修缮安装地下设施等,没有设置明显标志和采取安全措施造成他人损害的,施工人应当承担民事责任。"

其属于过失推定侵权行为的,有《民法通则》第 126 条规定的建筑物所有人或管理人责任,即:"建筑物或者其他设施以及建筑物上的搁置物、悬挂物发生倒塌、脱落、坠落造成他人损害的,它的所有人或者管理人应当承担民事责任,但能够证明自己没有过错的除外。"

(二) 无过失责任

没有过错,但依法律规定应当承担民事责任的(无过失责任、客观责任),最重要的是《民法通则》第 123 条的危险责任:"从事高空、高压、易

---

① 参见 W. Gray, Soviet Tort Law: The New Principles Annotated, in Law in Soviet Society (LaFave ed. 1965); B. Rudddn, Soviet Tort Law, New York University Law Review, 1967, pp. 583-630; de Faria e Castro Alexander, Die Merkmale der unerlaubten Handlung im sowjetischen Zivilrecht unter Berücksichtigung ihrer historischen Entwicklung, Diss. Mainz, 1968.

② 魏振瀛、王小能:前揭文,第 20 页。

③ 余能斌:《职务侵权损害民事责任的构成与限制》,载《法学研究》1987 年第 3 期,第 55 页。讨论国家赔偿的,尚有吴严:《政府对其工作人员的侵权行为应负损害赔偿责任争议》,载《法学杂志》1985 年第 6 期,第 29—30 页;于安:《试论我国国家赔偿制度》,载《法学研究》1987 年第 2 期,第 18—23 页。

燃、易爆、剧毒、放射性、高速运输工具等对周围环境有高度危险的作业造成他人损害的,应当承担民事责任;如果能够证明损害是由受害人故意造成的,不承担民事责任。"本条规定是采取苏俄立法例,为社会主义国家侵权行为法的基本规定。①《民法通则》系以危险客体作为规律的对象,与《苏俄民法》第 454 条略有不同;采取列示主义,与《东德民法》第 344 条的概括条款亦复有别,立法技术上自具特色。

属于无过失特殊侵权行为的,尚有《民法通则》第 127 条规定的动物饲养人或者管理人责任,即:"饲养的动物造成他人损害的,动物饲养人或者管理人应当承担民事责任;由于受害人的过错造成损害的,动物饲养人或者管理人不承担民事责任;由于第三人的过错造成损害的,第三人应当承担民事责任。"

《民法通则》第 122 条规定:"因产品质量不合格造成他人财产、人身损害的,产品制造者、销售者应当依法承担民事责任。运输者、仓储者对此负有责任的,产品制造者、销售者有权要求赔偿损失。"此与消费者保护有关,实值注意。目前尚未制定产品责任法,其设有特别规定的有:1983 年 7 月 1 日起试行的卫生法(第 39 条和第 40 条),1985 年 7 月 1 日起施行的药品管理法(第 56 条)和 1988 年 1 月 1 日起施行的兽药管理条例(第 47 条)。这三个法律的基本内容均属相同,可归纳为七点:① 就救济程序言,受害人可以请求主管行政部门处理;当事人不服的,可以向法院起诉。受害人也可以直接向法院起诉。② 采无过失责任。③ 产品的瑕疵,除质量不合(设计上或制造上的瑕疵)外,尚包括告知上的瑕疵。④ 产品的瑕疵与损害的因果关系似应由被害人负举证责任。⑤ 受保护的利益包括人身和财产的损害(《民法通则》第 122 条,1964 年工业产品质量责任条例第 26 条)。⑥ 损害赔偿无最高限额的规定。⑦ 损害赔偿要求,应当从受害人或者其代理人知道其权利被侵害之日起 1 年内提出,超过期限的,不予受理。这些法律实施的经验,当可作为制定产品责任法的基础。

《民法通则》另一个具有特色的条文是第 124 条规定:"违反国家保

---

① 参见 Alice Erh-Soon Tay, Principles of Liability and the "Source of Increased Danger" in the Soviet Law of Tort, International Law and Comparative Law Quarterly, 1969, pp. 424-448; Weyers, Unfallschaden, 1970, S. 309f.; Wells Quellen erhöhter Gefahr, 1980, S. 196 f.; W. E. Butler, Soviet Law, 1983, pp. 179-183.

护环境防止污染的规定,污染环境造成他人损害的,应当依法承担民事责任。"1984年5月11日起施行的《水污染防治法》第41条规定:"造成水污染危害的单位,有责任排除危害,并对直接受到损失的单位或者个人赔偿损失。赔偿责任和赔偿金额的纠纷,可以根据当事人的请求,由环境保护部门或者交通部门的航班机关处理,当事人对处理决定不服的,可以向人民法院起诉,当事人也可以直接向人民法院起诉。水污染损失由第三者故意或者过失所引起的,第三者应当承担责任。水污染损失由受害者自身的责任所引起的,排污单位不承担责任。"惟依第42条规定:"完全由于不可抗拒的自然灾害,并经及时采取合理措施,仍然不能避免造成水污染损失的,免予承担责任。"

(三) 公平责任

关于侵权行为法的归责原则,除过失责任和无过失责任外,尚有所谓的公平责任,共有三类:

(1)《民法通则》第128条规定,正当防卫超过必要的限度,造成不应有的损害的,应当承担适当的民事责任。第129条规定因紧急避险造成损害的,如果危险是由自然引起的,紧急避险人不承担民事责任或者承担适当的民事责任。因紧急避险采取措施不当,或者超过必要限度造成不应有损害的,紧急避险人应承担适当的民事责任。

(2) 第133条第1项规定无民事行为能力人、限制行为能力人造成他人损害的,由监护人承担民事责任。监护人尽了监护责任的,可以适当减轻他的民事责任。①

(3) 第132条规定当事人对造成损害都没有过错的,可以根据实际情况,由当事人分担民事责任。

(四) 归责原则的争论

法学界对于侵权责任归责原则的体系构成,意见甚为分歧,一直争辩不休,迄无定论,计有三种主张:① 一元制归责原则,即过失责任原则,无

---

① 米健:《现代侵权行为法归责原则探索》,载《法学杂志》1984年第3期,第26—31页;蒋达涛:《对侵权损害责任制度若干问题的再认识》,载《政法论坛》(中国政法大学学报),1986年第3期,第24—30页。

过失责任为其例外。② 二元制归责原则,即过失责任与无过失责任原则。③ 三元制归责原则,即过失责任、无过失责任原则和公平原则三者并存。[①] 此项争论的发生在于其着眼点的不同。从《民法通则》第 106 条第 2 项和第 3 项的规定言,一元制归责原则,实有所据。从公平责任亦不以过失为要件的观点言,二元制归责原则,亦有相当理由。就整个侵权行为法的构成言,应以三元制归责原则较能表现它的特色,兹综合整理如下,以便观察(括弧内为法律条文,没有特别指出的,是《民法通则》,图表见下):

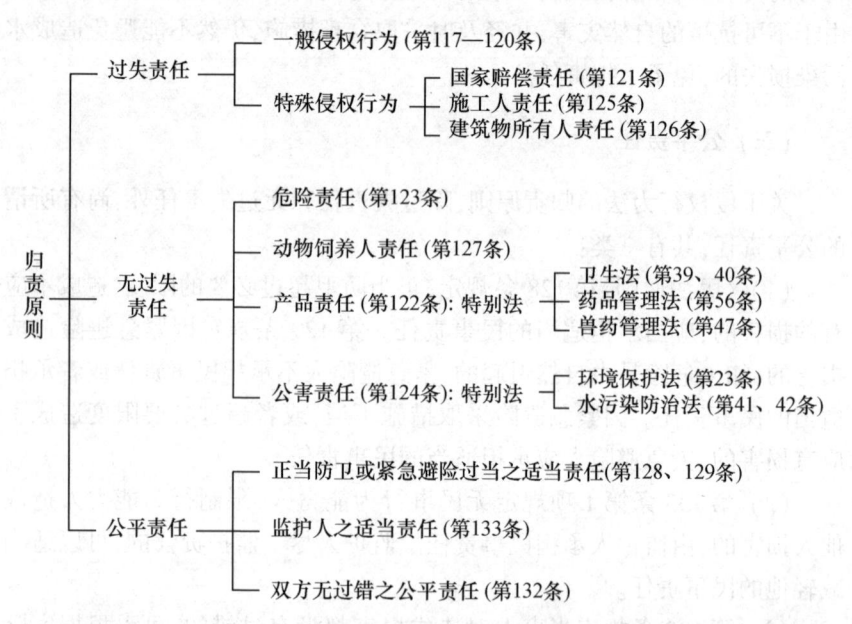

```
                ┌─ 一般侵权行为(第117—120条)
     ┌过失责任 ─┤                  ┌ 国家赔偿责任(第121条)
     │          └─ 特殊侵权行为 ─┤ 施工人责任(第125条)
     │                             └ 建筑物所有人责任(第126条)
     │
     │          ┌─ 危险责任(第123条)
     │          │
     │          ├─ 动物饲养人责任(第127条)
归   │          │                             ┌ 卫生法(第39、40条)
责 ──┤无过失──┤─ 产品责任(第122条):特别法 ┤ 药品管理法(第56条)
原   │  责任    │                             └ 兽药管理法(第47条)
则   │          │
     │          │                             ┌ 环境保护法(第23条)
     │          └─ 公害责任(第124条):特别法 ┤
     │                                        └ 水污染防治法(第41、42条)
     │
     │          ┌─ 正当防卫或紧急避险过当之适当责任(第128、129条)
     └公平责任 ─┤─ 监护人之适当责任(第133条)
                └─ 双方无过错之公平责任(第132条)
```

从比较法加以观察,侵权行为之归责原则最主要特色在于《民法通则》第 132 条规定的"公平原则"(有称之为衡平责任)。西方国家的侵权行为法基本上不采取此项原则,《西德民法》第 829 条虽设有未成年人或聋哑人无识别能力时应负衡平责任(Billigkeitshaftung)的规定,但终属例外。在社会主义国家,现行《苏俄民法》和《东德民法》亦无类似规定。蓝承烈在其所著《论公平责任原则》一文,对此项归责原则的理论依据作有深入的分析,认为过失原则对被害人失之过"宽",无过失责任(客观责

[①] 蓝承烈:《论公平责任原则》,载《学习与探索》1987 年第 3 期,第 50—55 页。

任)对加害人失之过"严",公平责任适得其中,可以调和当事人的利益,有助于保护被害人,将社会主义道德规范的"公平"观念,上升为制裁民事违法行为的归责原则,具有促进物质文明和精神文明建设的重要作用。①

公平是法律最高原则,诚无疑问,但须加以具体化,始能作为可适用的法律规范,过失责任和无过失责任亦具有公平的理念,似不能否认。《民法通则》第132条规定虽具有道德法律化的理念,但作为一个法律规范,有两点应予说明:

(1)《民法通则》第132条所谓"依据实际情况"由当事人分担民事责任,主要是指财产状况而言,法律所考虑的不再是当事人的行为,而是当事人的财产,财产之有无多寡由此变成了一项民事责任的归责原则,由有资力的一方当事人承担社会安全制度的任务。

(2)在实务上,难免造成法院不审慎认定加害人是否具有过失,从事的作业是否具有高度危险性,而基于方便、人情或其他因素从宽适用此项公平责任条款,致过失责任和无过失责任不能发挥其应有的规范功能,软化侵权行为归责原则的体系构成。

须特别指出的是,《民法通则》立法者并未将加害人的财产状况作为过失或无过失侵权责任成立后决定损害赔偿的一项因素。《苏俄民法》第458条第2项规定,法院得视公民的财务状况减轻其所致损害的赔偿金额。《东德民法》第340条规定,损害是由过失所造成,而且损害巨大,斟酌加害人的经济情况和收入不能令加害人对损害为全部的赔偿时,法院得例外减轻其损害赔偿。西方国家法律亦有类似规定,例如《瑞士债务法》第44条第2项规定非因故意或重大过失所生的损害,赔偿义务人因给付赔偿而陷于穷困时,法院得因之减轻其赔偿责任。《民法通则》第132条以当事人的财产状况作为责任发生的原因,但其他情形并不斟酌加害人的财产状况以减轻赔偿金额,赔偿义务人难免贫乏无以自存,衡诸社会主义道德观念,前后未尽平衡,是否合理,似尚有研究的余地。

---

① 蓝承烈:《论公平责任原则》,载《学习与探索》1987年第3期,第50—55页。

五、企业法人、个体户的自己
责任和代负责任

(一) 企业法人的自己责任

西方国家和社会主义侵权行为法的一项重要不同,在于就他人执行职务所造成的损害,应如何承担赔偿责任,在比较法上值得重视。[1] 英美法是采取所谓的代负责任(vicarious liability),即雇主(master)就其受雇人(servant)于执行职务所为之侵权行为(tort),应对被害人负赔偿责任。应注意的有四点:① 受雇人之行为须为侵权行为,应具备成立侵权行为的要件。② 雇主系对受雇人之侵权行为代负责任,不以雇主对受雇人的选任监护有过失为必要,从而雇主亦不能证明其对受雇人的选任监督并无过失而免责,雇主所负的责任是一种严格责任。③ 在对外关系上,雇主与受雇人负连带责任。④ 雇主于赔偿后,对受雇人有求偿权。[2]

《西德民法》区别法人责任与雇用人责任。法人应就其机关执行职务的侵权行为负责。此为法人自己责任,法人不能证明对机关的选任或监督已尽必要注意而免责(参照《西德民法》第 31 条)。关于雇用人责任,《西德民法》第 831 条设有规定,分四点加以说明:① 受雇人的行为须不法侵害他人,不以成立侵权行为(具有故意或过失)为必要。② 雇用人得证明对于受雇人的选任或监督并无过失而免责;在法律性质上雇用人系就自己选任和监督的过失负责。③ 在对外关系上,由雇用人负责,但受雇人具有故意或过失成立侵权行为时,对被害人负连带责任(参照《西德民法》第 840 条)。④ 雇用人于赔偿后,对受雇人有求偿权。[3]

社会主义国家的民法采取完全不同的原则。《民法通则》参考《苏俄民法》第 445 条、《东德民法》第 331 条等立法例,设有如下的规定:"企业

---

[1] 比较法上最具价值的研究是 Gyula Erösi, Private and Governmental Liability for the Torts of Employees and Organs, Chapter 4, Vol. XI, Torts, International Encyclopedia of Comparative Law, 1975.

[2] Dias and Markesinis, op. cit., pp.297-318; Fleming, op. cit., pp.338-363. 最详尽的专论为 Atiyah, Vicarious Liability in the Law of Torts, 1967.

[3] 《西德民法》关于第 831 条雇用人责任规定的解释适用与立法政策上的检讨,是西德民法学讨论最多的问题,资料文献汗牛充栋,参见 Kötz, aaO., S.124f(附有参考资料)。

法人对它的法定代理人和其他工作人员的经营活动,承担民事责任。"为了与西方国家的法律对照,亦分四点言之:① 法定代理人或其他工作人员的行为须成立侵权行为。② 法定代理人或其他工作人员的行为视为企业法人的行为,因此企业法人不是代他人负责,而是就自己行为负责(自己责任,直接责任)。③ 在对外关系上,由企业法人单独负责。④ 在对内关系上,企业法人对其工作人员有求偿权。

就实际运用的结果言,西方国家和社会主义的法律或许没有重大的不同,其主要的不同在于其社会经济体制所反映的基本思想。

西方社会系采私有财产制,所重视的是个人自己的责任;反之,社会主义国家系采公有制,强调的是集体性。《民法通则》第43条就是建立在社会主义国家集体化的思想上,将企业法人的所有工作人员均视为机关,使企业法人自己对外负其责任。①

(二) 企业法人、个体户为他人行为代负的责任

《民法通则》第43条所规定的是,企业法人对其工作人员经营活动所负的民事责任。关于企业法人利用其工作人员以外的第三人从事经营活动行为,或个体户利用帮手从事交易活动所生的民事责任,《民法通则》未设规定。例如中外合资企业甲出售某批货物给乙,交由个体户丙运送,丙的帮手丁在搬运时疏于注意,致货物掉落毁损,并伤害到路人戊。在此种情形,甲企业法人应如何对乙、戊承担民事责任?丙应如何对甲、戊承担民事责任?《民法通则》既然未设规定,如何处理,不无困难。首先应说明的是,违反合同的民事责任。

依据魏振瀛和王小能二位学者的研究,在司法实务上,"如果甲厂因丙厂未按合同供应原材料,致使甲厂不能按合同向乙供应商品,在这种情

---

① Erösi 在前揭文,第12页,曾将西方国家和社会主义国家法制的异同,作成下表,颇为简要,译录如下,以供参考:

	机　　关	受雇人	代理人
私有企业模式 a. 大陆法	为机关直接负责	为其所属之人代负责任	
b. 英美法	代　负　责　任		
社会主义 国家模式	为其机关和受雇人直接负责	为第三人代负责任	

况下,并不免除甲厂对乙厂的责任,这像是为"他人"的过错"承担"责任,但并不是让甲厂承担无过错责任,理由有以下几个:

① 甲厂在向乙厂承担违约责任后,再向丙厂追偿,由丙厂返还甲厂赔偿的损失,过错责任由丙厂承担。② 甲厂错误地选择了资信较差的丙厂,或者没有采取必要的措施防止违约,这是甲厂的过错,因此他向乙厂承担责任,完全符合过错责任原则……①关于债务履行辅助人责任,在其他社会主义国家,例如《苏俄民法》第223条、《波兰民法》第747条、《东德民法》第82条第2项均设有明文,认为债务人就其使用人履行债务时的故意或过失,应与自己的故意或过失负同一责任。西方法律设有明文的,例如《西德民法》第278条和《瑞士债务法》第101条等,基本上均采同样的原则②,在理论上则认为债权人所负的责任,在法律性质上系属于担保性质的无过失责任(gesetzliche Einstandspflicht,法定担保义务)。③

真正困难的问题在于侵权责任,即企业法人就其工作人员之外之人(或个体户就其帮手)在执行职务不法侵害他人时,应如何负其责任。对此问题,社会主义国家民法多未设规定,值得注意的是,《东德民法》在1975年施行后学说上产生重大争论。有的学者认为,应依《东德民法》第82条第2项规定,使债务人对其履行辅助人的故意过失负同一的责任。④ 有的学者强调,依照社会主义国家的实务见解和此项责任的社会主义原则(die sozialistischen Prinzipien der Verantwortung und Verantwortlichkeit),在合同外的范畴不应承认对第三人行为应予负责的一般原则。⑤《东德民法》注释书采取后说,认为债务人应仅就自己的故意过失负侵权责任。⑥

司法界实务上的见解如何,不得而知,学说上似未见讨论。如果依社会主义原则,并不当然必须采取上开东德目前的通说时,考虑采取"为他人行为而负责"的原则,亦有相当的理由:① 在体系上,可使侵权责任与

---

① 参见魏振瀛、王小能,前揭文,第25页。
② 第224条亦有类似的规定:"债务人之代理人或使用人,关于债之履行有故意或过失时,债务人应与自己之故意或过失,负同一责任。但当事人另有订立者,不在此限。"
③ Larenz, aaO., S.298.
④ Göhring, Kennt das ZGB eine außervertragliche Verantwortlichkeit für Dritte? NJ, 1977, 302.
⑤ Posch, Zur zivilrechtlichen Verantwortlichkeit für Dritte, NJ, 1977, 331.
⑥ Kommentar zum ZGB, 1985, S.118(§83 ZGB).

违反合同责任尽量趋于一致,此为《民法通则》的一项立法原则。② 对被害人的保护较为周全,此为西方国家侵权行为法的基本原则或发展趋向,应有参考的价值。

六、精神损害的金钱赔偿

关于精神上损害(非财产上损害)被害人得否请求金钱赔偿,西方国家与社会主义国家的法律,颇有差异,亦足显示其基本思想的不同,也是比较法上一项重要研究课题。①

关于精神损害的金钱赔偿,西方国家的法律基本上都予承认。在社会主义国家,《苏俄民法》一向持否定批评的立场,认为用物质来赔偿精神损害,将人格商品化,违反社会主义的道德观念。多年来,民法理论受苏俄的影响亦排斥精神损害的物质赔偿。最近法学界经过热烈讨论后,决定扬弃苏俄的理论,确立对精神损害的金钱赔偿制度,其理由是为加强人格权的保护。② 社会主义的价值观念亦随着社会的发展而变迁。

西方国家的法律对精神损害的金钱赔偿,多设有明文。法学界所面临的问题是,《民法通则》对非财产上损害的金钱赔偿,是否设有规定。目前学说和实务都以《民法通则》第 120 条为依据。就文义而言,该条所谓的请求赔偿损失,似不当然包括精神损害的金钱赔偿。如果"请求赔偿损失"当然包括精神损害金钱赔偿的话,《民法通则》第 117 条第 3 项和第 118 条,甚至第 111 条所谓的赔偿损失,是否也可以作同样的解释? 学者无人作此主张,显然是为了避免过分扩大非财产损害金钱赔偿的范围。在法学方法论上可以认为系对《民法通则》第 120 条的"赔偿损失"作扩张解释,使第 120 条作为被害人主张精神损害金钱赔偿的请求权基础,并同时限定其适用范围。

关于请求精神损害得请求金钱赔偿的情形,依《民法通则》第 120 条

---

① 参见 Stoll, Empfieht sich Neugelung der Verpflichtung zum Geldersatz für immateriellen Schaden, Verhandlung des 45. Deutschen Juristentages, Band Ⅰ(Gutachten), Teil 1, 1964. 本书对奥地利、瑞士、希腊、法国、意大利、荷兰、西班牙、葡萄牙、北欧各国、英、美、法、苏俄、匈牙利、罗马尼亚、捷克、波兰、保加利亚各国制度作有比较研究,足供参考。

② 参见冀凤丽、崔建远:《试论对精神损失的赔偿》,载《社会科学》1987 年第 4 期,第 33—37 页。

规定,就公民言,仅限于姓名权、肖像权、名誉权和荣誉权。关于应否扩大及于身体受到伤害,贞操权受到侵害,甚至婚姻关系受到他人干扰,学说上尚有争论。①

在西方国家的法律,生命、身体、健康遭受损害时多可请求慰抚金。《民法通则》将精神损害之金钱赔偿,限于第120条的情形,虽然在于适当限制赔偿范围,但在人格价值衡量上,生命、身体应当不低于姓名权等权利(参照《民法通则》第98条),亦有同等重视的必要。身体和生命遭受侵害而不能请求精神痛苦抚慰金,再度显示《民法通则》对人格权的保护,未臻周全。

关于精神损害金钱赔偿的请求,有学者认为,须以加害人有对他人精神实体进行侵害的故意和重大过失为要件。② 此项见解亦在于适当限制加害人的责任,但在实体法上似无依据。西方国家立法例或判例学说多不特别要求此项主观要件,仅作为量定赔偿金额的一项因素。

值得注意的是,依《民法通则》及学者的见解,法人的名称权、名誉权、荣誉权受到侵害时,亦可请求精神痛苦的抚慰金,认为法人信誉被损坏,经营不振,影响到法人机关的经营情绪和工人的生产情绪,受有精神损失。③ 此种将法人与其机关和工作人员加以集体化,是社会主义民法的一项特色。

通说认为,精神损害赔偿的性质,以抚慰性为主,补偿性为辅。在处理中,应当考虑停止侵害、恢复名誉、消除影响、赔礼道歉四种民事责任方式。在具体决定赔偿数额时,应参考加害人的过错程度及事后态度、损害的方法和手段、当事人双方的经济状况、规定损害的程度及社会影响的大小。④ 有学者主张,应经由立法一个数额幅度或确定一个最高赔偿⑤,以免赔偿数额漫无边际。

最后尚须说明的是,精神损害金钱赔偿请求权(债权)的继承问题。在立法例有未设限制的(例如《瑞士民法》、《日本民法》、《东德民法》等),但亦有明文规定此项请求权具有一身专属性,不得让与或继承;但已

---

① 参见刘保玉:《精神损害的赔偿问题探讨》,载《法学》1987年第6期,第20—21页。
② 参见冀凤丽、崔建远,前揭文,第88页。
③ 参见冀凤丽、崔建远,前揭文,第85页。
④ 参见刘保玉,前揭文,第21页。
⑤ 参见冀凤丽、崔建远,前揭文,第89页;刘保玉,前揭文,第21页。

依契约承认或已起诉者,不在此限(例如《西德民法》第847条)。《民法通则》对此未设规定,实务见解如何,不得而知。依1985年10月1日起施行的《继承法》第3条规定,遗产是公民死亡时遗留的个人合法财产。财产包括所有权和债权。精神损害抚慰金请求权在性质上系属金钱债权,原则上应属于继承的标的。由于通说不承认侵害生命权时,死者的特定最近亲属就其精神痛苦得请求慰抚金,肯定精神损害抚慰金的继承性,尤具意义。①

七、侵权责任和违反合同责任的竞合

《民法通则》关于民事责任设有侵权行为和违反合同两种责任。关于侵权责任和违反合同责任的关系,各国民法多未设规定,让由学说与判例加以处理,《民法通则》亦属如此。史凤仪在其《谈谈侵权行为法律责任的性质》一文中,曾提出了以下见解:"实际生活中,往往同一事实会同时引起违约责任与侵权行为责任。这种情况可能是这样发生的:当一个人受协议的约束去完成其事,而这事即使没有协议,依照法律规定也应该由他完成。例如,外科医生玩忽职守造成重大医疗事故,即产生了违约责任,又同时产生了侵权行为责任。这种情况下,行为人应当承担违约责任还是应当承担侵权行为责任,或是承担双重责任?各国立法不尽一致。有些国家,如《法国民法》规定,当事人因过错违反合同义务时,原则上受害人只能按违约提出诉讼。我们社会主义国家里,法律保护的普遍利益应当高于当事人间约定的利益,按照重责任吸收轻责任的原则,以追究侵权行为责任为宜。"②此项见解可作为讨论的出发点。

首先应该说明的是,在《民法通则》何种同一事实会同时引起违约责任和侵权责任。医疗事故属于此种情形。有疑问的是下列事实:某甲出售一批鸡给经营养鸡场的个体户某乙,该批鸡患有传染病,甲因过失未告知乙,致乙的一些鸡遭受感染而死亡。在此种情形,关于鸡群的感染,乙固然可以依侵权行为的规定请求损害赔偿,问题在于乙对于此种西德判

---

① 关于精神损害抚慰金的继承性问题,日本学者论述甚详,可供参考,参见吉村良一:《慰谢料请求权》,收于星野英一编集,民法讲座(1),事务管理·不当得利·不法行为,1985年,第429—458页。

② 史凤仪:《谈谈侵权行为法律责任的性质》,载《法学研究》1986年第5期,第65—67页。

例学说上所谓的"瑕疵结果损害"(Mangelfolgeschaden)[1],是否也可以依违约的规定请求损害赔偿?学者对此问题尚未表示明确的意见。

在同一事实同时引起违约责任和侵权责任的情形,行为人不应该承担双重责任,事理至明,不必详论。至于是否竞合,各国判例学说不同。法国的通说,认为被害人仅能依契约的规定请求损害赔偿,它的主要理由是,《法国民法》第1382条规定对于利益的保护,是采取概括原则,违反契约本身亦可成立侵权行为。为避免契约的规定成为具文,法国判例及学说乃认为应尊重立法者和当事人的意思,排除侵权责任的竞合。[2] 在《西德民法》违反契约本身并不当然成立侵权行为,而民法对侵权责任和违约责任的成立要件,举证责任,为第三人行为而负责,赔偿范围和消灭时效各方面,设有不同的规定,通说乃承认请求权竞合的原则,[3]最近更发展出请求权规范竞合的理论。[4] 受《德国民法》影响的国家,例如希腊、日本等原则上采取侵权责任和违约责任竞合说。[5]

值得注意的是,在社会主义国家,《捷克民法》对侵权责任和违约责任设同一规定,不发生竞合的问题。[6] 在《东德民法》,关于违约责任的损害赔偿准用侵权责任规定(参阅《东德民法》第93条),基本上亦无竞合的问题。[7]

参照上述比较法的分析,可知要处理《民法通则》上侵权责任和违约责任竞合的问题,首先必须了解二者的异同。《民法通则》关于民事责任

---

[1] 参见 Larenz, Schuldrecht, Bd Ⅱ. Halbband 1, Besonderer Teil, 13. Aufl. 1986, S. 61ff., 70ff.

[2] 关于法国民法契约责任与侵权责任的关系,参见 Tony Weir, Complex Liablilty, Chapter 12. Ⅺ, Torts, International Encyclopedia of Comparative Law, 1976, pp. 27-30; Schlechtrim, Vertragsordnung und außervertragliche Haftung, 1972, S. 64ff.

[3] Dietz, Anspruchkonkurrenz bei Vertragsverletzung und Delikt, 1934; Schlechtrim, Vertragliche und ausservertragliche Haftung, Gutachten und Vorschläge zur Überarbeitung des Schuldrechts, Band Ⅱ, 1981, S. 1971; Picker, Vertragliche und deliktische Schadenshaftung JZ 1987, 1041.

[4] Georgiades, Die Anspruchskonkurrenz im Zivilrecht und Zivilprozeßrecht, 1967.

[5] 1939年的希腊民法系继受德国民法典,关于其侵权行为法,参见 Georgiades, Deliktsrecht im griesischen Recht, in: Festschrift für Larenz zum 80 Geburtstag, 1983。关于日本民法学说的最近发展,参见四宫和夫:《请求权竞合问题についこ》,载《法学协会杂志》第90卷第5号,第709—759页;90卷6号,第855—881页;90卷9号,第1132—1139页;91卷11号,第1567—1619页。

[6] Tony Weir, op. cit., p. 3.

[7] Posch, Grundsätze des Haftungsrechts im Zivilgesetzbuch der Deutschen Demokratischen Republik, RabelsZ(1987), 335(337).

设有一般规定(第106—111条),①《民法通则》第43条关于企业法人的责任对于违约的行为和侵权行为都有适用余地。诉讼时效亦属一致(《民法通则》第135—141条)。在实体法上不同者有二：① 关于被害人与有过失(混合过错),在违约责任方面,《民法通则》第114条规定："当事人一方因另一方违反合同受到损失的,应当及时采取措施防止损失的扩大;没有及时采取措施致损失扩大的,无权就扩大的损失要求赔偿。"在侵权责任方面,《民法通则》第131条规定："受害人对于损害的发生也有过错的,可以减轻侵害人的民事责任"。② ② 关于精神损害,仅得依《民法通则》第121条规定请求金钱赔偿。③ 须再注意的是,依《民法通则》的规定,债权本身并不受侵权行为的保护,违反合同本身并不当然成立侵权行为。

基于以上对中华人民共和国民事责任体系的说明,关于侵权责任与违约责任的关系,固然不必采取法国通说所主张的"违约责任"说。至于采取"侵权责任"是否有必要,亦值研究。鉴于《民法通则》将民事责任分为违约责任和侵权责任,其内容尚有若干差异,为保护被害人利益,采竞合说似较妥适。④

最后尚须提出的是,合同当事人常利用他的优势地位订立各种条款,以加重相对人的责任,或减轻自己的责任,对于此类不利于相对人的定型化契约条款(标准条款或一般交易条件),如何加以控制,以实现契约的正义,是现代民法的社会任务。史凤仪主张应采侵权行为说,似亦出于避免当事人利用免责条款,以减轻他的责任。《民法通则》关于定型化契约

---

① 关于《民法通则》第6章民事责任的一般规定,有两点应予说明：(1) 民事责任,除违反合同和侵权的民事责任外,尚有其他责任,例如法律行为无效或撤销所生的责任以及代理人不履行职务的赔偿责任(第66条)等。(2) 第1章第1节所设一般规定,为违约责任及侵权责任所共通的,为数不多。第106条第1项及第2项系分别就违反合同及侵权行为而设。第108条亦可移至第5章第2节债权内规定。第109条系属独立的民事责任发生原因。第110条系属注意规定。

② 关于与有过失,《苏俄民法》第458条、《东德民法》第341条、《西德民法》第254条皆设一般规定。《民法通则》分别就违约责任与侵权责任,加以规定,并赋予不同的效力,此种立法例,尚不多见。在违约的情形,受害人对于损害的发生有过失的,亦属有之;在侵权行为的情形,被害人未及时采取措施防止损失的扩大的,亦属有之,在此两种情形如何处理,不无疑问。

③ 关于其他细节的不同及经济合同法的特别规定,参见崔建远：《民事责任三论》,载《吉林大学社会科学学报》1987年第4期,第14—19页。

④ 同样见解,崔建远,前揭文,作有相当深刻的分析,可供参考。

条款未设特别规定,适用法律行为之一般原则(《民法通则》第58条和第59条),显然不能达到合理规范定型化契约条款的目的。因此,如何加强定型化契约条款的控制,是法学界的重要课题。

八、结　　论

(1)《民法通则》对侵权责任特设详细规定之主要目的,在于保护长期被忽视、侵害的合法民事权益,具有重大意义。

(2) 侵权行为法偏重于保护财产所有权和科技成果权。受保护的人格利益限于身体、生命、姓名、肖像、名誉和荣誉。一般人格权的保护尚待加强。纯粹之经济上损失原则上不予赔偿。

(3) 在归责原则方面,实质上是采三元制度,除肯定过失责任与扩大无过失责任(危险责任、产品责任、公害责任)外,尚创设公平责任的概括条款,明定当事人对造成损害都没有过错的,可以依实际情况(主要为财产状况),由当事人分担责任。此项道德化的规定是建立在"扶贫济弱"的传统思想上,立法目的或在于补社会安全制度之不足,但倘不慎用,有软化侵权责任体系之虞。

(4) 企业法人应对其机关和其他工作人员的经营活动,承担民事责任,是社会主义国家共同的基本规范模式,显示其集体化的思想。企业法人利用第三人或个体户从事民事活动,而该第三人或帮手不法侵害他人权益时,企业法人或个体户应如何负责,《民法通则》未设规定。

(5) 学者通说从宽解释《民法通则》第120条规定,肯定对公民、法人精神损害的金钱赔偿,扬弃了苏俄的传统理论,显示社会价值观念的重大改变。惟适用范围倘不扩大及于身体健康遭受严重损害或死亡的情形,价值判断,不免有失平衡。

(6) 关于侵权责任和违约责任,《民法通则》在其成立要件、为他人行为负责、赔偿范围、诉讼时效等重要问题尽量设相同规定,区别或嫌不够,但有助于简化法律关系,减少二者是否竞合以及民事责任体系调整的争议。

(7)《民法通则》的规定颇为简要。兼具政治宣言和法律规范双重功能。问题在于如何适应社会需要,作合理的解释适用。在此方面,法律教育势将担负重要的任务。比较法的研究有助于发现问题,探讨各种解决的可能性,消除偏见,对法律的发展具有贡献,应值重视。